以口述激活民间集体记忆

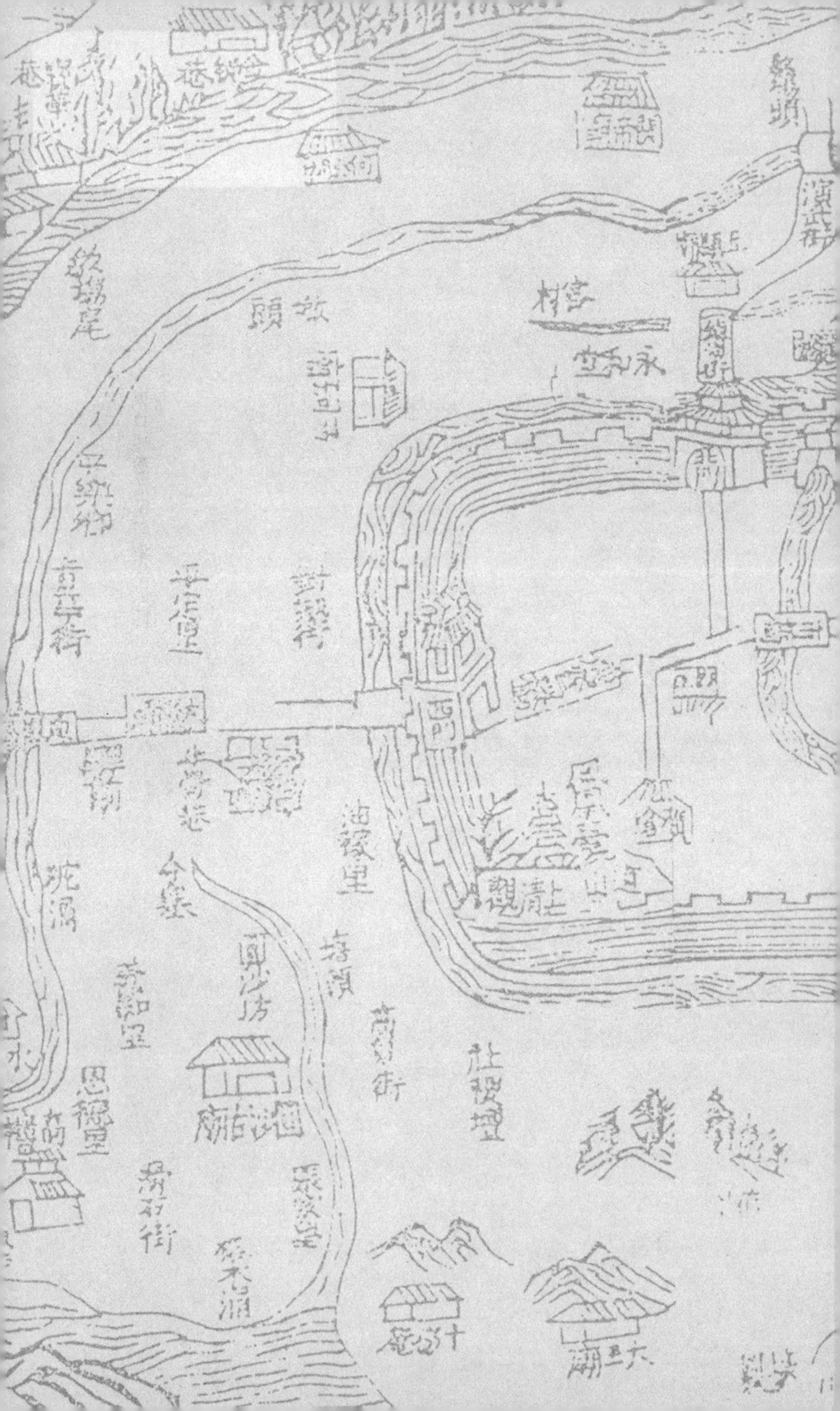

西門
上清觀
社稷壇
十方庵
大王廟

东莞人

讲出自己的故事

李 炜◎主编

南方日报出版社
NANFANG DAILY PRESS
中国·广州

图书在版编目（CIP）数据

东莞人：讲出自己的故事 / 李炜主编. — 广州：南方日报出版社，2013.12

ISBN 978-7-5491-0957-9

Ⅰ.①东… Ⅱ.①李… Ⅲ.①东莞市-地方史-史料 Ⅳ.①K296.53

中国版本图书馆CIP数据核字(2013)第217229号

东莞人：讲出自己的故事　　李炜　主编

出版发行：南方日报出版社
地　　址：广州市广州大道中289号
电　　话：（020）83000502
经　　销：全国新华书店
印　　刷：广州市岭美彩印有限公司
开　　本：787mm×1092mm　1/16
印　　张：24
字　　数：272千字
版　　次：2013年12月第1版
印　　次：2013年12月第1次印刷
定　　价：48.00元

投稿热线：（020）83000503　读者热线：（020）83000502
网址：http://www.nfdailypress.com/
发现印装质量问题，影响阅读，请与承印厂联系调换

序

中山大学中文系主任　　李　炜

在岭南三种主要文化中，我对广府文化一直是仰视的，尽管我身上流动着客家与潮汕的血脉（外公是梅州人，外婆是潮州人）。再往大里说，在我所了解的中国各地文化中，广府文化仍然是最令我仰视的，尽管我的祖籍和出生地都在黄河以北（爷爷是山东人，自己出生于甘肃兰州）。这不仅仅是因为我在广州已生活、学习、工作了28年，也不仅仅是因为对我做人、做学问影响最大的三位恩师都是广府人（他们是黄伯荣教授、黄天骥教授和唐钰明教授），还因为在东莞我有一帮好朋友和死党学生。

在与这些东莞好友和校友的长期相处中，我发现他们有一个共同的特征，我把它概括为“升了富了不变形”，就是说无论升官或发财，他们还是该干吗就干吗，以前啥样儿还啥样儿，不像我常常在某些大城市（尤其是北方）所看到的那样，一旦升了、富了，就变着法儿地显摆，生怕人家不知道，一个个要么目中无人，要么气宇轩昂，好像一定要镇住你而后快似的。记得有一回在北京参加一个酒局，除我之外大都是公务员干部，一位刚被提拔的年轻副厅级干部，居高临下地对大家说：“这里我官儿最大，听我的，来！都用大茶杯！倒满咯！”这事儿如果发生在东莞，人们一定会把这位副厅长当傻子。相信真熟悉东莞的人都知道，在东莞你很难凭借穿着打扮、座驾乃至气质来判定谁是富人，可在北方某大城市，我就听说不少人借钱买悍马、路虎，这在东莞人看来纯属有病。

东莞人为何“升了富了不变形”呢？我认为与他们在精神上的某些传承和坚守密不可分，至少有以下几个方面：

一是重情讲义。我的东莞好友黎卓荣，他上东莞中学时的语文老师就是本书中重点提到的东莞著名文史专家杨宝霖，在前两年的毕业30周年师生聚会上，杨老师拿出了他和几位同学31年前的作文作为见面礼，同学们感动得不知说什么好。

二是诚信勤力（“勤力”为粤语词，比“勤奋”更接地气）。比如本书中介绍的那位卖烧鹅濑粉的老板，他每天一大早就四处去寻购“走地的瘦身鹅”，绝不买随时可送上门来的用饲料饲养的肥鹅。因为他怕“老街坊说，哎呀，怎么变了不同的味道”，他坚信“人家知道到这里吃，就是因为口碑好”。再比如书中提到的那两位只用一种鱼做鱼丸的“李枝记”老板夫妇，他们两公婆的鱼丸一定只用半斤以上七两以下有“油水”的活鲮鱼，最后一道工序则一定是他们亲自用双手挤捏出鱼丸，这样才够“弹牙”，才好吃。

三是低调谦虚。比如本书中提到的那位赞助商，在他的鼎力支持下，东莞的第一场新年音乐会才得以顺利举办，但他并没有通过此事宣传或显摆过自己。策划人傅娟女士感慨地说：“我到现在也没有见到过他，从这件事开始我对东莞人有一种特别的感情。”

四是务实明理。早在20世纪50年代，为彻底解决洪涝问题提高农作物产量，东莞人在条件极端有限加上省里又不大支持的巨大压力下，上下齐心、众志成城、因地制宜、土法上马，硬是用短短的140天创造了开运河的奇迹。洪涝被降服了，年产量当年就提高了一倍以上。到了改革开放的年代，东莞人又率先大踏步地行进在先富起来的康庄大道上。在我看来，东莞人才最懂得“发展才是硬道理”的深意，同时，他们还明白共同发展才是真发展，但不能强人所难。因此，即使是万众一心的运河工程，也得为一小块菜地绕行，因为菜地主人不愿意。

五是包容并蓄。东莞人向来不排外，我教过的学生现在至少有上百位在东莞工作，他们大部分不是本地人，但能够在很短的时间内迅速融入东莞文化。他们就像书中所提到的傅娟、巨野子木那样，身为“新莞人”却毫无客居之感，都以做东莞人感到自豪，也都成了东莞文化的捍卫者。

以上几个方面，也是我心目中的东莞精神、东莞价值、东莞文化。遗憾的是，似乎有太多人是在误解和偏见中看东莞的。究其原因，胡传吉有很好的分析，不赘。其实，在中国被误解的城市不止一个。比如“京油子，卫嘴子，保定府的狗腿子”，最冤的是保定，据说这一句原为“保定府的勾腿子”，是说保定人爱摔跤，而且摔跤时爱使勾腿这招儿，非常厉害，后来也不知怎么鬼使神差地把“勾腿子”变成了“狗腿子”。要命的是，对“狗腿子”的演绎可就相当恶劣了。还有那句戏词儿：“洪洞县里无好人”，愣把个“华人老家”打入了十八层地狱。还好，东莞还未被一句熟语定格。赶快为东莞正名，让人们正视东莞，这是我很想做的。

还有一件我很想做的事，那就是让我们中文系的在校学生走出象牙塔，服务社会，把实践教学落到实处。这也是84级校友，现任东莞市委常委、宣传部部长潘新潮很想帮母校做的事。就这件事情，我们曾经有过长时间多角度的讨论。我俩的基本共识是，应该在东莞寻找这样的机遇，而东莞也正需要来自中大人文学科的合作。

天作良缘，2011年底，东莞莞城的主要领导找到我系，希望与我系联手，就如何提升莞城社会文化建设水平，做一些务实不务虚、真正能够惠民的项目。我感到，眼下不少地方政府的所谓文化建设，都是“自上而下”的，往往是提出一个概念，打出一个响亮的口号，搞一场大秀或大型活动，很热闹但就是不接地气，和老百姓没什么关系，更不能代表一方水土精神层面的文化。只有深入了解这个地方的精神个性、价值信念，才能真正把握住她的文化，才能有依据去做真能落地、惠及民众的实事儿。基于此一认识，我们策划出了这样的项目：由我系师生组成调研团队，深入莞城街区，用中文人独特的视角和人文情怀，挖掘出一个个莞城过去到现在的感人故事，并透过这些故事来破解她的文化密码。于是，东莞莞城与中山大学中文系的牵手就一拍即合了。在该项目签约仪式上，潘新潮说：“过去我们太务实，挖掘开发不够，宣传不够，许多文化积淀养在深闺人未识，东莞绝非文化沙漠……”这个项目的最初名称是我起的，叫作“莞城故事”。

签约后，我系精选出了从大一到研二的11位学生组成调研团队，由研究民俗学的刘晓春教授、研究现当代文学和当代文化的胡传吉副教授，还有研究语言学的我，对同学们进行了短期培训，主要是调研方法及撰写方法的培训。我们所用的方法其实挺复合的，至少包括了民俗田野调查方法、口述历史调研方法、言语（尤其是方言）沟通方法等等。培训之后就由胡传吉老师带领11位同学开赴莞城，分6个小组，每天走街串巷，对近100人进行深入的访谈调查，一口气干了两个月。这近百位访谈对象“保持了最大的民间立场”（胡传吉语），或者说是第三方立场。这一点很重要，这是我们调研结果客观性的基本保证。这些调研对象在今天来说，一般不大会出现在主流媒体或官方史书中。换句话说，他们是一个没有或者缺乏光环的群体，但恰恰是他们的叙述，才最为客观；他们的故事，才最为真实感人。

《莞城故事》初步形成书稿后，送各方征求意见。潘新潮提出了许多很好的修改建议（比如现在书稿的图文并茂就是他提的，初稿只有文字），并敦促抓紧推进此项工作。南方日报出版社副社长谭庭浩先生则建议，将《莞城故事》更名为《东莞人：讲出自己的故事》，我们完全接受他的意见。因为拥有1250多年历史的莞城，一直是东莞政治、文化的中心，在文化上，东莞人都认莞城。更为重要的是，东莞亟需正名，而不仅仅是其中的莞城。这，也是我的初衷。

这个项目的完成获得了多赢的效果。从莞城来看，不仅为自己也为整个东莞做了件很接地气的事，无论对重塑形象还是对下一步如何在文化建设上大做文章都极其有利；而对中大中文系来说，这是一次非常成功的实践教学，摸索出了一条在校中文系学生如何服务地方、服务社会的新路子；对于参与此次项目的同学而言，他们的收获远大于他们的预期，正像丘梓娴同学所说的那样，这里的“一寸寸土地，一个个人，都在用心写故事，用心做文化。随着一天一天的行走、采访，被莞城和东莞人一次一次地惊艳、一点一点地打动，我终是陷了进去，离开时竟心生不舍……”。

我有个建议，当您要读这本书时，最好先看看胡传吉老师的“前言”，她对“坚守岭南传统，为什么是东莞？”这一命题理解得很深入，分析得很到位。之后您可以直接跳到最后，看同学们所写的“采访者手记”。最后，您再看正文。也就是说，先看两头，再看中间，您会有不一样的感觉。

是为序。

2013年9月

于中山大学中文堂

编辑说明

本书是一部反映东莞本土历史文化、民俗风情的口述作品，具有一定的口语化特点。本书访谈对象以东莞本地人为主，跨越多个年龄层和不同领域，所述内容多涉及逝去的时代、事件和人物，在文字表述上或有别于常见书面语的规范。为避免广大读者阅读理解产生困难，我们特作如下说明：

一、本书受访对象多为东莞本地人，访谈中颇多方言词汇，为了保存其地域特色，编者保留了部分方言词汇或句式，仅对较生僻、不易懂的词语加以释义。

二、本书受访对象多为年过六旬的老人，在谈话中大量出现如"亩""土方""里""公尺""公分""尺""寸""斤""两""斗""一块（一元）""五毛（五角）"等常见非法定计量单位，为了使文字与受访者及所述事件相符，保持其年代感，不对这些计量单位另作改动。

三、本书中的"解放后""建国后"等表述，均指1949年中华人民共和国成立后。

四、本书中所提到的"五几年""六几年""七几年"等，即20世纪50年代、60年代、70年代等，为尊重访谈者的口语表述，书中不一一加以注明。

五、本书中出现“今年”“去年”等字眼，可以每篇文前的采访时间为依据，不分别注明具体年份。

编者

2013年10月

目　录

打捞集体记忆，就是不忘本——勇于创新，但决不忘本。打捞旧生活就是对文化传统的感恩，感恩就是救赎。

第二辑　个人生活/133

个性让城市更具魅力，更具包容性。无论是为“大我”的生活还是为“小我”的生活奋斗，他们都视东莞为安身之所，他们对东莞，从无二心。

第三辑　民间传统/261

木鱼书、千角灯、字画、碑石、粤曲、祠堂，这些，都是祖宗留给后人的“信物”，我们与祖宗之间的亲密感，就靠这些基因密码暗示。

采访者手记/343

她的运河是有故事的运河，她的老街是有故事的老街，从不起眼的角落到早已不复存在的建筑，从平凡的百姓到行业的精英，一寸寸土地，一个个人，都在用心写故事，用心做文化。

前 言

坚守岭南文化，为什么是东莞？

胡传吉

东莞，可能是承受最多偏见的中国城市。各种段子在坊间流传：香港人画只龟，龟壳上写着“独自去偷欢，漏夜上东莞”；内地边陲小镇，高挂着横幅，声称“正宗按摩，来自东莞”；坑蒙拐骗，外省人“哇，又是东莞”。这些暧昧、故弄玄虚、挤眉弄眼的说法，让东莞人哭笑不得。无论东莞再怎么努力，都很难洗去这些偏见。东莞活在世人的传闻中，东莞这个城市几乎承受了全中国最多的偏见。

到东莞走一走，你就会发现，偏见有多么深。

莞城是东莞的核心。莞城保留了相对完整的岭南文化风貌，保守一点说，至少没有其他岭南城市拆得那么彻底。也许正因此，其虽只是弹丸之地，却能成为东莞的政治、文教、商业中心。甚至是，由莞城来代言岭南文化，也完全不成问题。人们只看到东莞的新，看不到东莞的旧。先说街道及其建筑，莞城的任何一条街道，都有古仔讲。据杨宝霖先生的记录，榜眼坊“命名始自明榜眼刘存业”，“在榜眼坊有清光绪十八年探花陈伯陶”，“探花第尚存五百多平方米建筑，在今东正路横巷（两条园名）之间”。万寿路原有宋时建的城隍庙。彭屋大街、紫霞坊、阮涌路、平定里、旨亭街、兴贤里、王屋街、宝积巷、西正路、振华路、大西路、中山路、维新路、中兴路，皆有典故。莞城中心小学是百年老校，与资福寺渊源非浅，小学内至今仍有石塔等珍贵文物，还有舍利子的传说。东莞中学是东莞的最高学府，培养出不少文史大家，如容庚等。还有莞城可园，与顺德清晖园、佛山梁园、番禺余荫山房合称清代“广东四大名园”。可园，可登高可临风可对月，格局虚实相间，风格雅致宜人……无须用过多的笔墨去描述其特色。东莞有宋朝建立的学官——可惜“解放”时候砸了。东莞的“县衙门”，从公元757年到2002年都在同一个地方，十年前被搬走。被拆掉的雁塔和上清观，是宋代的建筑。金鳌洲塔，是明朝的建筑。这些，不可能完全恢复原貌，但至少，后人正努力让它们在文字里复活，当代人在为激进者赎罪。文史大家杨宝霖先生为莞城历史做考据考证，建筑大师何镜堂先生为莞城的“东南西北中”布局把脉，中大青年学子记录东莞故事、追问每一个历史细节，这些，哪里是“文化沙漠”的做法？！

再看东莞人。这个城市的市民，似乎真的得到了祖先的祝福。得力于改革开放，他们先富起来，率先实现了现代化中的“个性”成长。我们采访的每一个东莞人，既立足于自己的生活，又对东莞前景心怀抱负（宏大的、朴素的——他们希望莞城可以变得更好）。尤其难得的是，他们“富了不变形”（李炜语）。随便问哪一个婆婆师奶，她们都会拜神。过时过节，准备什么，唱什么歌（如卖懒歌、七姐歌），都一清二楚。这些仪式，有如生活常识，可以无师自通、可以永不失传。这些仪式，即使在“文革”期间，也没有完全中断。东莞人对吃的虔诚，尤其令人印象深刻。没有一个岭南城市如此宽容地道的岭南小吃，鸡蛋仔、牛杂晚上可以在振华路摆街卖，没有城管驱逐他们，晚晚排长龙，大多是几十年的忠实粉丝。在其他岭南城市，现在要找一家纯正的粥粉面饭档都很困难。民以食为天，尊重饮食，就是尊重生命。

我们所写所访，都是眼见耳听，但是文字很难为城市的委屈辩护。偏见是实实在在的。要消除偏见，最好的办法，是实地走一走、看一看。偏见来自什么？归根到底，偏见来自对财富的敌意。财富打破了平均主义的梦想，财富招来了恶意的揣想。但其实，财富并不只带来罪恶，财富也培育诚信、宽容的生存空间。

中山大学中文系学子（一位硕士生、十位本科生），实地搜集东莞集体记忆、个人生活、民间传统，忠实记录东莞人的故事。前期准备、采访、后续整理核对，这一过程前后耗时将近一年。采访对象超过100人，各行各业的人、专业人士、普通市民都有涉及，其中，有三分之一以上的受访人超过60岁，最高年龄的受访人，受访时95岁（邝耀水），他们最了解东莞的历史与现状。透过他们的口述，调研组打捞到许多珍贵的历史记忆，这些，在正史上无从得知，稗官野史里也不会提及。口述是一种激活，年轻的一代必将通过这些被激活的民间集体记忆，想念旧生活，创造新生活。

这系列采访所探讨的，其实是时代难题。中国先富起来的地方，如何才能守富道。为什么东莞愿意花大力气投入文化？为什么东莞愿意动脑筋思考市民的精神需求？为什么是东莞对岭南文化这么执着，而不是省城或别的重镇？广州先是要穿肺炮制白云山（而今暂时搁置，但提法已让人触目惊心），后又一夜之间毁掉五座先秦古墓——无人能让那些粗暴贪婪又短视的力量收手。如何守富道，是整个岭南乃至整个国家迟早要回答的问题。

孔子早有预言，“富而好礼”。坚守岭南之“礼”，是东莞人对“如何守富道”的回答。

东莞受误解最深，所以，他们对文化的忏悔也最快。只是不知道，东莞人的振臂一呼，能否落到实处，能否唤起其他岭南城乡的警醒？且拭目以待。

第一辑　集体记忆

打捞集体记忆，就是不忘本——勇于创新，但决不忘本。打捞旧生活就是对文化传统的感恩，感恩就是救赎。

穿街走巷，听到最多的，就是“拆”和“变”这两个字。拆太多，变太快。这些话，尤其是前者，政府听起来，可能都不太顺耳。但这些声音，也许并不仅仅是简单地捍卫个人的狭小领地，更多地，是民众对自己家园的爱惜之情，是对集体记忆的留恋——建筑街道古老、文物丰富、威水史多，所以爱惜不舍。

杨宝霖先生带我们游走并解说莞城的时候，经常提到的字句就是：这里原来是什么，这里拆了，这里没有了，只剩这个了，不能拆……护城河、城墙、东莞学宫、东莞中学、千年衙门、资福寺、莞城中心小学、榜眼坊、探花第、德生桥、邓尔雅故居、容庚故居、上清观、雁塔、可园、迎恩门、王氏家庙、振华路等，“它怎么拆怎么建，我都知道”。

进入各社区，街坊们皆称，这些年变化太大，拆建两难，城市虽生机勃勃，但也面临发展困境；虽然拆太多、变太快，但也还有拆不了、变不了的建筑与精神。莞城中心小学、东莞中学，是承续文化的中坚力量。拆与变的后面，是重建与再建的诉求。后起的莞城图书馆、美术馆、市民广场，迅速成为莞城的标志性建筑物，她们正悄悄地变更这个城市的整体气质。

不同的市民，对城市发展有不同的意见，但唯独在修运河这件事上齐声称好。140天修成运河、解决水患，是莞城人觉得最威水的事情，“没有张如，就没有东莞的运河”，“140天，奇迹”。他们回忆说，那时候，政府的声望真是高。伴随运河变迁，莞城培养出大量的游泳运动员，莞城因而成为著名的游泳之乡。众志成城修运河——如何重塑这种精神，如何再树政府声望，决策者、当政者不能忽视大众的声音。有勇气变，更要有勇气不变。打捞集体记忆，就是不忘本——勇于创新，但决不忘本。打捞旧生活就是对文化传统的感恩，感恩就是救赎。

（胡传吉）

远去的城市背影

——杨宝霖（东莞文史专家）

2012年7月12日上午，78岁的杨宝霖老先生以百年老校东莞中学为起始点，带中山大学中文系调研组师生绕莞城一周。沿途，杨先生为师生解说莞城的街道及建筑史。（此前，调研组已多次咨询杨宝霖先生，面谈五次，以确定调研方案。）

莞城有天生的护城河

杨宝霖：现在我们先围绕原来的城墙走一圈。本城的城墙长五公里，就是以前的十里。从这里的东门开始，一路绕原来的城墙一圈，刚好五公里。等见到以前著名建筑的地方我再进行介绍。今年是东莞中学校庆110周年，学校在1902年就开始办学，当时就在这个地方，一直没有搬迁。创办学校的是一个进士。

这是东正路，现在我们在东门。这个交叉的地方就是东门，这里是城墙，原来中间的地方。这原来是护城河，下面还有流水，现在盖住了，就是这些绿化带盖住了，盖了大概有七八年。城墙就在那条路那边，我们这边行车的是城外，那边是城内。

这一栋前面是中医院，最近这十几天搬走了。这里有一条村叫“堑头”，“堑”是天堑变通途的“堑”。“堑”是天生的护城河，这里是护城河的起头，所以叫“堑头”。现在有很多高楼大厦的那里原来是东莞学宫，东莞学宫是北宋时建的，有三座大殿到解放时还有。古代大县都有学宫，番禺学宫可能大家见过，东莞学宫比番禺学宫多了两座，比它还大。解放后就全都砸了，现在成了这个样子。

以前莞城地势比较低洼，南高北低，我们现在的这个地方在北面，这一带成日积有雨水，下一场雨就被水浸了，一年发很多次大水。以前莞城最多人、最兴旺的就是大西路、镇南路。镇南路、大西路一年好多次“马路扒船”的。自从1957年之后，就没水浸了，一点水都没有。这个运河的设计和督工，通通是张如定的。张如是孔融的后人，是老革命，解放后的东莞县副县长，专门负责东莞的水利，现在东莞人认为这条运河就是纪念张如的。

千年衙门，全国没有多少个

杨宝霖：那边的建筑就是东莞的衙门，从唐代至德二年（757年）到前几年，一千多年来一直是东莞县的衙门、县政府的大门，前几年才搬走，现在就不做衙门了（据《东莞市莞城志》，莞城县衙建于明洪武元年，即1368年）。从唐代到前几年一直在同一个地方办公的县政府，全国没有多少个，东莞就是其中一个。前一任的书记还在这里办公，他不肯搬走。这一任的书记搬了。

那里有一条巷，直的一条巷，出过很多重要的人物。但那条巷正门绝对不敢全部打开，只由侧门出入，因为它正对着县政府的门口。封建社会讲“压不住、顶不住”，政府大嘛，县府大

莞城镇人民政府（1953年）

嘛，衙门大嘛，如果全部打开，会对住在这里的人不利。解放后就不计较这些迷信东西。现在没有了，解放后就拆了。

莞城中心小学，历史故事多

杨宝霖：这边的一间古祠是资福寺，资本的“资”，福禄寿的“福”，建于南汉大宝五年（962年），比北宋还要早。当然，其间不断重修，一路到了60年代，才拆了大雄宝殿。拆大雄宝殿之前，1958年，由于西门的城楼要重建，要建得漂亮一些，但那个时候没有绿瓦，所以把大雄宝殿的绿瓦、琉璃瓦挪移过去，建了西城门。现在城楼上面的绿瓦就是大雄宝殿的瓦了。

这处呢，是莞城中心小学，有好多年历史了，原来是1905年东莞中学办的，在东莞中学那边。到了1934年（一说为1933年，据《东莞市莞城志》）才用资福寺作为小学一路到现在。现在那边有一个古迹，就是光绪二年（1876年）建的石塔，不大。它是金刚经云石塔，它上面刻的是《金刚经》。以前有六棵大榕树，现在剩下两棵。以前大雄宝殿在这个位置，从这里开始，一路到停汽车那边，很大的。这个位置的大雄宝殿是光绪二年建的。小学我在这里读书的嘛。当时这个地方啊，还有和尚住在里边。我们小学生很调皮的，把门打开，从这边转过去，到那边出来。

这个早就拆了。第一个古迹还在。第二个呢，还有一个大铜钟，这个是复制的，原来那个在博物馆。这个根据那个重制的，你可以看看，元朝的。

采访人：这个石头呢，应该是以前的。

杨宝霖：这个跟元朝的一模一样，是100周年的时候，也就是十几年前复制的。原来的那个存放在博物馆。我们读书的时候，上课下课用的撞钟，还是用原来那个。

采访人：那时候这里是不是很多和尚？

杨宝霖：好多好多。有几座和尚寺，除了前面那几间之外，下面还有和尚住。抗战期间，东莞沦陷，日本仔杀了很多人。抗战胜利之后，全部在这里做法事超度冤魂，他们叫“打万人冤”，万人冤啊。那时一进来这里非常恐怖，很多人在哭，那些家庭在祭亡灵，不止一日，要祭七日的。

采访人：大概是哪一年？

杨宝霖：1945年，我记得好清楚。那年我还在这里读书。正是放假的时候，大概是10月，他们利用这个空隙（做法事）。

采访人：那就是做了大概七日？

杨宝霖：不止，一个人祭亡灵七日，还有你要祭，他要祭，大家的时间不是统一的。大家去祭的时候，就拿些被铺在这里睡觉，这里荡，那里荡，好“牙烟”（意即恐怖）。哭咯，哭到很吵闹。一个哭，随即引起大家的同情心，你要哭，我要哭，几万人哭在一起。以前这里有一个广场，和尚在这里做法事，就在教室出出入入，我们整天看到。这次“打万人冤”呢，还有很多和尚是从外面来的。

采访人：这里真的有很多故事。

杨宝霖：当然多啊，由南汉直到现在，一千多年。以前啊，“资福寺”这几个字是苏东坡写的。苏东坡没来过东莞，在惠州。当时在北宋年间，那时的住持是祖堂法师，去了惠州，请苏东坡题写。苏东坡写了三篇关于资福寺的文章，文章在苏东坡的文集里面都可以找到，他写明了是“东莞资福寺”。

东莞中学的位置就是读书人的位置

杨宝霖：现在转个弯，就是榜眼坊，为什么叫榜眼坊呢？在明代啊，有一个叫刘存业的人中了榜眼（殿试第二名）。东莞只有一个文榜眼，就住在这里，所以叫“榜眼坊”。这里对面出了一个探花，所以叫“探花第”，就是陈伯陶的探花第啊，是500多平方米的豪宅。

采访人：陈伯陶，民国《东莞县志》的总编。这里面还有房子吗？

杨宝霖：有，你可以下车看一看。这里都是陈伯陶的开发地，现在变了。

采访人：拆了吧？

杨宝霖：拆了，改了。这个没改，陈伯陶的（探花第）比较少见，把它隔断了分成两截，这个可以见到。

采访人：这个门是他家的那个门？

杨宝霖：这些都是以前的，旧的。

采访人：这个是古建筑。

杨宝霖：对，原来的建筑。

采访人：这个房子现在跟陈伯陶没有关系的吧？

杨宝霖：没关系，这个住房而已。

采访人：这里是陈伯陶后人住吗？

杨宝霖：不是，已经成为房居所了。

这个古邸的面积，从这条巷到这里。两条巷之间就是探花第，一直到尽头那里咯。一路进去，这个地方都是探花第。前面这个园也是他的，现在做了宾馆。整个都是陈伯陶的，在民国年间已经卖给别人了。这里是南街，前面呢，榜眼坊。南街，邓家就是在那里，现在都不是的了。

采访人：那有些老房子啊。

（走到南街。）

杨宝霖：现在这条巷叫南街巷。进士邓蓉镜和他的儿子邓尔雅就住在东莞中学里面。

采访人：难怪东莞中学那么厉害。这个位置就是读书人的位置。

它怎么拆怎么建，我都知道

杨宝霖：现在停车的地方就是南门。左边城外，右边城内。

陈伯陶

探花第

采访人：那邓尔雅住在这边，城外？

杨宝霖：那边，城内。现在我们走的城墙是原来的，南门到西门的一段，从上面走。这个城墙呢，是1958年开始拆的。

采访人：那时候有什么理由来拆呢？

杨宝霖：理由是阻碍交通。

采访人：那时候有没有人反对呢？反对说不要拆。

杨宝霖：你知道，在那个年代，“左”压倒一切，谁都不敢讲，你讲出来判刑都可能，所以不敢讲。

采访人：那些人虽然不敢讲，但是有没有人真的不想拆的？

杨宝霖：因为城墙是公家的，拆城墙对人民有利，以前是隔开的，拆了之后有利人们，所以他们不会反对，不会有很大意见。而那些主张保存古迹的人呢，一定是有功名富贵的人，已经被打倒了，不敢讲。

采访人：那时候您自己怎么看呢？

杨宝霖：不敢讲。因为拆城墙，两边的居民反对，但不敢讲，没办法。为什么呢？城墙高，两边低。你将那些泥拨到两边人家的屋里，所以农民有意见。

采访人：回到刚才运河东二路来了。

杨宝霖：以前，在这个比较高的地方，有一座山叫道家山，是道教的，上面有上清观，是宋代的建筑，有一个塔叫雁塔，现在都没有了。上清观和雁塔都是在“文革”时候拆的，被拆的雁塔是宋代建筑，那时真的很无知。雁塔仿效长安的那个雁塔，是东莞中了进士举人题名的地方。当时拆雁塔是很无知的行为，那时候响应党的号召，提倡多养猪，家家都养猪，没有砖修建那些猪舍，那个军代表、军管会觉得塔砖适合，所以就拆来建猪舍，最后这个塔全部都碎了。这个宋朝的建筑、宋朝的砖，一锤就全部碎了，塔平了，猪舍也建不成了。上面的上清观也是宋代建

西城楼（旧）

筑，由于这里要开发，所以把道观和山都弄平了，上清观也拆了，一点痕迹也没有。

采访人： 这个叫迎恩门，是吧？

杨宝霖： 嗯，西门。

采访人： 为什么叫迎恩门呢？

杨宝霖： 迎恩门呢是这样的。前面不远有一条河，叫作“阮涌”，一路通往东江。凡是广州的公事，（比如）县令交接，新县令均是从广州来东莞的，坐船过来，到了阮涌就停在那边的驿站，经驿站一停。那东莞的要接待知县的地方就在前面那个驿站、驿馆，迎接皇帝的圣旨，所以叫“迎恩门”。

采访人： 那以前老东莞的人去广州好像有一个渡头？

杨宝霖： 有，有码头，就是现在文联的那个地方。

采访人： 都填掉了是吧？

杨宝霖： 都没有了。十年前都还在的。以前到广州去，很少人坐车，都坐船，现在那个码头已经没有了。那个城门本来有两重，前面还有一重，一大一小两重城门。本来东莞是一个县，它的城楼不可能这么辉煌的，这个违反国家制度。建这个城楼的

迎恩门楼

时候，已经是1958年了，所以不计较那些，要建得漂亮。这些绿瓦，就是资福寺大雄宝殿的瓦移过来的。因为我老家就在这附近，所以他们怎么拆、怎么建我完全知道。

采访人：杨老师，那这些瓦是不是有一千多年了？

杨宝霖：不是的。咸丰四年（1854年），石龙有些渔民响应太平天国运动，在石龙起义，攻到东莞城，把东莞城的城楼、县衙和资福寺一把火都烧光了。这一栋是咸丰四年平定起义之后重建的。那个瓦是咸丰年间的瓦，不是宋朝的瓦。

振华路当时还未曾开马路。1930年，这里开马路了，那里叫迎恩门，所以这里叫迎恩街。

采访人：这里是以前的老商业街。

杨宝霖：1930年建的房子，解放前城内没有商店的，商店全在城外，城内就是文化和机关的地方，最多是一两间商店，商店在振华路、大西路。

采访人：解放前这里是不是晚上很早就关门了？

杨宝霖：通宵的，非常繁荣的。这里叫“平定里”，平定里的林氏家族出过很多重要人物，其中做官做到最高的叫林蒲封，他是乾隆皇帝的老师，雍正朝的侍读学士。你知道以前不能当老师的，所以叫侍读。他有一本诗集，叫《鳌洲诗文集》，有十二卷。

现在这个商店，就是这个两层楼的商店，背后有一段历史，可能很多东莞人不知道，所以我尽力建议莞城政府把它保留下来。抗战前共产党领导下的一份报纸叫《东莞周刊》，宣扬抗战和党的政策，它的办报、编辑所和卖报纸的地方就是这栋楼。两层的那栋，黄色的那个。1937年10月20日，日本人来东莞了，10月19日，共产党就派人来这里保卫。队长就是祁峰，现在90多岁，他在退休之前，是广东省政协副主席。再讲几句，林蒲封的祖父，那是明朝末年啊，叫林洊，是张家玉的老师，林洊的祖母埋葬在距离东莞城50公里的地方。她的尸体还保留得非常好，十年前把她挖出来，干尸现在还保存在东莞博物馆，她是林蒲封的第六代祖母。祁峰亲口跟我说，东莞人撤退的时候，留在最后走的就是他，宣传机构统统撤退了，但是还得保卫，他最后一个撤退。他是1938年10月20日的早上离开这里的，去打游击了。

前面那条小巷，这里过去的，现在叫王屋街，原来不叫王屋街，在民国那阵叫“圆沙坊”，由于这里一带都是王氏，所以叫王屋街。那边有个祠堂，叫“王氏家庙”，它的每块砖上都有文字。前面的祠堂，房子前面那个影壁有个明朝的浮雕，现在移到公园那边了。祠堂旁边那个很大的浮雕啊，本来在这里的。王屋街的王氏是宋朝来的，明朝特别兴旺，从明朝到清朝总共出过四名进士，一个小巷有四名进士，其中有个王希文，就是建王氏家庙和主持浮雕建设的那个人。他是最早开发石龙镇的人。他写过一篇很重要的文章《却金坊记》（应为《却金流芳记》），还有一篇不是他写的，叫作《却金亭碑记》，而却金亭、却金坊是两个不同的古迹。《却金坊记》是王希文写的，《却金亭碑记》则是姚虞写的。《却金坊记》现在在东莞博物馆，《却金亭碑记》

还在原来的地方。这条振华路，改革开放前是莞城最多商店、最旺的地方。

这条河，阮涌，一路通到东江，1950年它被填平了。

古迹基本都没有了

杨宝霖：现在古迹基本没有了，只有邓尔雅故居和容庚故居。邓尔雅故居在东莞中学那里，容庚故居就在刚刚说要保留的那栋房子过去那里，是一座平房，没有什么奇怪（特别）的地方。

解放的时候有六处宋代的古迹，现在只剩下一处，就是德生桥，被水泥盖住了，现在看不到，其他五处都拆了。

采访人：解放前城门是几点关的？

杨宝霖：解放前要看什么情况，一般都不关门，但如果恶霸来攻东莞城，那就要关门了。有很多次的，像广西那边派兵来占领东莞，那样就要关门了。

采访人：关门有没有用的？

杨宝霖：不可以进城了，在沦陷期间每晚都关门。日本人主要在城内住。在振华路、大西路那边，他们用铁丝网拦住两边，一边由男人通过，一边由女人通过，不让人们出去。那时候我不敢在城内住，因为日本人在城内，我就到城外，住在我姑姑家里，在可园旁边住了五年，到差不多抗战胜利才回到老家。那边有个塔叫金鳌洲塔，是明朝的建筑，在东江河旁边。

采访人：那时坐船的船票多少钱？

杨宝霖：一块几。我在华农任教的时候，仍然是坐船去然后再坐船回来。

采访人：那要多久的时间？

杨宝霖：五个多钟（五个多小时），其实很方便，我拿本书看，看完这本书就到达目的地了。早上开船，去到广州就是中午12点。回来呢，黄昏时候开，到了莞城就是晚上12点左右。

这里刻着莞城著名人物的字迹，我找到他们的真迹，刻上石，有80多平方米。

这里画的是城内的地图，城外的没有画上去。振华路不在这里，假如也标上去的话就是在这里。书院是东莞中学的前身。这幅字是陈琏写的，是先将他的手迹放上去，再根据手迹放大。这是林蒲封的笔迹，这块石做得非常好，将字保留在这里。

采访人：是不是将最重要的找出来？

杨宝霖：不一定是最重要的，要能找到他们的手迹才可以，即使人物重要但是没有手迹也不能够。资料都是我找的，找了几个月。

金鳌洲塔

采访人：这里有什么故事？

杨宝霖：没有什么故事。王屋街的进士王猷，就是招降了郑芝龙的那个人，这是他的手迹来的，是楷书。那边还有的。

采访人：这个是张敬修先生的吗？

杨宝霖：不是，张敬修的也有。

采访人：知道不知道它是什么内容啊？

杨宝霖：哦，那要慢慢翻译才行的了。这些好“难睇”的（意即难看懂）。

采访人：就是仿甲骨文？

杨宝霖：是。

（回到东莞中学的邓尔雅故居。）

杨宝霖：他（邓蓉镜）有四个儿子，每个孩子一座。

采访人：邓尔雅是邓蓉镜的儿子吧？

杨宝霖：第四个儿子。

采访人：容庚是邓尔雅的外孙？

杨宝霖：不是，是邓蓉镜的外孙，邓尔雅是他的舅父。容庚同容肇祖在东莞中学读书的时候就住在那边，另外他们两个人也跟舅父一同在东莞中学教书，1921年还住在这里。现在东莞中学把它重新修理，布置了一个关于他们两个家族的书画及其成就的展览，由东莞中学出钱。这些资金来源于校友捐赠。

天字码头，雷管当枕头

——邝耀水（东莞原水利局副局长）

受访人：邝耀水，东莞原水利局副局长，95岁
采访人：文淑贤、廖锐
采访地点：莞城市民广场
采访时间：2012年7月18日上午
受访者语言：广州话

家道中落，参加革命

采访人：您是一个老革命，有没有保留一些关于自己的文史资料呢？

邝耀水：我原来写了很多日记，但是“文化大革命”的时候被抄家，什么都没了。我在东莞的时间比较长，在东莞参加革命，抗日战争时也在东莞，后来70多年都在“惠东宝”，包括东莞、宝安、惠阳。当然有个别时期因为工作关系不在这块地方，例如日本人投降以后，我被组织派到香港，跟随中共广东区委书记尹林平。我一直都是搞情报工作。在建党90周年的时候，东莞档案局党史办曾经写过四本书作为献礼，其中有一篇就是讲述我

个人的。

我在东莞县大朗镇出生，就在大岭山脚下。我的家庭是书香门第，曾祖父是前清的八品芝麻官。后来因为他自己好读书，就在莞城租了一间房子，让他的子孙都在莞城读书，直到我父亲那一代。我父亲在东莞中学毕业之后，到东京早稻田大学留学。1917、1918年的时候，由于他接受了一些革命思想的熏陶，就回来参加五四运动。1919年，他奔走于东莞、广州、北京，当年9月就中途病逝了，导致家庭破落，我也成了遗腹子。我母亲是华侨女，外祖父全家都在智利。她不会耕田，又守寡。那时候我还有一个大哥，仅两岁。当时我祖父的几个儿子都去世了，家里只剩一个26岁的寡妇，一个两岁的孩子，一个遗腹子，他认为书香门第无望了，心灰意冷，就把二三十亩田地典当给别人，自己拿了那笔钱到罗浮山修道。那我家怎么办呢？我母亲生性比较刚烈，把那些耕地租回来，请了两个工人（来劳作），但即便这样，一年中还是有一两个月的口粮供应不了。我们只能靠我外婆、靠华侨亲属来接济。因为这种情况，我小时候只在乡下读了三年私塾。

采访人：那时读私塾要交多少学费？

邝耀水：那时只需一斗米而已，不用多少钱。没有钱读书之后，恰巧远房亲戚从智利回来，跟我母亲说："孩子不读书不行啊，你无论如何都要让他认识几个字，不然将来怎么熬呢？"我13岁就离开老家，去远房亲戚那里的厨房打杂。有一间学校同意我在那里寄宿，刚好有位老师叫钟寿祈，他是共产党员，也是东莞中学的学生会主席，但后来他和东莞县委的蔡日新一起被捕，被运到广州南石头监狱。最后蔡日新被绑着几块大石头沉到水里（淹死）。当时东莞出了个军长叫李扬敬，钟寿祈的母亲就求李扬敬把他救出来，所以钟寿祈没死，但他母亲帮他写了悔过书。

后来他意志消沉，就跑去大朗教书。1937年，我小学毕业后，钟寿祈把我介绍到铁路办，我就去铁路当工人，认识了站长。乌涌车站离石排比较近，现在小站已经没有了，因为当时被日本人炸了。我当了一年工人之后就被吸收入党。1938年，东莞办了军事革命班，钟寿祈就叫我回来参加革命，从此我跟着王作尧、张如这些活动分子走上了革命道路。

开运河，找军区要炸药

采访人：您当时在莞城挖运河的前因后果是什么？

邝耀水：为什么要建运河呢？这是我测量一年的结果。只要有人住的村子我都走过，其他东莞干部没人比我走得多。我们发现内涝严重，所以就想挖运河。挖到厚街，厚街潮退就可以放水，潮涨就关上水闸，高度相差大概五米。做规划的时候我就提

修运河

出“上筑，下围，中间圈”，把田圈围、排水，上面筑山塘水库，滞留洪水，等水退了才开闸。当时的地委书记听到这个规划之后很坚决地说要马上动工，于是县委就决定开始工作。

我找来工程师，拿一根铁棒，测量一下多深的地方有石头，有多少泥土要挖走——大概有20万石方，百分之六七十的淤泥。我上报水院厅，那里的工程师说：“你的数据中没有历年雨量。最大暴雨量呢？潮水多大呢？”厅长说他不敢批。我们只好自己做，自己负责。当时我们的步骤分为规划、设计、测量、施工。开始施工的时候问题很多。

原来的泥塘里面只有很少泥，都是石头，最初测量的20万石方变成200万石方，下面都是红粉石。一个炸药放下去，只能炸到十公分的石头，也不裂开，要用铁桩自己打。县长比较年轻，就拿着铁桩，副县长年纪大，就拿锤子打。县长一大早就打石头，民工也打，两万人一起干活。自己做的炸药不够用，最后剩下的十多万立方土地都是喷水的，黑药没有用。县委让我去找赵紫阳，问他要1000个雷管，500公斤黄色炸药，做水下爆破，让他和军区商量。赵紫阳就在清远的军区仓库调了1000个雷管。

那时没有汽车，我就骑一辆自行车，把两箱雷管运到广州天字码头。那里的人问我是什么，我说是西药，把它放在我的床上当枕头。要是我一不小心，整条船的人都会没命的。

上岸后县长问我是用什么运的，我说用船，他说：“你真大胆，这么冒险，早知道我就派专车去接你。”我说太赶了，没办法。最后规定要五一劳动节开通，但雷管很快就没有了，只能到香港找鱼雷。虽然我回来几十年，但跟那边还是有联系的，他们就批给我一个通行证到沙头角，给了5000港币，我找水警在渔民区找到200公斤黄色炸药。五一的时候还差点炸到县长，因为炸药威力太大了。

莞城治水，六年没有回家过年

采访人：1959年莞城是不是发大水?

邝耀水：最早是1953年。

采访人：那最严重是什么时候呢?

邝耀水：1953、1955、1957、1959这四年。东莞虽然土地肥沃，但灾害也多，受到五种灾害——水、旱、咸、涝、潮。我入城之后管水利，东莞95万亩农田，受旱的20万亩，受洪的30万亩，内涝积水的15万亩……解放前就很困难，特别是我们石龙前面有一条洲，叫黄家山，1947年的时候一两千人无家可归。石龙有句俗话“四周野仔”——到处去做别人的儿子，相当惨。当时我还在香港发动人回来救灾。东莞堤围矮小，山乡水利不修，每年四五月青黄不接的时候，就要锄野草来充饥，很困难。所以虽然有土地，但贫富悬殊相当大。

大西路发大水

后来1953年6月东莞大水，县政府刚整理好这些东西，开始征粮，开始正常生活，一场大水又打乱了这一切。石龙那边被洪水冲断一条铁轨，广州铁路七天没有行车，造成国际性的影响。当时中南局书记坐飞机来看，一片汪洋，东莞淹了20万亩田，倒了1200多间房子，死了12人。刚建国就发生这样的事情。如果6月不能堵上缺口，东江水进来，那20万亩农田不能耕作，至少影响20万人，人民生活怎么办？那时我们80万人口，95万亩田，有20万亩被淹，影响很大，莞城也都完全被淹了。

县委分工一人负责一个缺口，限定十天内要弄好，就把我调了出去，从工商科长调到防汛指挥部。筑堤要沙包和草席包，要打桩，要木头，要泥机，要船运，要粮食，因为我之前管过这些东西，大概县委的意思是把我调过去当指挥。刚筑好了，第二年又发大水，第三年更大。堤坝筑得矮小，很容易就有洪水，之后又天旱，十多万亩田不能耕。从建国到1957年，干部只有三类工作——防洪抢险、生产救灾、征收公粮，其他基本不能进行。我们的公粮占全省四分之一，因为土地肥沃，产量高。

后来县委觉得一定要解决水利，又调我去管水利。那时林若当书记，他认为一定要解决水利，第一要造林防止山洪，筑堤围，第二要筑好山塘水库，解决内涝。当时林若最得力的助手张如是水利科科长，他很实干，而我是副科长。张如解放后当县委常委，专抓农林水。1953年在积水一带加了堤围，加固防洪。但是内涝积水，从石龙一直到大朗，16万亩一片汪洋，十年九不收，只能种单作。夏至之后试一作粗粮，例如红谷（红米），产量很低，一亩田就只有200斤，到了冬至就收割。后来我当了十年局长，我家在塘厦，六年没有回去过年。县委规定我要管好，出问题我负责。我们每年的年二十八总结，年二十九放假，年初五来上班。平时也有一万人做水利，每天几万人上班，连续筑堤筑

五六十年代修建运河场景（选自《莞城志》）

了五年。

内涝没解决，我就拿着抗日战争时收缴到的地图，打算组织一个测量队，没人就到水电厅找人。水电厅说："没办法了，你自己训练吧，考不到大学的高中生，数学好的，就征集来训练。"我们当时只有几个技术人员，一个一级工程师，一个监工，一个出纳，一个尺工。

当时我就召集了30个学生，自己做班主任，带技术人员在石龙开训练班。现在那些局长和工程师都叫我校长。培养了三个月，让工程师教他们，实地训练，到工地干活，如果广州有工作，也会派他们去。所以20多年来东莞的水利基础设施很好，没有一件报废。我的方法就是"山上山下"：下去调查，这个山形可不可以建水库，可不可以灌溉，效益有没有那么多，然后做出规划。当时县委财政收入400万，大约给我们200万。我们民办公助，水库需要的工资、材料10万元。除了自己出劳动力，这10万元是政府给你的，做工程，模板、钢筋、水泥都是政府出，剩下的都要给回政府。因为材料循环利用，所以100万的工程，我们可以做到140万。因此东莞1957年的旱涝保收已经达到70万亩，就是说有八成。

140天的开运河奇迹

——黎浩权（曾任东莞大围工程指挥部办公室主任）

受访人：黎浩权，曾任东莞大围工程指挥部办公室主任，88岁
采访人：吴海敏、骆倩怡
采访地点：莞城市民广场
采访时间：2012年8月10日
受访者语言：广州话

响应号召返回大陆

黎浩权：我是从香港回来的，响应毛主席“知识青年参加祖国建设”的号召回来的。我当时二十几岁。

采访人：除了毛主席号召，还有没有什么其他原因？

黎浩权：都没什么原因啊，觉得确实……

采访人：就是热爱祖国对吧。有没有后悔？

黎浩权：没有！没有后悔。

先不说我个人，先讲为什么要建运河。老实说，东莞地大物博。但是解放前呢，可以说是水旱灾害频发。张如呢，是老革命。本来土改的时候，他是土委会秘书，一土改之后就被分配去

建设科。因为解放初期建设科是烂摊子来的，要找一个强的干部去。我当时就在军委会的那间供应处。

采访人：回内地之前您在香港是正在读书还是……

黎浩权：我在香港没读书了。我的姨丈在香港是大老板。我看了毛泽东的那些书，确实觉得资本家对青年的影响不大，觉得祖国确实是……对青年的影响大。

采访人：那跟您同一批回来的有多少人？

黎浩权：哦，和我同一批回来的几乎有二十几人。

采访人：您对您的人生有什么感受？

黎浩权：讲人生啊，我的人生真的很奇怪。我是从香港回来的，所以很复杂。现在有香港护照就威风，去哪里都行。我在海外认识好多人，澳洲、德国、加拿大都有。我在东莞这么多年没什么亲戚，到今天也是这样。去年美国国务院移民局寄了一封信过来让我移民到美国，按照指定的程序搞签证就行了。我都八十几岁了，体检要去领事馆指定的医院，那个日本医生说："阿伯你是不是有肺结核？要留下来养病。"我说几十年前有。后来给了一百块就走了。我女儿在美国搞定了全部程序，所以后来我女儿骂了我一顿，说用了几千元，要请律师要干什么……哈哈。我全家人都在那边，我自己一个人住这边，有个保姆看着。

还有一件事情他们不知道的，很传奇。就是我在做科长的1958、1959那两年，国民党的策反很厉害，因为我很多亲戚在外边，所以寄了很多印刷传单给我。我拿了之后交给人事科，来证明我的清白。1960年，我30岁，谈恋爱了，领导突然间将我拉去同沙。我又能写又能开玩笑，很活泼的，一直以来很受单位同事的尊重。上级居然要将我下放到同沙劳动，我就打报告说正在恋爱准备结婚。那时候结婚是要单位批的，单位领导不敢批，因为我处在特务审查中嘛，谁敢批。民政局也不批，最后就报到林若那里。所以我结婚是林若亲手批的，绝无仅有，因祸得福啊。我爱人，她当时是农民，林若一批之后，马上当了职工。我儿媳妇都知道这件事，原来她的家婆是这么来的。

采访人：那之后您有没有被冲击？

黎浩权：凡是运动都有份，肯定会的了。

采访人：1979年您应该有很多机会出去吧，为什么不走？

黎浩权：不想去了。我有四个儿女，一个去了美国，还有三个准备去。他们夫妻和（我的）孙子一个星期才休息一天半天，我去的话，他们服侍我就累死他们，但要我去服侍他们，又没力气，去到那里我又不会说（英文）。虽然有很多亲戚在，但如果儿女休息时又劳烦他们开车，他们就连休息时间都没有，太累了，所以我就不想去了。我现在还有个保姆嘛。我还有两个姐姐，一个九十二，一个九十。

采访人：她们当年没回内地吗？

黎浩权：她们都在香港，我们直到改革开放后才敢见面。当年她们反对我回来，她们对共产党没什么认识，而我对国家这方面有认识嘛。我也为国民党干过事，国民党很腐败，但现在有批人也很腐败。当年修运河就是群众拥护的，领导说这条运河一定要成功，但当年省不批准，所以邝耀水就去省里搞。我和他很老友，是回来才认识的，现在我八十八，他九十二了（实为九十五）。

没有张如，就没有东莞的运河

黎浩权：可以这么讲，如果没有张如，就没有东莞的运河，真的。

采访人：为什么这样说呢？

黎浩权：要讲东莞的水利呢，确实是要先谈东莞的张如。特别是讲到这条运河，说出来你们都不相信。这次我特意把相片、资料带过来了。东莞为什么要建这条运河？是一段故事来的。

当时和我同一批回来的那二十几个人，都不太被人信任，那段时间人们对有点国外关系的人有些不信任。但张如对我很信任，叫了我去当时的建设科。当时林若讲过“东莞不搞水利没有前途”。我以前跟过林若，写的那些稿都是经林若批的。林若就任之后觉得东莞的确是水旱频繁，不解决水利是没有办法发展的。东莞的水利第一要防洪，弄得好堤围就防得住洪水。当时内陆积水就一大片。一是洪水，一是内涝。防洪就一条线，抓好堤围就没问题了。莞城差不多十四五万亩的农田啊，一下雨就被浸，你说损失多大？所以当时的县委和水利部门的有识之士就觉得必须要解决这个问题。那么就想到疏导洪水咯。最先考虑的是从黄沙河排出去，经过长安，排到大海。但是，一过大岭山大塘，又有一个莲花山，要开十几二十公里的隧道，没什么可能。

1986年的东莞运河

今日运河

自从张如做了水利科长以后，他就慢慢去查勘这些水到底怎样排去东江。所以从1956年开始，就派出很多人去查勘到底怎样可以解决这个内涝。弄出一个基本规划之后就报给了省水利厅，但省水利厅不批。为什么不批呢？因为国家当时水利的方针是以小型为主，但是这个工程呢，搞一条运河，几百万的土方，要建十几座水闸、十几座桥梁。这是大工程来的。说实话，全省人员开的运河谁开过？不批啊。当时副县长张如就报给地区，当时的地委书记马麟认为东莞这个方案好，可以做。但是省里不批，理由就说资料不够齐。当时的群众很支持，真的是相信共产党。

采访人：拆屋都支持？

黎浩权：拆屋都支持。所以我刚刚说，你们真的理解不了这条运河，整条运河从1957年12月13日开工，到1958年5月1日正式通水，工程正式完成，你猜猜在这140多天里面完成了哪些工作呢？完成321万个土方，将90万土方移了去筑东莞大堤，就是现在东江大道那条；爆了26万土方石头，运河底下是很多石头的；建了四道水闸——峡口水闸、樟村水闸、莞城水闸、石鼓水闸；建了两座桥，其中一座东莞市水利桥，当时叫作莞城大桥。140天，每天动员16000个民众。1957年11月，十几天里成立了一个东莞大围工程指挥部，这个指挥部成立之后县长做总指挥，副县长做实际工作，我就跟副县长张如。这个指挥部真的可以被称作“作战指挥部”，有七个部门，调了200多个人来组织这个指挥部。它有指挥中心，就是办公室，办公室里面有资料组、通信组。当时的电话不是现在这样的，是搅机的，如果你说那个电话是总机，马上就架一条20公里的总线。设立了八个工区……十几天时间喔！11月成立指挥部，13日运河正式开工，就是13天时间。当时省里不批，地方就自己做，很多物资省里不给你，全部都要自己弄，连炸药也要自己造。所以这个指挥部，有一个资料组、一个通信组、一个爆破组……

采访人：为什么你们办公室还有个爆破组？

黎浩权：当时缺乏物资，我们就组织一个爆破组专门去搜索国民党、日本仔（留下的）堡垒，专门炸堡垒，拿它的钢筋。当时指挥部真的是作战指挥部来的，财务物资组、宣传组、公安保卫组、卫生医疗组，真的很庞大，你现在一个机关也没有它那么庞大，哈哈哈。所以挖运河那个时候，领导们真是日夜工作，包括我在内，天天都睡很少时间。140天，不够五个月啊，完成那么多工程！你现在想都想不到的！当时真的是日日夜夜。

采访人：那您当时是负责做什么工作？

黎浩权：我就是办公室总负责。

采访人：就是样样事情都要负责？

黎浩权：什么都要负责的。我跟张如的嘛，我和他两个人在指挥部一起睡，连过春节都是在指挥部睡的啊！有什么假期啊？

根本没有的！140天要完成这么多工程，你想想怎么做吧。每天管16000人，不是16人啊！

采访人：那时用什么来传达信息？

黎浩权：不就是两条电话专线咯！我就是专门管这些的。他们没有一个有参加过的，所以叫我来。现在水务局有个叫邝耀水的人，他当时负责财务物资，我是负责办公室，负责制炸药。

采访人：炸药当时是怎么制的？

黎浩权：哈哈哈，一般人我都不讲的。张如很信任我们，当时派了两个人，毕竟没有那么多炸药，就找了我，还有另外一个姓胡的，叫胡祖耀。当时我们去广州化工厂实习一轮，回来汇报，哇，要那么多机器，自己没那么多条件，就去华南工学院，找了个教授，提出来，我们那个时候还要速成的。（那个教授说）要速成啊，那我介绍一个方法给你：用化学肥料。先去香港买硝酸铵钙，是意大利的化肥，再用硝酸铵钙解决那个铵，就剩下了硝酸钙。为了解决铵，最后就买了一两百吨化肥回来。最开始不行，为什么不行呢？我负责制炸药，属于爆破组，谁知初时造黑药，制成了，是专门去农村收集泥砖，找回来之后抽其中的硝酸，就是硝酸钾。初时在公安局拿了很多子弹壳，必须自制雷管，又找电灯的钨丝。每天很细致地干活，黑药是可以，但爆炸力不够，水下的石头不能爆。TNT制成了，就是黄色炸药、安全炸药，不会自己响的，在什么情况下爆，零点几秒发中，几千度热才能分解？这件事其他人都不知道的。我职务很大但是没有职称，哈哈。

采访人：这样才厉害啊。挖运河过程中，除了对张如印象深之外，对其他人印象深吗？

黎浩权：姚启荣，峡口水闸的工程师。所有东莞的水利原来只有一个技术员，我也不是搞技术的，邝耀水来了，就说没有技

运河两岸夜色

术人员是不行的，报到省里，省里就派了六个工程师来，这六个人都是有分工的。姚启荣是专业水利的技术员，最高级别的；还有卢广铿，也是工程技术员；王志文、姚国强就是测量技术员；罗国基是监工；还有一个徐殷发，负责锥探工作。

运河为什么要在那时候探？那时候没有机械，考锥插进去探什么石头，探到哪里看有什么泥什么石层，没得取巧的。讲起来我觉得是奇迹，140天哦。

政府声望高，群众都支持

采访人：有没有人被拆迁，还自己帮忙的？

黎浩权：没，一般来说拆迁地方比较少，但运河有一段是转弯的。为什么不直通呢？原因就是未拆迁之前，那里叫水头街，税务局正在现在的桥中心，对面是工会。未拆迁之前水头街是由镇里面处理，其中有一块菜地，（因为菜地主人）不同意，但已经施工了，就找工程师商量，最后只好绕过，本来是直去的。

采访人：等于说增加工作量了。

黎浩权：是啊，但是当时群众是不会被强迫的。好容易商量的。他有一块地，地上面在种菜，菜就是他的主要收入，其他的是屋，处理就可以了。

采访人：那时已经公私合营了吧？

黎浩权：合营了。

采访人：整段运河只有那里不同意吗？

黎浩权：是啊。就在这里，本来直望可以见到北门桥的，有一点点，二十几度的，转一转就知。姚启荣就知道，他是工程师，那条线就是他画的。钟钦明也知，他当时是做测量的。

采访人：在挖运河的过程中，有没有发生一些很惊险的事情？

黎浩权：这个爆破好像死过人，工区会马上处理。

采访人：挖运河的时候，对群众的饮用水有没有影响？

黎浩权：没有，之前人民群众饮井水，开运河后就喝运河水，那水好清的。七几年还可以饮的，改革开放后就开始变差。五几年是没有自来水的，七几年才有。讲到为什么要选这条路，好像说测量过后，峡口水闸的水位和石鼓的水位比一般的低，流速很顺畅，所以运河未开之前主要靠东江水来衡量，开了之后流不出水不行的啊，经过试验，开完之后，一放水很顺畅。在这里可以说一句，工程是做了，但很粗糙，运河就是一条渠，两边是泥坡。那时度量衡还是用公尺的，所以写稿用公尺，不用米的。最初的时候，底是20米，还没有扩大。1958年5月1日通水，一下雨就可以排水。这个运河可以说是奇迹，奇在每日有15000到16000人上堤，调动人员是很艰巨的。

采访人：那时那么多人修运河，有没有影响生产？

黎浩权：主要是劳动力，这方面真的没有调查过。但是从我们的角度来看，农民是支持这个工程的，但是领导有反对。首先因为中央的政策，加上东莞运河的资料不够完整，设计不够完整。1956年开始勘测，这么短的时间，资料怎么找齐。但是张如认为，不搞不行，林若就找到地委书记马麟，马麟支持，但地委是行政系统，属于省，省又不批。但不做不行，农民都支持。

采访人： 这么说来，当时的政府声望很高。

黎浩权： 高。

采访人： 运河投入使用后，效果怎么样呢？

黎浩权： 当年就受益，一通水那年的产量就提高一倍，所以为什么群众那么支持修运河，拆屋都没有人反对，都是支持。

为建运河，测量了东莞每一亩土地

——钟钦明（东莞原水利局科长）

受访人：钟钦明，东莞原水利局科长，76岁
采访人：林诗雯、黄维欢、丁文俊
采访地点：莞城市民广场
采访时间：2012年8月9日
受访者语言：东莞话

做一个工程就测一个地方

采访人：您在水利局工作多久了呢？

钟钦明：从1954年到退休都在那里。以前还不叫水利局，刚解放的时候，组织比较简单，叫建设科，之后变成水利科，后来变成水电局，变了很多次，现在又变成水务局。

采访人：您在1954年开始测量工作，那是否在1954年的时候就已经有挖运河的计划了？

钟钦明：那时还没有。那时整个县的一个调查得出结论，就是要解决问题必须挖运河，把水排走。建设科的人分片去调查积水应该怎样解决。当时我们的领导是张如，他是副县长，专抓水利，

他对这些工作很熟悉，每一片土地都很熟悉，总的由他来指挥，几届领导都放手让他做，全权掌握，他一件一件地解决。所以我在水利局几十年，今天做这片，明天做那片，踏遍东莞山河。

采访人： 50年代那时候莞城有很多水灾吗？

钟钦明： 东莞很大，一共差不多120万亩土地，当中百分之二十是旱地，水田百分之八十。解放初期没有水利设施，全部都是自然的，下大雨时水就一路往低洼处流，大旱的时候就没有水。那时的土地生产量很低，每亩只有几百斤，有些甚至绝收，十年九不收。低洼的地方水浸，只有到了八月十五才插秧，插很低产的秧。所以必须要解决水利问题，因为要解决粮食问题必须先解决水利问题。当时就轰轰烈烈地开始了大范围的水利工作，几乎整个县都动员起来了。特别是东莞运河，1957年冬天开始挖凿。当时的东莞运河很短，只有19.5公里。主要是从附城的峡口到篁村这一段没有河，就要疏通来排寒溪的水，排常平、东坑、横沥、石排、茶山、附城这几个镇的水。过去的水源呢，在埔田区，集水的面积一共有108万亩土地，这些水都向下留，就到了常平、东坑、横沥、石排、寮步这些地方，淹没了14万亩左右的土地。有雨就浸，没水就旱。水从石龙峡口跑出去，如果东江水大，又倒灌进来。出是自由，进是自由，不受控制，一年四季都是一片茫茫，大面积的土地不能利用。所以开这个运河，把上流的水赶到下游流走。另外，把峡口的出水口堵住，把东江进水的口堵住，不让倒灌，让它从篁村出去，这样就解决了寒溪这个问题。另外又筑了堤围、建了电站来排水，土地亩产量从300多斤升到了1500斤，以前十年九不收，现在年年收三造。这单纯是讲寒溪和运河这两个地方，其他地方还有很多也筑水闸，搞水电站。东莞这个寒溪范围很大，人口比较多，包括常平、横沥、东坑、石排、茶山、寮步、附城这几个镇，运河筑好就解决问题了。后来还是不满足，沙田的咸水一涨，就影响生产。那些水质不好、水咸的，连煮饭都煮不熟，所以又把东莞运河扩建。往运河上游一直挖到桥头，运河下游再延长挖到长安，1970年就将两段扩建的运河做好，总共102公里。运河使东江优质水源一路源源不断地向下游走，到了长安出大海。这个运河跨了14个镇，占了东莞32个镇差不多一半，所以这个河很重要，称为“东引运河”，分几期做的。运河刚做好的时候，水还是很清的，一直到1985年，东莞运河的水还可以吃，水乡的水也可以，水质很好。现在就不同了，变成了另一个时代。

采访人：1970年后好像又扩建了吧？

钟钦明：1957年的时候做的运河，做的中间这一段。到了1966年又把旧的底扩大了，之后1970年就是上端下端一起扩，这个我也经手了。

采访人：那您清楚决策的过程吗？

钟钦明：这个不清楚了。这个工程也不是一天就做好的，经过几次的调查，考察水源，如何筑，如何排，效益如何，经过六次的详细研究。

采访人：这六次研究您有参与吗？

钟钦明：我几乎每次都去了。我曾和别人说，东莞每一亩土地，都有我的脚印。可以说，几乎每一片土地我都去过，就为了测量。当时没有空中测量，需要人力用水平仪、经纬仪、平板仪去测量。测量范围很窄，几十米需要放一个点，所有土地都需要测量，所有土地我都走过，用了几年的时间，河流、山川都走。

采访人：您当时去测量，有没有什么特别难忘的经历呢？

钟钦明：这些很多。当时测量到处都有困难。工作很艰苦，在水乡没有路，要测量就要把尺子竖在河对面，然后游泳过河。有些河水很急，出了几件事故的，还有在中间晕倒游不回来的，很容易命都丢了。例如东莞的麻涌地区，根本就没有路，一条都没有，都是堤围，不会走的话，走几步摔一下。我还记得我们的副县长到那里去检查工作，地很滑，经常摔，摔得满身泥，一天摔上百次跤。测量不是一下子做完的，从1954年开始，一直到70年代，做一个工程就测一个地方。东莞分为水乡片、丘陵片、沿海片、山乡片，一片一片测量，所有工作都很艰难。尤其是埔田片，像常平那种地方，常常水浸，仪器只能看见上头，人只能下水去测量。另外，每天被水泡着，虽然那时没有风湿，但对身体还是有一定的影响。那时年轻还经受得起，现在就不行了，一天都不行，更别说一个月都在水里走来走去。还有爬山，例如樟木头那个大水库，爬上去就爬不下来了，就算爬下来人都不能动了，要睡一觉才行。当时没有干粮，肚子饿，山上也没有水。所以遇到山有困难，遇到水也有困难。一路都是走路的，没有车，甚至从石龙到樟木头都是走路的。

危险艰难，用命在拼

采访人：你们那时开运河、建水库有没有苏联的专家帮忙？

钟钦明：没，全部自己来。

采访人：那工程设计都是你们自己来的吗？是不是你们建设科做的？

钟钦明：全部都是建设科自己做的。当时人比较少，我们分为五个片，两个同志或者一个同志包一片，要负责勘查、测量、设计、施工，全部都是自己做。五个人就可以包了整个东莞的工程了。所以日日不停，奔奔跑跑，跟现在不同。

采访人：能不能具体说一些险情？

钟钦明：有一次从水库步行到大朗开会，十多公里，需要早上七点多到达，只能走夜路。北风天很冷，月亮很光，我一个人背着行李袋走，中途突然听到有几声枪响。当时我在那里定住了，大概离我不到50米远的地方，我看到有火光，转头看见有人就被打死在桥下。后来听说是有人自杀，如果当时枪响我走过去就没命了。又有一次，去到一个地方参加设计施工，那是一个很小的乡，还有土匪抢劫的，在工地没有地方住，乡政府就安排我住在一个供销社对面。当时最大的商店就是供销社，只有那里有物资。我就住在它对面，我晚上从工地回来睡觉，它刚好被抢劫，差了几分钟，如果碰上就没命了，很危险的。

采访人：您如果早几分钟回去，就看见供销社被抢了？

钟钦明：是的，全部被土匪抢光了，看见就没命了。

采访人：解放几年了还有土匪啊？

钟钦明：有，流动的、恶霸勾结的都有，不过少。有些还没有被抓到，特别是初期就更多了。

采访人：您真的是用命在拼啊。

钟钦明：做测量工作是有很多危险的。像在麻涌挖水闸，挖了个基础，要倒沙土，打桩，里面放线，结果泥一下子就塌了，夷为平地，人倒在地上被推到高处，如果压在下面就没有了。挖水沟做工程，沟合上了，山崩下来了，做水闸被水卷到水底的也有，每样东西都要亲自去做。我做过几次堵河，水很急，连人都被压倒。

采访人：当时那么艰苦，那都穿什么鞋子呢？

钟钦明：自己做的拖鞋，拿一块胶穿两个洞。

采访人：会随身带多少衣服呢？

钟钦明：极少。我们用尼龙袋、尿素袋来做裤子，装东西的麻包来做衣服。衣服都很简单的，每个人的衣服都是缝缝补补的。带一两套衣服，戴草帽。一张被单，用了八年，去哪里都带着，没有棉被什么的，很简单。

采访人：那时有没有配自行车？

钟钦明：1957年之后就配了自行车，给那些做主要工作的人配架自行车。有了自行车，一天随随便便就100多公里，背个行李，给个水壶，去到哪里就吃到哪里、住到哪里，就是这样。

采访人：那时食物怎样携带？

钟钦明：不带，我没食物的，去到地方，只有张粮票。下面有个水管所，有个人民公社，人民公社里面有饭堂，去那里吃饭。报个到，给他张粮票，他就给你些饭吃，是这样的。

采访人：吃什么菜呢？

钟钦明：很少的，经常吃白饭、一瓶腐乳，酱油都没有。我还记得在清溪的茅輋水库，一个中型水库，去搞扩建，就是四两白饭、两块腐乳，这样就是一餐饭了。

采访人：饭堂一餐多少钱？

钟钦明：几分钱而已。九分钱，最贵就一毛三，饭价一路上升啊，最早时就九分钱，然后一毛二、一毛三、一毛半、一毛八、两毛多，现在加到几块、十几块了。当时十八块工资还用不完的。

采访人：那时喝的水怎么解决呢？

钟钦明：没有随身带水喝的，喝生水，我去到水库还喝山沟水，我们经常喝田涌水，那些湖的田涌水都喝过了，家常便饭。

采访人：那有没有试过前不着村、后不着店，又找不到水，又没东西吃的情况？

钟钦明：东莞没有。我们去到哪里工作，就想着那个点是哪里，在哪里吃饭，自己心中有数的。因为有时去那些农村的地方，农村有个组织，就是乡府一个小小的饭堂，我去到叫他开饭就可以的了，专门做给我们吃的。有时到群众家里吃，去农村农户家里吃，也很经常。

东莞各个镇的人都来挖运河

采访人： 挖运河的时候有很多民众过来帮忙吗？

钟钦明： 全部都是民众。

采访人： 那会不会影响农业生产或工业生产？

钟钦明： 不会，因为1954年那时东莞没工业的，出街都没东西买，买个饼吃都难找。

采访人： 所以莞城挖运河就是受益的莞城农民、居民过来挖的吗？

钟钦明： 莞城一部分人，很多地方的人都来挖，篁村的、大朗的、常平的、东坑的、横沥的、寮步的都有人到。

采访人： 都是受益的吗？

钟钦明： 受益的，根据乡区的受益大小，受益多的就多些工作量，受益少的就少些工作量，是这样分的。小工作量当然人少点，工作量大的就多些人。组织的那些人是分很多小组的，有些劳动的，有些宣传的，有些后勤的，有些搞器材的，样样都有。

采访人： 那时开运河会不会有些人不理解、不赞成？

钟钦明： 没。当时做这个工作呢，先调查好，它有什么作用，它能带来什么效果，将情况讲清楚。好像你那里水浸的将来没水浸啦，没水供田的将来有水供田啦，你没水吃的将来有水吃啦，都说得清清楚楚。和那些干部研究好之后，干部回来落实人员，都分配来的。因为那些人来到做事有工分的，做得好，工分就多些，做得差就少些。工分呢，好像天天赚十分。以十分为单位，十分可以换多少钱啊，是可以领到那个收益的。

采访人： 当时爆破会有意外吗？

钟钦明： 有的，炸瞎、炸伤脚、炸伤手的都有，特别是在运河这段。

采访人： 后来有补助给他们吗？

钟钦明： 生产队会吧，以前没有那么多补助的，只讲贡献，尽了力量，没讲回报的。

采访人： 开运河难免要占些人的地、鱼塘啊，你们有没有补回些东西给他们？

钟钦明： 很少，极少。受益的区少出些钱咯，都不会补。有些地方有，有些地方没。有些地方由公社负责给，这些人移出来就给些地方你住，政府帮助运输、提供材料，因为那时建房没材料的，帮你解决些材料，就是优惠了。房拆了之后，你损失了很多，你这个地方将来就负担少些。那些群众很满意的，不会有什么反对。

采访人： 挖完运河，您就去做松木山水库和黄牛埔了吗？

钟钦明： 做好运河就去松木山，松木山做好之后就去黄牛埔，黄牛埔做好又去另外一个地方，一个接一个。

采访人： 中间没停？

钟钦明： 没停的。

采访人： 松木山水库好像很重要吧？

钟钦明： 东莞现在的松山湖，就是用松木山水库的那个基础来做的。东莞有七大水库。松山湖蓄水量是东莞最大的，如果按面积就排第二，第一是同沙。

采访人： 那松木山水库和运河这边没关系吗？

钟钦明： 有关系，关系很大。

采访人： 有什么关系？

钟钦明： 运河排水，松木山水库蓄水。如果在运河上面蓄水不让水走下来，运河就减少压力，水浸就少了，所以在运河上面筑了很多水库的。以前水库少就不行，水会涌高，涌得太高，来不及排。现在大大小小几十个水库在上面，一个水库接一个水库

松山湖

形成一个水库网。如果大家都放下来水就到处走，水位就高，很大关系的。

采访人：松木山水库是60年代那时建的吗？

钟钦明：1958年五一动工。

采访人：建了多久？

钟钦明：做了一年多，做到1959年末就结束了。

采访人：那当时也动用了很多人力物力吧？

钟钦明：好像那时最多6000人在水库做事。

采访人：当时东莞才多少人口？

钟钦明：当时东莞人口70万左右。

采访人：那运河那边有多少人去？

钟钦明：平常8000人左右。分几个工区，一个镇为一个工区，寮步的就是寮步工区，莞城的就是莞城工区，茶山的就是茶山工区，一个工区包一段，按受益的范围去分。完成了就撤退，完成迟就做慢些，任务多的就多些人，任务少的就少些人，工区自己安排，由生产队抽些人出来，不会有多大影响的。把那些犁田、插秧的技术工留在家里，做水库都是年轻人来的。

采访人：我听说有些孕妇要去，带着小朋友都要去这样。

钟钦明：没。做水利工程不让孕妇去的。

采访人：挖运河那时呢？

钟钦明：也没。如果有，发现了会叫她回去的。

采访人：那会不会有些人是自己很有热情？

钟钦明：怀孕几个月你不知道，她就去咯。如果怀孕看到肚子当然就叫她回去。那时人们互相关心、互相帮助，感情很好的。

冠军徐致祥白手打造游泳之乡

——李永康（东莞市政协原副主席）

受访人：李永康，东莞市政协原副主席，77岁
采访人：谢冠琦、林诗雯
采访地点：李永康家
采访时间：2012年7月17日
受访者语言：广州话

徐致祥夺游泳冠军，组织中声游泳队

采访人：徐致祥拿了冠军后，他基本上是干些什么呢？

李永康：他不是叫徐致祥。

采访人：他以前有一个名的？

李永康：啊，他叫徐锦荪。

现在很多东西是实名制的，他1952年在莞城。莞城有一个人叫张应，现在讲就是老同志，那时是在工商股。（他）每年会找那些老板给点钱，（然后）就在珊洲河边那里搭了一个游泳棚游水。这些就是莞城的历史，我（讲这些）就是要你们懂得历史。徐锦荪不好意思（以本名）去参加比赛，报名时就写成“徐致

右边的男子是徐致祥，时任业余体校总教练

祥”。结果游了第一，游了第一（后）被选去代表东莞参加珠江区游泳比赛。珠江区又游了第一，就参加全国比赛。在全国游泳比赛的时候，输给穆松雄。1952年徐致祥被选为中国体育运动的选手，到匈牙利学习。他经常寄一些资料回来，所以我们就（利用他寄回来的资料）组织了一个中声游泳队。

采访人：这个是很重要的东莞历史。

李永康：现在很多写历史的都是断章取义的。这个游泳队是1954年组的，参加粤中地区比赛，男子拿了团体冠军。到1955年，参加省比赛，游泳队赢了湛江，省体委很重视，就给了25000块修游泳池。之前莞城拿3000块，是县里给莞城的，那时我们年轻还不知道，反正3000块到手就修了游泳池。莞城最早的（几个）游泳池，除了东莞最早的游泳池（3000块修的那个），就是中声游泳队拍照那里的明山中学的游泳池，就是现在的技术学校。李扬敬是东莞的军长，（国民党）最后一任的广州市市长。那他为了纪念他的老爸，修了一间明山中学，很出名的。解放后做师范学校，在里面是一个50码的游泳池，不是50米。

采访人：当时徐致祥做总教练，是吗？

李永康：那时没有总教练的。你写成怎样是另外一件事，但当时是没有这些名堂的。所以有时看那些东西写出来，真的是不准确的。徐致祥在1956年入选国家队参加奥运会比赛。中国组织一个代表团，东莞有三个人作为这个代表团的运动成员，一个陈镜开，一个徐致祥，一个黎案文。徐致祥和黎案文都是莞城人，（从这个来看）莞城有很多东西是被疏忽了。徐致祥1954年在匈牙利训练，直到1956年，由于（有些国家）搞"两个中国"，我们中国代表团就退出不参加（当年的奥运会）。他当时是游蛙泳的，蛙泳在世界上叫作"空泳"。空泳主要是手跟腿，两个手是同时动作，两个腿是同时动作，是这样规定的。但东欧社会主义国家做了一个"潜泳"，在水中游的（水下面游的）。由于蛙泳在水面的阻力大，不够潜泳速度快，所以当时的世界纪录就是潜泳（创下的）。那次运动会之后，世界泳联就提出每一次、每一个动作完了之后要上来吸气。徐致祥的潜泳有时候是能赢穆松雄的。拿冠军就是在这个时候，在布达佩斯。后来由于取消了潜泳，一定要在水面。之后徐致祥跟我讲，他要回东莞，他准备结束运动生涯。因为膝关节的韧带（受伤），所以想回来。

采访人：就是说他有受伤？

李永康：啊，受伤。那就不游，（从国家队）出来了。当然国家体委、国家（队）都想留他的，但是他还是回到了东莞。因为东莞那个时候呢不是现在的东莞，你看那个游泳池就可以知道，那个（时候）条件很差，经济很差。他在匈牙利的东西和国家队的东西都不舍得扔。收拾回来，我们当它是宝贝。再加上他有很多资料，我们就用这些资料组织了一个中声游泳队，学习、训练。后来（我们把）这班人组织到下面去表演（因为体育要普及）。到了1956年，我们成立了一个少年组。这个李国平就在这一批少年组里面，后继有人。当时徐致祥在国家队的级别是很高的，回来东莞，我跟他去领钱，八十八块七毛五一个月。八十八块七毛五呢，就差不多等于我们副县长的工资水平。他就不计较这个，因为北京的工资区与东莞的工资区是平级，好像是还低一级。广州的工资区是十三级，东莞是九级，佛山是十级。还是低一级。但是回来之后，组织部批下来，按十九级。按十九级呢，88块还少了8块，那时8块钱很重要的，十分之一的工资，就等于现在的8000块工资，少了800块。他都没有考虑这些东西，他当时是这样回来的。

从建游泳池到成立全国第一间业余体校

李永康：就是说呢，他（徐致祥）没有架子，从条件优越的国家队回来，在国家队的时候发给他用的东西，他都不舍得扔，收拾了回来，包括资料。我们游泳为什么这么快赢了他们（对

莞城游泳池

手）？第一个，我们是通过学、用（徐致祥带回来的资料）。第二个，领导很重视，这样我们才有得做，如果他们不重视，我们哪里有得做呢?

徐致祥回来的时候，由于省体委很重视，1957年的时候给钱搞一个游泳池，25000块。我们计了一下数（算了一下），25000块能弄到一个水泥游泳池。那就叫那个副县长，副县长是民主人士，给5000块。但5000块不够，至少10000块，有35000块才能弄到这个游泳池。体委的干部说，如果你要10000块就要找书记。书记那时是林若。由于当时县的书记很忙，没有时间管子女，子女都在镇中心读书。有一些就很调皮，最后通通放到我的游泳池。我们哪里认识林若，怎样找他呢？他（体委干部）说，林若每天下乡，四点多五点回来，你在门口等他。我们就四点多五点站在那里等他，等到他一进大院门口，在旧县府那里，我就跟徐致祥两个人走过去叫"林书记"。他说："你哪里的？""我们体委的。""体委？有什么事呢？""我们建游泳池啊。""找林强。"我们说："不行的。"当初还不会讲话，"不行的，找他不行，一定要找你。""一定要找我？""他不敢给那么多钱，一定要找你。""哦，好，30分钟。"30分钟呢，就去当时政府八角楼那里，里面就几条凳条（长板凳）。坐在凳条那里，他说："你们讲吧。"我们省体委的办公室主任是东莞人，应该是望牛墩人，姓梁的。他说，你跟林若说"东莞什么拿第一，游泳拿第一"。讲了之后，林若说："你想怎样？""修游泳池没钱，省体委给了25000块，要县给一点钱。""我给10000块，不够的话，我再给。"不用13分钟就讲完了。我们立刻说可以了，就走了。

党政重视，林若的头脑很"灵醒"（意即灵敏）的。他听了这句话，第二天呢，在那时的三级干部会议上——什么叫三级干部呢，县一级、公社一级、大队一级，三级的干部在大会堂那里开会——他讲："我们东莞游水在全国拿冠军，我们不单只游水要拿冠军，我们农业（也）要拿冠军。"林若不单（支持）游泳，他还促进经济发展。那时候不是经济，是促农业发展，以粮为纲嘛。林若后来走了，去了湛江，接着姚文绪做书记。

采访人：那对游泳方面有什么影响呢。

李永康：我们去找他，姚文绪书记很高水平，后来"文革"斗他的时候，他都可以做相声演员。那些学生斗他，说他走资产阶级、反动路线，他就说："我走资产阶级路线，很严重。"呵呵……他说得他的学生也（拿他）没办法。那我们游泳呢，他每次的活动都来参加，他就说："如果文艺啊、体育呢，你给我票我也不参加。但是这些（游泳）活动呢，我一定要参加。"林若走了之后就交代姚文绪，姚文绪走了之后呢，接下来就是莫淦钦。莫淦钦也很重视，莫淦钦走了之后，欧阳德也很重视，有求必应。欧阳德走了之后呢，就是李近维。李近维呢，就更进一步，他说我（们）不单游泳要拿冠军，工业也要拿冠军。所以说呢，历任领导都重视。东莞游泳就有这个基础。后来呢，组织了个业余体校。因为在1957年，当时只有大中城市才有业余体校，县是没有的。东莞县的业余体校，就是全国的第一间。

采访人：这个细节很重要啊。那它是在莞城的吧？

李永康：对，在莞城的。莞城，当时是（东莞）主要的经济政治文化中心。那么业余体校呢，麦加礼当校长，副校长就是莞城文教办的。文教办那时叫"股"，股级的，张仿（音）股长而已，当副校长。这个呢，是莞城的历史。莞城的历史，那些新的一代哪里知道啊。游泳之乡就（说是）道滘，其实游泳之乡就是从东莞（注：这是对莞城的另一种说法）开始、莞城开始的。后来呢，写《东莞市志》的那个是道滘人，所以呢，很多东西就加了进去（给道滘），其实呢，没有那么多的。呵呵呵，就是这样。

徐致祥就在体校里面，当时省里给两个名额，做工作人员，两个都是教练来的，他和我两个。当时条件很差的，就那个池塘，主席台后面那个池塘，我们就拿那里做大本营了，吃是在那里，住是在那里，通通都是在那里。这个呢，就说明他（徐致祥）能够将这个身份，在国家队的这个比较优越的条件不要，回到东莞，踏踏实实（地做事）。当时他跟我们说，我们埋头苦干，搞他十年，就不信搞不出什么名堂来。结果1957年成立业余体校，1958年去湛江比赛，男孩子呢还超过广州。当时女孩子很少，还是起步初期。全国举行一个比赛，28个城市参加，包括北京、天津、大连、上海那些大城市，就我们东莞县，唯一一个县，去参加这28个城市的比赛。县里很重视，派一个副县长当领队，徐致祥就带那群人从湛江去北京，由北京去大连。结果那次比赛呢，我们拿了总分第六名。只是男孩子的而已喔，拿总分第六名。不用十年啊，就已经有成绩了。

非常时期，大集训“逃荒”

李永康：1959年特大洪水。在大西路那边呢，就浸到这里（指着胸口处）。东莞倒了几千间屋子，夜晚呢，就像在烧炮仗一样，塌房子塌到啊……在这样的时候呢，经济就非常薄弱，结果我们游泳大集训那些，就通通下马。

采访人：真是非常时期。

李永康：非常时期啊，我们每天都没事做。我原来是在企业，那时候叫公私合营的总店，我做会计。我说，哎，回去了。徐致祥说，哎，我们回去做麻糖（糖果）啊。因为徐致祥家里是做糖果的，煮麻糖的。那时候没事情做，因为那些运动员通通都回家里去，就是集训啊那些东西（都停掉）。有几条赛艇，我们也有几条舢板，早上就拿一些米煲饭，那时候粮食也少，吃完饭后就在赛艇那里扯一面帆。吹吹吹，吹到石碣那里就收下来，顺水流回来，我们叫它“雾海孤帆”，就是不知道怎么说。因为，当时省体委的副主任是东莞人，叫卢动，他下放到东莞。那么卢动就去游泳池找我们，我们说，转行啦，不做啦。他说：“转行不做？国家现在这么困难，饭都没得吃，你们想转行不做？你们现在要做好三（两）件事，一个，重整家园，因为那个游泳池的水泥看台冲塌了嘛，那么，重整家园。第二个，加强政治业务学习。（这样的话）以后事情多到你做不来啊。”被他教训了一下，之后，徐致祥和我两个每天跑去挑泥，修好那个看台。在看台后面，种上一些瓜菜。那时候是7月份，到了9月份，就是这个“调整、巩固、充实、提高”八字方针提出的时候。那时候，又办回这个游泳运动学校。我们种了好多菜啊，有的吃，呵呵呵。这样就兴起了第二轮。

1958年的时候就“大跃进”、人民公社，不用钱，放开肚皮吃到饱。结果呢，煮大锅饭，吃吃吃，吃到1959年3月。1959年3月，我们去县委让（他们）批粮食，因为我们量大嘛。他们批下来，写着：“给运动员们做好思想工作。”一粒米都不给。徐致祥说：“快，算一下数。”算一下剩下的米可以吃十天。那么怎么办呢？走难，我们逃荒。就是那时候“大集训”，我们也可以逃荒。在广州吃饭不用粮票，那么，“你们带上最高大、最能吃的那批人去广州。”广州就好支持我们啊，去到人民游泳场，他们说：“哎，好，来我们这里住，我这里给你们住，给你们煮饭。”我心里想，有得饭煮，就不用来你们这里了。他们就说好好好。之后每天早上一起床，就每人发五毛钱，一天一元五毛。就不用训练，一早起床就走出去，去北苑和那些大酒店吃饭。五

人民游泳场正门

分钱一个饭，最多那个（一顿）吃12个（白饭）。不用菜的，涂一点酱油。3月份在那里挨了一个月，4月份广州要粮票了，就"集训"完了。回来后，要比赛了。怎么办呢？要训练了。算一算数，收上学生的那些定量的粮食，加起来22斤，那么就没办法了。但是呢，没办法也有穷办法，将22斤米，每天煮饭，每人一碗饭。每天呢，每人剩下一两米，就煮一大锅粥，不够就多加几瓢水，然后，开饭！那就人人去吃粥咯。吃完粥，我和徐致祥两个就坐在那桶饭那里，你来就每人打一碗饭给你，打完（饭）之后，最后我们几个教练没饭吃，就这样熬过来的。到了比赛那个星期呢，就吃到饱！因为之前每天剩下一两米，呵呵，所以那次比赛就赢了广州。我说这个吃饭、逃难的，就是在1959年3月到6月，特大洪水呢，我们都去防洪。

防洪最险最恶的地方靠游泳员

采访人： 你们是主力吧？

李永康： 不是主力。那时候是全民抗洪，但是我们这班人就是游水运动员，哈哈！最险最恶的地方就找到我们这班人。我们这班人就说没问题啊，在大王洲那里防洪。以前防洪用什么呢？用那些席包，跟编织袋差不多，不过是草织的，就装一袋沙子，去塞那些洞口。有一次，那个洞口漏水漏得很厉害，我们体校那班人就负责这一段，就拿那些席包去塞。一塞进去，“cu”（大意是嗖一声之类的）透到对面去，真系（即真是）不知道“死”字怎么写。如果一个人卡在中间，不出不进的话，就没啦。哎，找禾草堵住它，一扎禾草这么大嘛，两扎禾草就这么大，禾草呢就用一支竹竿竖在那里，那个建筑标志那里，一个人按不下去，就四个人一起。因为禾草浮起来，“一二三”就按下去，吸住（堵住）那个口，再放那个席包，结果就塞住了。这件事，《广东画报》还有那个照片（1960年）。

采访人： 抗洪前后持续了多长时间呢？

李永康： 抗洪一般是十天八天的吧。我们塞了以后，《广东画报》将徐致祥他们四个人的照片（刊登了）一版。

到了1963年呢，梁桂良、叶欢容就在（准备）新兴力量运动会，那时候不参加奥运会，我们这个民主国家和新兴力量国家举行新兴力量运动会，在雅加达，“东莞双蝶”就在那里出来。后来继续办（体校），改革开放之后，起了个新的中心，我们的训练基本都没有停。“文化大革命”的时候我们全部去干校。去干校呢，我们是一级劳动力。但是每个节日呢，我们回来东莞、回来莞城搞这个游泳表演，我还有一班学生。那时候，我们没什么节目的，我们游泳池可以排图案、排这个，亦文亦武。哎！这个，很多人看的啊！“文化大革命”的时候，我们就去道滘“专演”，搞调查研究，就那时候呢去“专演”，道滘的书记胡忠，在“文革”中被斗，说他想出名。他说，我哪里想出名呢，毛主席说发展体育运动，增强人民体质，这个是对的，我开展游泳是对的。所以，说道滘是游泳之乡，是从那时候开始得到肯定的。因为不比赛，我们搞“武装泅渡”，托水车游，背砖头游。通过这种方法，我们保留了一批的运动员。偷偷地，我们还是进行训练。因此在1972年参加亚运会的时候，（游泳代表队）百分之三十是东莞运动员，就是游泳的。

采访人：所以一直都没有中断？

李永康：无中断。只是名堂改变。这个叫作军事游泳。所以那次在石龙“武装泅渡”，司令员说：“哇，这么厉害啊。”哈哈哈，我说通通都是我学生。他们背着步枪、背着轻机枪那些，在石龙那里“泅渡”。

80年代的泳坛辉煌

——廖横眉（莞城体校退休老师）

受访人：廖横眉，莞城体校退休老师，59岁
采访人：文淑贤、廖锐
采访地点：莞城市民广场
采访时间：2012年8月4日下午
受访者语言：广州话

畅游运河：大家都热爱这项运动

采访人：您了解当年修建运河的事情吗？

廖横眉：按我的年龄来算，我真的不是很清楚，我当时还很小。不过后来很多人去运河游泳，这个还是比较了解的。东莞以前很多地方是网状的水乡，在莞城有运河后，在珊洲桥那里，有个珊洲游泳池，以前旧的师范学校也有游泳池，以前群众性的活动基本都在这些地方开展，也有很多人自发去莞城运河游泳。我自己小的时候也跟着大人在那里游泳。到了70年代，毛主席举办一个“畅游长江”的活动，号召全民健身，增强人民体质，发展体育活动，当时我去当知青了，不过还是知道每年7月16日在运

珊洲游泳池

河举办畅游运河这个活动。70年代末还是80年代初，我已经到了体校，有一年春节的时候组织学生在运河表演，有过一系列的活动，这就是我所知道的运河了。后来泳池得到改善，运河水又被污染，运河就很少人游了。还有部分人到东江游，到现在还是这样。设施改善，人们都去泳池游了。

采访人：据我们所知，在你们那个年代很多人喜欢游泳。

廖横眉：整个东莞市的人都是群体性、自发性的去游泳，可以说基本上没什么人不会游泳的。在我们那个年代，像我这个年龄的人很少不会游泳。大家都是自然而然的学会游泳，小的跟着大的游，都起码可以自保。可能那时也没有现在的活动丰富，加上江河湖海也比较多一点，所以家长都会带着小孩子去游。而且各个学校都有游泳课，我们读小学的时候，老师带着我们去游泳池学游泳，将两节体育课并在一起，老师就看着我们游。因为学校都开展了，大家都热爱这项运动，所以就比较普遍了。竞技这块呢，我是一个老师，不是教练，了解得不具体。80年代我们学校比较辉煌，1982年的时候惠阳地区组织了28人参加省运会，其中莞城体校就派出16人参加。在那次比赛里，我们获得了22面金牌、13面银牌、3面铜牌，还有9人打破了全国或者省的少年纪录。我们那时很辉煌，一直为国家队、部队、体工和省队输送了大量的人才。1983年在天津举行的全国游泳比赛，当时广东省体育团获得11面金牌，莞城体校的4人就获得了其中的7面。那时的老教练抓得很扎实。由于我们一直输送人才，在1980年就受到省的表彰，被评为省的先进单位，授予了锦旗和奖金，不过那些也是几十年前的事情了。现在呢，包括我们以前的体育局局长、现在市政府副秘书长和计生局局长，都是我们莞城体校的学生。陈丹丹去了北体大，现在是讲师，也是我们输送的学生。后来这学校的几个教练，除了一位做到1994年退休外，其他两位都转型了，一个去做外贸，一个去了工业材料公司。现在学校的成绩和以前比就有差距了。

莞城体校：最辉煌时困难都不算困难

*采访人：*当时每年想进体校的人多不多呢？

*廖横眉：*怎么说呢，一般般啦。家长想自己的小孩学会游泳就相对比较多，但想孩子吃这行饭的，就不是那么多了。学会游泳之后要训练，现在子女少，生活条件又好，就不是那么想了。那个年代的人相对能吃苦一些，加上那个年代的人的想法和现在不同。以前的小孩很小就能自立了，离开家庭带队去训练都没什么所谓。现在的小孩相对来说就不同了，父母又紧张一些，加上父母又不想小孩那么辛苦。所以现在如果要开展群体活动，让小孩学会游泳，应该说绝大多数家长是支持的，现在家长都是想小孩学会游泳自保。但如果游着游着觉得孩子有这方面的才能，有

些家长可能也会转变。有的家长要考虑自己的小孩的发展前景，还有自己舍不舍得，还要看小孩子本身的意向。

采访人：体校是怎样选拔人才的呢？

廖横眉：教练主要看身体素质、关节柔韧度和水感各方面。身体素质是很重要的，是前提，具体的还是教练比较清楚。

采访人：有没有给您留下深刻印象的学生呢？

廖横眉：学习成绩就不用说了，学校教学质量还是不错的，1977—1979年参加全市的数学比赛获得第一名，升学率全镇排第二，参加统考也是名列前茅的。无论是比赛还是教学质量，老师工作的成效还是比较明显的。除了刚刚说的陈丹丹去了北体大，还有李丽珊在松山湖，后来去了华师，现在教英语。黄丽玲在1985年获得全国游泳十佳运动员。还有很多教练和学生去了国家队、广体。其他的就要问教练了。

采访人：最辉煌的时候是不是比较多人想进体校？

廖横眉：是的，当时个个都争着去练，家长也很配合。天冷没加温，很冷很冷，一跳下去像针刺一样，小孩当然怕冷，都不愿落水。一般最冷时我们也要下水，但不会让学生游很长时间。因为天气冷，怕学生抽筋。但每天一定要下水，因为怕学生身体适应不了，不适应就容易感冒发烧，每天下一下水能增强抵抗能力。家长也很配合，有些学生不想下水，有些家长推也推他下去。但现在的家长就很难做得到，就算温水也不想孩子下去，现在的家长都不是很舍得。

采访人：当年有没有一些比较拔尖的人才，但家长不想他吃游泳这行饭的呢？

廖横眉：当年很少，在我印象之中，如果比较拔尖的，家长不想是没有的。学生在这方面有特长，家长都支持的。因为当时要选上去也不是那么容易的，特别是省队、部队和国家队。要经过很多比赛，拿到一些成绩，还要有上面的教练看重你，不是说去就去那么简单的。

采访人： 当年最辉煌的时候政府有没有支持？

廖横眉： 政府都支持，莞城政府一般是拨款。在那个年代政府就派一个领导兼管体育，有什么需要跟他们提出，能够解决的都尽量帮我们解决。因为当时也比较局限，条件也比较艰苦，大家都是想尽办法自己解决为主，尽量到最后才向领导提出要求的，其他能够克服的都自己克服。

采访人： 当时遇到过什么困难吗？

廖横眉： 那时候条件没现在这么好，天冷游泳要游冷水。泳池的不是自来水，是直接由运河水抽上来的（当时运河水可以饮的），这是卫生方面的问题。另外，当年粮食肉食配给没有现在这么充足，我们都尽量安排给运动员，政府也适当补助，还有提供我们泳衣泳裤。现在想起来好像当时的困难是有，但克服之后

游泳景象

好像又不是困难，反正总是有办法的。好像现在时兴的一句话，“办法总比困难多”。就是这样，最后如果有什么确实需要的就跟领导商量，领导会支持。一般不是很难做的，领导都会帮我们解决。还有当时我们自己没有游泳池，我们的运动场地都是要借用市体校的，市体校都很支持，学生一直都在市体校的泳池练习，后来才建了步步高游泳池。

游泳前景：要看政府的努力

采访人：我读过一些资料，当时有个中声游泳队很出名。

廖横眉：中声游泳队是五六十年代的。体校未办之前，我们莞城就有很多老队员，由于他们之前的身份，就创立了东莞市体校，后来逐步组成游泳队去参加比赛。这些我都是从资料上看的，也不是很清楚，那时我还没出生。

采访人：好像现在我们这边喜欢游泳的年轻人少了？

廖横眉：少了很多。一来可能受条件限制。现在的水污染比较严重，去游泳场游是要消费的，可能对家长来说是负担。就算去游也是玩一下水，去练的人比较少。二来现在学校开展游泳课比较少，可能也是因为受限于场地。如果学校有场地的话，体育老师带一带，教练带一带，学生就可以去游。不用天天游的，有时上体育课带学生去游一下，学生自己学会以后，就会有这方面的兴趣，到时再练习一下，就可以选材了。然后每年再举办一个游泳比赛，挑选一些好苗子，就可以上来了。另外现在大部分孩子都是独生子女，家长当然心疼一些，没有以前的家长那么放得开。如何重振，就看体委和政府的努力了。另外要有群众基础，各间学校都要积极开展游泳活动，小朋友都参与。群众热爱，参与的人多了，自然就有人才了。

莞城中心小学：
没挂校牌，但无人不知

——梁惠权（莞城中心小学校长）

受访人：梁惠权，莞城中心小学校长，42岁
采访人：中山大学调研组师生
采访地点：莞城中心小学
采访时间：2012年8月5日
受访者语言：广州话

佛教会长说，塔下面还有舍利子

采访人：中心小学这两棵树好像都已经很古老了。

梁惠权：这两棵树500多年了。前一段时间我们搞基建，发现这个基建影响了它们的生长，政府就把泥挖了出来，又重新填了些泥，现在搞保养。这两棵树保养一次要十几万，我们都比较重视这些。这间学校已经106年了，它原来不是这样子的，基本上全部拆了重建，但是一些古老的东西、文物性的东西就留下，有这两棵树、这个塔。这个塔叫舍利塔，它跟苏东坡有关。这个地方一千多年前原来是个寺庙，南宋时候的寺庙资福寺。资福寺现在异地重建，在水濂那边还是同沙那边（注：应是同沙）批了几百

莞城中心小学校园里的榕树

庙地重建。它原址就是在这里。这个塔就是资福寺原来的塔。这个地方是原来资福寺的大雄宝殿，六七十年代的时候都在的，后来“破四旧”的时候被拆掉。当时那些金刚、菩萨，听说还有和尚的金身，都被砸烂了，当垃圾丢了。我们很多校友都记得这个是大雄宝殿来的，后面是和尚住宿的地方。前面这里原来是大天井，所以我们一直都叫这里大天井。

采访人：这个天井面积是多大呢？

梁惠权：它当时并不是很大，就是这两棵榕树围着的空间，现在扩大了，我们重建的时候将麻石全部留了下来。这个校址是个比较有历史的地方。这个塔叫舍利塔的原因，是苏东坡被贬到惠州的时候途经这个寺庙，跟这里的住持是比较好的朋友，在这里住了一段时间，去了惠州后，就派人请了个佛老的舍利子来这里，寺庙建了木阁来供奉这个舍利子。后来这个寺庙经历过很多，有的烧了，有的烂了，有的倒了。后来清朝光绪年间有个举人建了这个塔，听说这个塔基下面还有舍利子。

采访人：现在啊？

梁惠权：对。不是我们说的，是现任中国佛教会长说的。这个塔的塔身已经拓到这个金刚经没有了（指拓印），市文物保护的单位、文化局拓印了几次，我们自己也拓印了几次。

采访人：现在还有没有人过来拜一拜呢？

梁惠权：没有人来拜。我们学校怎么可能让人来拜，呵呵呵。就那个会长这么说，到底是真的有舍利子，还是心中的舍利子呢，我听不懂佛语，我们都不是很清楚。当时他说这句话的时候，我们学校刚刚拆了重建，周围没有保护措施。政府就派了一个兵，日夜在这里守着。

采访人：大概什么时候呢？

梁惠权：三年前了。

采访人：就是说三年前这里要修还派个兵过来啊？

梁惠权：他（佛教会长）走了一圈，说："哇，还有舍利子在这里喔。"我不知道他怎么看得出来，吓得我们立刻派了个兵过来，因为周围都没有保护设施的嘛。

采访人：那他们保护了多久呢？

梁惠权：他们日夜看着，看到我们建好这个学校就撤了出

舍利塔

去。因为我们忽然间看见有个兵在这里，也很奇怪，为什么有个兵在这里?

采访人：那么证明其实政府对这些东西都很重视的。

梁惠权：对啊，整间学校都重视，这个是我们学校的一个宝贝来的。

周总理都知道这个“至正大铜钟”

梁惠权：那个钟也是有历史的。现在这个钟是仿造的钟。

采访人：我问个题外话。您刚刚说这是宝贝来的，那么有没有人从风水的角度来研究这个东西呢？这个其实也属于民俗之一。

梁惠权：学校设计者是何镜堂，他是我们的校友，百年校庆他回来参加，我们提出请求，他说好。他设计的时候，我们教学区全部以这个塔为中轴线。

采访人：难怪我一进来就觉得学校和好多小学不一样，它的气派和格局都很不同。现在的小学都很小。

梁惠权：他是学府的设计者。

采访人：莞城还有什么建筑是他设计的?

梁惠权：就学府，他和莞城有点缘分。

采访人：莞中体育馆好像也是他设计的。

梁惠权：后来我们想搞校园文化，也不知道怎么搞，钟放在这里好像多余，又好似影响全局。所以我们自己不敢搞，怕放错影响格局，所以要找专业的公司来设计。

采访人：要不要选下时辰?

梁惠权：这个我们没有试过。这个钟是仿做的，原来的在博物馆，这个钟我们称为“至正大铜钟”。做的时间是元朝至正年间，当时的波斯，就是现在的伊朗，送了鍮石（即黄铜矿石）过来，是当时做钟最好的材料。运过来之后，他们和这里的和尚做了这个钟，有六七百年的历史了，一直是和尚敲的，做学校以后就上课用了，以前的学生都是听这个钟声上课的。到了70年代，中国和伊朗建交，周总理知道这个钟的历史之后，调它上广州，用了一轮（一段时间），没再放回学校，因为变成了国家二级文物，被放到博物馆里了。

2006年，百年校庆，想拿回这个钟搞个活动，一起敲100下，预示100年。我们想拿回那个钟，但不准我们敲，于是我们政府用20多万重做了一个钟，材料不一样，但重量大小一样。这个比较厚，现在的材料和以前的鍮石不能比，正式的钟比较薄，因为我们要做回那个重量，所以要做厚。百年校庆就由当时的市委书记佟星敲第一下，优秀校友代表、优秀老师一起敲了100下。

后来这个钟变成我们的校园文化，我们每年校庆日，2月18日，评选出“洪钟少年”，100名表现最好的学生才有资格去敲钟，可以和家长一起敲，荣耀一下。“洪钟少年”是中心小学的最高荣耀。我们“洪钟少年”是有很多标准的，必须达到候选最优。我们很隆重的，叫“洪钟节”。我们的办学理念也有自己的历史，所以有四个字叫“悦纳至正”，也是选这个钟制造时的年号以及它的意思。

采访人：那个钟有点意思。

梁惠权：都有意思。那个塔，很多老师早上都喜欢去那边走三圈，六圈也行，九圈也行。

采访人：那个石经幢是不是也搬去了市博物馆？

梁惠权：是，在博物馆那里。原本是在象塔街附近，象塔街的街口那里。

采访人：是不是在学校里面的？

梁惠权：它属于资福寺，是佛教的一个建筑标志物来的，每个佛教的寺庙里面都有一个这样的东西，好像我们中华的华表，它是一个佛教寺庙应该有的。

采访人：那后面的东坡墙呢？

梁惠权：这个原来是我们旧校的图画，拆了之后还没重建。

“破四旧”时，文物当垃圾扔了

采访人：刚刚说中心小学创建在1906年，那刚创建的时候是什么情况，大概有多少学生？

梁惠权：它原来创建的时候不是在这个地址的，你也知道莞中吧，莞中原来都不叫莞中，创立的时候叫师范学堂，创建了四年之后需要一个附小来做试教，支持培养老师，就在东莞考棚那里成立了东莞师范学堂的附小，这就是中心小学的前身。我们学校的第一个地点在莞中，我们跟莞中的关系其实是非常密切的，莞中是师范学堂，我们是师范学堂的附小，这两间学校是整个东莞市仅有的超过百年历史以及都是公立的学校。也有学校历史超过我们两间学校，但他们是私立、私塾那些，我们是公立的，就是从开办最初就有经费的。当时东莞有一个明伦堂负责供钱给他们，一直到现在，两间学校既是公立也是百年的，其他私塾不算在内。明伦堂当时是一个资助学校的比较严谨的民间组织。这间学校开始就是这样，后来辗转了很多地方，到1933年才转到这里，日本仔打过来的时候它避到香港，避到乡下，像樟木头这些都去过的。

采访人：师生避到香港，那么这里有没有被日本仔占据过？

梁惠权：有的。这个寺庙做过很多指挥所，听说国民党时期更多，临时指挥部都做过。这里有一本校史讲了我们学校的历史，百年校庆的时候做的，是东莞市唯一一本由一间学校出的史志，其他学校都做不了，莞中都没有写校史。我们斗胆写校史，其实是无知而已，无知无畏这样写了，质量不是很好，但是是心血来的，知道一间学校的发展咯。

采访人：校长，您可不可以介绍一下解放前后共产党接管中心小学的情况？

梁惠权：其实这间学校是很自然的，因为1906年就已经有了，是清朝时候的学校。国民党那时也没说要拆这间学校，一直在这里。接管了之后只不过变了个名而已，换了个别老师。我们这间学校在抗日战争、解放战争期间，很多校友投身革命，校史里面介绍了很多参加辛亥革命的英雄。东莞第一个党支部书记是我们的学生，东莞市第一个团委书记又是我们的学生，全部是这里的。这间学校当时叫作小学，其实它兼具初中的功能，甚至有高中的功能。

采访人：它那时叫高小。

梁惠权：是啊，高小都有这个功能的。当时这些清朝的学生出来可以叫作贡生。所以学校的发展是和整个社会潮流相关的，我们的传统就是关心国家大事，和时代的脉搏息息相关，还很热血，都是这样的。

采访人：在共产党接管这个学校的前后，有没有一些老师因为自己的选择问题，选择去香港而没有留下呢？

梁惠权：我猜是有的，我们的校史中没有写，但是我估计这是很正常的。以前我们学校也有取“孝”“义”作为校训，当时国民党统治的时候讲究“孝”，清朝统治的时候讲究“孝”，共产党统治的时候还是讲究“孝”，只是后来变了很多个名字，到底多少个我们都记下来了。接管的时候应该没有大的事情发生，比较平稳，就是换了一个政府，有些老师退了下来换了一些，还换了个校长。以前我们学校叫“第一小学”，所以很多老莞城的人都还是叫它“一小”，其实它有过很多名字，类似“红旗小

中心小学

学”这些很革命的名字。

采访人：解放前后学科设置有没有改变呢？

梁惠权：有，变化很大，校史里面都有记载。

采访人：1956到1957年左右，“反右”对学校有没有什么冲击？

梁惠权：也是很大的，这个也是跟随潮流的。

采访人：有没有一个具体的例子呢？

梁惠权：校史中没有记载，但是我平时会听老师聊到。我们这所学校也有这些情况，有些校长做得比较短暂，都是那个时候被人打倒了。具体的例子我记不得了，校史里面也不知道有没有提及，反正每个历史阶段都留下了痕迹。一所学校不会很超然，一直跟随着潮流走，那时“反右”，学校就一定“反右”，“破四旧”学校就一定“破四旧”。我们这个学校有金刚经云石塔，有古建筑，甚至有和尚的金身，如果是现在一定会被保护得很好，但是那个时候就被当作垃圾扔了。

借传统文化的资源，创素质教育的新路

采访人：学校的“资福节”是怎样办起来的呢？

梁惠权：我们追求学生的素质教育。在东莞市问任何人，哪个学校是做素质教育的，都会说到我们。我们中心小学是真正做素质教育的，从学科到评价都是。我们的考试是十个科目都要考，我们有自己另类的评价标准，每十个学科都有自己的标准。我们对学生也提出了一个“一加八”的目标，“一”就是一条底线，我们觉得我们学校的学生学完课本上的东西是没有问题的。“八”是另外需要具备的东西，特别是正气、胸怀、习惯、特长，特长也有“八个一”，整个学校朝着“八个一”去奋斗，包括一手好字、一口流利的普通话、一样乐器、一样绘画技巧、一样体育运动、一门痴迷的学科、一项家务劳动。为了实现这两项，我们学校开展了“六节”文化，例如刚刚提到的“洪钟节”，这个节日是一个综合德育的励志节日，我们校庆活动加上“洪钟少年”活动，鼓励他们每一年都争取这个，每一年的影响都很大。

第二个节日就是“资福节”，这个节日我们取它德育的功能。为什么要叫“资福”呢？意思就是将一些好的东西惠及每一个人，要资福。当时建这个资福寺的人也是这个意思。所以我们取了“资福”这两个字，“养德资福”，和我们的理念一样，每一个学生都应该从这个方面去想。就是除了自己好，也要别人好，想办法使别人好。所以我们三四月份都是“资福节”，在这两个月里我们有好多活动，结合扫墓活动，我们感恩先辈；结合清明活动，我们感恩祖先；结合三八妇女节，我们感恩妈妈；结合植树节，我们感恩地球，其实是德育的一个系列活动。我们还有很多活动和资助是去其他山区。

采访人： 问个小问题，这个感恩主要是以什么方式进行，会不会变得形式化呢？

梁惠权： 我们的方式很简单。比如说，三八妇女节我们会给学生一个任务，让他做一件事哄妈妈开心，学生做完回来跟我们分享就行了。有家长和我们回忆说，她的儿子从来没有抱过她的，三八节儿子抱着她亲了她一口。哇，她开心了整个星期。

采访人： 几年级的？

梁惠权： 所有年级都有，不管用什么方式，总之要做一件事哄妈妈开心。

采访人： 对啊。这样就可以避免形式化。

梁惠权： 其实我们觉得就很简单咯，抱着妈妈亲一口，其实就能让妈妈快乐，我们不是要追求形式化的。这个就是资福节了。

然后五六月份的是艺术节。我们每个节都很有意思的，遵循我们学校的文化。“至正洪钟节”就是选那个钟为点的。还有我们的“大榕树艺术节”，就是我们预想着那些学生围绕着大榕树唱啊跳啊，显示他们的艺术才能。九月份就是“东坡阅读节”，苏东坡来过我们这里，留给东莞三篇东西，全是写我们这个地方的，写这个阁、塔、铭。所以让苏东坡这个大文豪引领我们阅读。十月份就是科技节——“镜堂科技节”。何镜堂是我们学校走出的科技泰斗，这么荣耀的一个人物，我们当时征求过他的意见，说想用你的名字作为一个节日的名字，他说好啊。所以我们就有了一个“镜堂科技节”。我们还有一个“万寿康体节”，这条路叫作万寿路嘛，其实跟体育是很有关系的，大家追求的东西是一个理念而已，我们体育运动追求的是一种健康，不是追求竞技，我们将所有的节日灌入一个名字里，然后就形成了我们的“六节”文化，都很出名的。

采访人：刚才说到的感恩活动，会进行一些评奖吗？

梁惠权：有的，比如“孝敬好少年”，觉得他孝顺、感恩的，评出五十个。然后还有“乐助好儿童”，就是帮人的。

采访人：那颁些什么奖给他们呢？

梁惠权：没啊，一般颁个证书，他们就很开心的了，还让他和家长一起走红地毯。我们搞这个活动真的对学生自己有多大影响，我们不敢说，但我们每年坚持这么搞，比如每年学校弄一个“资福节”，他就会努力争取做孝敬好儿童，他要孝顺妈妈，他要做好的事迹出来，他才评得到的嘛。我要乐助，我要帮助别人，要做很多东西的。我们年年都是这样做，形成了个课程一样的东西。

采访人：这些一开始是谁提出来的？

梁惠权：这个理念我们酝酿了两年多，“悦纳至正”这四个字一出来整个框架也就出来了。不光光是这四个字，在思考这四个字的过程中我们想到了很多教育上的问题，比如说我刚刚提到的那个评价，为什么我那么强调我们十个科都来评价呢？因为我们有十个科目，几乎所有的学校都是只重视语数英而已，但我们不是，我们十个科目都重视。

就语文来说，现在评价就一张试卷，但一张试卷只能看到一个学生的基础去到了哪里，但是整个语文……你们是中大中文系的应该清楚，如果你要把握语文的核心，除了基础之外还有语文的四大支柱，听说读写。但是我们的考试是考不到这些东西的，所以我们的语文70分考基础和写的能力，拿了30分来考听的能力、说的能力和读的能力。所有学科都是这样，美术也是这样评价的，我们的体育也很厉害。

没有什么办法挽救粤语的消逝

采访人： 说到语文，我想问个事关广东文化、岭南文化的问题，现在语文课用什么话来讲的？

梁惠权： 普通话。

采访人： 您觉得普通话对本土文化有没有冲击和损害？

梁惠权： 有的，我们学校很少接“推普”的任务，教育局有这个任务要搞推普节，我都说不搞。有些班已经在推广本土语言，例如去到那里一定要讲白话，他们老师有这个兴趣。我们也说，是要会讲普通话，但是本土语言也要会，要会讲粤语。我们语文课讲普通话，是对本土文化的冲击。

采访人： 什么时候开始有这个意识呢？

梁惠权： 两年前，因为普通话实在太多了，一讲话就是普通话，所以你们今天让我讲白话，我很开心。有一班全部能听白话的（记者），真的很开心。

采访人： 以您的评价，推广普通话对本土文化的伤害有多大？

梁惠权： 我认为是致命性的伤害，每一个民族、地方都有本土的东西，但没了语言这些东西就会消逝。我觉得没有什么办法挽救，我只能在局部做好事情。我们也只能顺应潮流，在目标上要求讲一口流利的普通话。我们有老师提出来，说要不要改为会讲一种流利的语言，让学生在英语、广州话、普通话中任选，有人这样提过，但没有正式讨论。我们都觉得这对本土的东西冲击很大。广东的东西现在越来越少，真正的中国古音在广东，他们北京的才是一种关外的东西。

采访人： 现在的学生还讲东莞话？

梁惠权： 会，在家里还说，写文章就不用了。

要了解东莞的党史，必须了解莞中的历史

——邓显宗、温应昌（东莞中学退休教师）

受访人：邓显宗（74岁）、温应昌（75岁），莞中退休教师
采访人：黄怡辛、吴海敏、文淑贤
采访地点：东莞中学
采访时间：2012年7月18日下午
受访者语言：广州话

写校史：要留一个真实的东西给下一代

采访人：两位老师是从什么时候开始在莞中教书的呢？

邓显宗：我跟温老师是上下届，他是我师兄。他58届莞中毕业，我59届莞中毕业。我们两个在莞中的时间比较长，我在莞中50多年了，读书在莞中，出去读书回来，就在这里做教师，一直到现在。温老师也在下面镇区做过老师，以前那些公社学校里。后来温老师回来莞中做语文科组长，又在现在的可园中学做过校长。退休之后，我们在写莞中的校史。我、杨宝霖老师、温应昌老师三个人，就搞这个东西，目的是想将东莞中学建校110年来的校史资料收集整理。因为现在的人写历史是凭空想象的，我们想如果我们这

群老人家将来不在了，莞中的历史不就像一团面粉那样任由那些人乱搓乱造？杨老师到北京、广州很多大图书馆已经翻了十多年了，收集到一些资料。然后我去省档案馆，现在在五山那里，是新馆。很惨的，效率很低，做一天才找到一条资料。我们经过这么多年就搜集到这些资料。杨老师做了几十年了，我们从2000年开始做。本来想写一本志的，但赶不及了。赶不及我们就只能完成一个任务，就是将我们能找到的所有资料先找来，留给后面的人。我们买到的菜，这些菜都是地道的，没农药的，非转基因的，是很纯正的东西。将来炒菜你只能按照这些材料炒，你不能自己乱炒。再多传说都是不可靠的，一张历史纸条好过你讲一天的废话。

举个例子，1925年蒋介石来东莞中学发表演讲，但是一直传说是周恩来，传的这些很多都是假的。后来我们翻出国民党当年的报纸《广州民国日报》，找到了蒋介石当年在莞中演讲的一段报道，又在蒋介石年鉴中找出一段记载。我们还是不信，因为还有蒋介石日记。我们就通过美国的学生，去到斯坦福大学胡佛研究所找蒋介石日记出来，日记就说得更详细。不过它不准转载，也不给拍摄，只能抄一些出来，但不准用，只能用来证实蒋介石来莞中演讲这件事。我们收集了这么多资料，只为了证明一句话“蒋介石来演讲”而已。但这是一种比较真的、可供历史研究的材料。

好多次我们找校友讲过去的事，但是碰到两个问题：第一个，他们忘记了。第二个，讲自己的东西常常有一些夸张色彩、感情色彩在里面。讲自己人就怎样，讲人家就怎样，加入政治色彩就更惨。举个例子来说，当年莞中的学生会主席叫陈煜坤，在当年学生会出的刊物《莞中风采》杂志里找到很多他的讲话文章。那时莞中学生会相对独立于学校，看那些文章就知道了。学校当局有一本刊物《莞中学生》，现在找到很多本出来。

东莞中学

温应昌：我们找不齐。

邓显宗：好不容易才找到十本八本。

采访人：这两本杂志有没有中断过？现在没有办了吗？

邓显宗：现在还有啊，《莞中风采》有。

采访人：现在的不同以前的了吧？

邓显宗：不同以前，莞中的杂志是分官方和学生两种的。《莞中风采》是学生出的刊物，自负盈亏。官方的一种，学生的一种，以前是这样的。《莞中风采》就有好多文章找出来是当时学生会主席陈煜坤出版的。1937年之后，这个人就不见了踪影。当时他去过延安，我们找当时他的同班同学去调查，就是一些革命老前辈，在广州做到很高级（职务）的那些人，证明当时他是在学生会做干事的，但没有提供材料。当时陈煜坤离开莞中后，去了日本参加共产党，又寄信给同学，动员同学，但是三几年跟共产党已经失去了联系。大革命之后，人家到处找共产党身份的学生。他那边搭线过来，那些学生已经出了护照去日本了，后来又没去。问题就是后来一解放，他做了广州市公安局副局长。设想一下当时国民党撤退，跑去台湾是从广州走的，就留下了大批特务。由于他当时采用一种以黑反黑的方法打进特务组织，必然导致跟特务组织有联系。

当时中国出了两个案件是公检法的，一个是上海的潘汉年案件，一个是广州的“两陈案件”。“两陈”就是两个公安局局长，两个都姓陈的，一个叫陈泊，一个叫陈坤，陈坤那时就叫陈煜坤。就说“两陈”私通特务、通敌，抓了他们去监狱坐牢。直到现在，我们都不知道，他老婆后来要求给他平反。“文革”之后，他老婆写了一篇文章，说这是一个冤狱。从这件事再找回当时跟他一起的莞中地下组织战斗的那群人。后来看不到他，然而提供第一个线索——这个人出身很有钱，我们抗日战争捐钱，他不捐。第二个线索，从日本回来后，他讲那些低级的东西，泡女孩那些。你想象一下，当时中国较开放，年轻人从日本回来讲这些东西不奇怪吧，我们现在是这么想的。但提供这些材料给我们，我们觉得奇怪。莞中当年如何跟一个学生会主席做地下活动的？怎么搞这些，提供不了。陈煜坤离开莞中之后如何在日本参加共产党？后来又回来一段时间是去了延安，还是哪里呢？没人提供这样的线索。

当然我和杨宝霖老师就猜，因为“两陈案件”牵连到很多人，跟他好的必然查，这班人曾经落井下石，现在再提，已经没有面子讲这些东西了。我怀疑的是这个。后来，我们找到一个当时在东莞国民党驻军的游击司令部，相当于办公室主任的人，叫邓洪发。邓洪发当时是国民党，他保证说陈煜坤去了延安。我问他为什么，他说当年陈煜坤因为想去延安，所以来找过他。国民党内部也知道。他说当时他就建议陈煜坤千万不要从湖南走，湖南当时已经截了很多去延安的青年，一旦抓到，找不到人担保，就会从当地消失的，所以很多青年还没去到延安就被人抓了。他建议陈煜坤从广西、云南那边去，大家是同学就不会告发的。

所以从这件事得知，历史的东西的确是不能听凭别人讲的，所以我们这么艰难地做，做了半天也写不出来几句话，但我们起码留了一个真实的东西给下一代。

莞中的革命历史非常长

邓显宗：1938年东莞沦陷时，有一个校长叫卢彭铿，他临危受命做了校长，东莞中学就宣布解散。1938年日本人已经炸了广州，当时广州有很多莞籍的学生跑回来读书。还没沦陷时，国民党的省教厅有个命令下来，说所有高中学生都要搞军队，全部集中去韶关的星子镇集训。结果这群学生还没集训完，日本人就占领了莞城，有家归不得了。所以有学生写了一首诗叫《回不得故乡》，写得有点像《松花江上》的感觉。那群人在星子镇集训完后，有的去参军了，剩下的学生怎么办呢？卢彭铿就带着学生去"走难"（即逃难），不肯当亡国奴，就像孔子带着一群弟子周游列国。莞中先搬到香港，租人家的课室上课，香港当时还没沦陷。莞中那群走到香港的学生，跟当时的石龙中学、明生中学的学生集起来搞了一个联合中学。集中起来之后，日本人又打到香港。日本人在那里也办了一间学校，叫东莞第一中学。人家办了这间，我们又没地方办了，也不肯回来办。

采访人：这里能不能招到学生呢？

邓显宗：能招到几百人。然后搬到常平，在常平那条广九铁路那里办，那里还没被日本人占领。

采访人：不好意思，我想问一个细节。刚才邓老师说日军侵占这里以后招了几百人，那后来日本打败之后，那些老师有没有被定性为汉奸呢？

邓显宗：这就是另外一回事了。我说回另外一样，常平被日本人占领后，就搬去谢岗黎村，黎村被打败之后又办不下去了，又跑去博厦，就是可园那个地方。那时日本人没占领莞城，就搬到那里的祠堂去办，当时是1945年。就是从1938年搬去香港，搬去常平，搬去谢岗，最后搬去博厦。1945年搬去博厦之后，日本投降了，当时的县长就奉命去接管日本人办的这间学校。当时这间学校奴化教育得很厉害，那些人学日语的。有没有汉奸那些不是学校的事了，那是政府的事，它有个专门的处理机构。当时学生要甄别，像中大的教授李锦全当时也是有甄别的，被甄别合格就回来读书了。

采访人：从1938年到1945年不断奔波的有多少人呢？包括学生和老师。

邓显宗：三四百人左右。走来走去，很困难的，又远，接济不到。我们东莞学生读书靠谁给钱的呢？东莞中学解放前，整个学校的经费不是政府给的，政府只是管你叫什么名、长什么样，不给钱的。经费全部由一个叫明伦堂的慈善机构提供。明伦堂为什么有那么多钱呢？你知道现在的南沙，南沙原来是东莞的，因为一场官司，谁打赢了就是谁的。东莞打赢了，所以建了一间报公祠。建完之后，当时有一个比较辉煌的廊道，现在拆了，原来不是这么简单的，我读书的时候还有一些廊、碑、门楼。它打赢官司之后就建报公祠了，解放后划去了番禺。明伦堂有很多田，那些田是冲积平原，筑一条堤就变成了田。所以第几冲第几冲，现在搞到十九冲，冲宽一点就筑一条拦着。东莞就有一块这样的地，给谁用呢？就给明伦堂管理这块万顷沙，东莞人很兴奋的。后来曾任省委常委、珠海市长、深圳市书记的方苞，写文章回忆说：解放前，如果没有明伦堂，他们就没书读。他们去广州读书，全部是明伦堂给钱的。抗日战争时，明伦堂的钱供应不到，它本身也搞不掂，整个明伦堂就给日本人控制了，收了钱就给日本人。

采访人：日本人进来的时候，莞中有没有被损坏？

邓显宗：有！你只要看一下学生写的那些文章就知道。当时日本的司令部在莞中这里，莞中对面体育馆那边原来是民居来的。有一晚游击队从那边打过来，结果日本人一夜之间将民房全部拆清，就是现在的东莞中学南区。它原来是很热闹的，有很多钟鸣鼎食之家来的，是富家住宅区。

采访人：推平了它，有没有伤到人呢？

邓显宗：那些就不知道了。那些课室拆了的板，日本仔就用来养马。后来日本仔办了一个中学，那个门口原本不在这里的，是日本仔把它从万寿里那里开过来的。如果以学生写的文章来回忆就是这样的。学校被破坏得很厉害，一回来复学无台无凳的。这些资料我们都在搜集整理，我们写了一本书叫《莞中往事》。

采访人：这本书出版没有呢？

邓显宗：这本书还没出来，这些稿件我们还在改。

采访人：1949年前后，新政权建立之后对东莞中学接管的过程是怎样的呢？

温应昌：当时大概的情况是这样的，解放前，国民党镇压共产党，有些进步学生毕业走了，学校里还有部分共产党组织，当时黎章暖做党支部书记，之后就是张淑文。

邓显宗：当时这是地下组织，大家单线联系。到解放初公开的时候，谁都不认识谁。（张淑文）原来是莞城的大家小姐，老爸是大老板，就是她搞到国民党一身麻烦。

采访人：当时你们是十几岁吧？

邓显宗：我们还没读莞中，10岁左右。曾任中山市委书记的谢明仁，我后来问他当年在莞中是不是先进学生，他说他不过是当年地下组织的外围组织，进步学生是张淑文。她很惨，后来被打为“右派”，长得又比较靓女，南下大军里很多人想追她，她不肯。后来方苞在珠海做书记，她以前是他手下外围的人，他深知张淑文，所以调她回珠海做人事局局长。当时地下党团的人，没有一个人有好下场。后来做得大的都是外围的人。

采访人：当时接管有没有军队？

温应昌：学校里面就有很多进步的组织，搞墙报、私报，宣传进步思想，和国民党控制做斗争。同时，国民党教官来控制学生。解放前，地下组织就组织学生保护学校和迎接解放。在国民党撤退的时候，东莞有一个真空期，共产党还没有来，学校党支部就组织先进学生保护学校和做宣传工作，说共产党已经控制了东莞，让土匪不敢来。当时，刘发如是道滘大土匪，曾经说过要血洗莞城。东莞的商会希望刘发如高抬贵手，刘发如就说：“你叫区宗佑来和我谈。”区宗佑就是东莞当时最有名的律师，北京大学法律系毕业的，他读书的时候，毛泽东是图书管理员。区宗佑就问陈坤好不好去谈，陈坤说好，区就和刘谈判。结果刘发如留了一手，没有抢劫莞城。最后，因为这件事区被枪毙，说他勾结土匪，区说是共产党指示他去做的，得到的回复是，陈坤在监狱，已被认为是特务。所以区被枪毙，十年前才被平反。这是解放军进城前的情况。

入城后，地下党组织就组织学生迎接解放军入城，载歌载舞，我们也找到照片。成立以后，莞中就实行军管。因为解放前国民党已经因为卢彭铿镇压学生不力，把他撤职。就在解放前五六月撤职，派吴寿颐做校长。他只做了一两个月，国民党就倒台了，他带上学校的浮财就走了。实际上，他在莞中的时间就两三个月。后来学校成立了临时的管理委员会，张士愉做主任。解放后，好长时间是县长做校长，或者由宣传部长做，就是官兼做。林若一个学期来一到两次，给学生做报告。我记得有一次，很晒，学生在下面躲躲闪闪，林若干脆将自己的演讲台搬到太阳下。林若做了好几年。这就是迎接解放的大概情况。

党团组织解放以后就公开了，以前不知道的，原来那个调皮鬼是个娇小姐，也是坚强的共产党员，大家高兴得抱成一团。大家后来在一个地主的女儿的家里公开身份，结果张淑文被派去征粮，土改后，被派去信宜。当时有一个政策，知识分子女干部被派去做南下大军的老婆，又不叫做老婆，就是叫去做秘书、助手。结果张淑文年年是模范工作、先进工作者，但她就是不听话。部长叫她到房间商量工作，她拿张小凳子放在门口，说在这里谈。到了1957年“反右”，她被划为“右派”，因为她不服从党的需要，不服从就是反党。她不服气，就写申诉，但是无论写多少最后还是落到整她的人的手上。不是“右派”是“极右”，人家的“右派”分子，一个月的工资是36元，她是16元。她就坚持上诉，但最后还是没有结果。方苞当年是党组织的外围分子，张淑文是党委书记，方苞知道后就帮她平反。后来她得了癌症，是不是跟之前受的气有关呢？我去访问过张淑文，她说过一句话：“运动治国，此路不通。”

邓显宗：莞中有一个校友叫祁烽，是他带军管会的。他做过新华社香港分社代理社长，这个人非常正直。张覭去征粮支援前线是最积极的，结果1957年又是“右派”。

采访人：你们回来有没有受到冲击？

温应昌：我们跑掉了，1957年“反右”，我1958年才高中毕业，如果1955年高中毕业，到中大读一两年书，一旦学生划“右派”，我可能跑不掉的。我人直，不说违心的话。当时“反右”我们很积极的，听说那是敌人，就去批判他。

采访人：你们也不知道什么是“反右”？

邓显宗：“反右”“文革”，我们都是很懵懂的，最相信党的话，跟着党。

采访人：解放初期，接管都很顺利？

温应昌：都很顺利，接管后成立管理委员会，学生都参加，比较进步的老师也参加。

邓显宗：解放时的参军热潮，莞中好多学生参加，有两百多人参军。

温应昌：参军以至于班不成班，几个班合在一起。当时是方苞带队去的，但公安部门要求留下一些人清理宿犯，就把他留下来。

采访人：建国初期，政府非常重视。

温应昌：把学生当作生力军，让他们参军，帮前线征粮，一去就是三个月。

采访人：去哪里征？

温应昌：去农业产区，东莞是粮食大户，东莞的征粮任务是全省的三分之一。

采访人：这样说的话，莞中学生是东莞人才的支柱。

温应昌：当然是。另外，莞中的革命历史非常长，而且非同一般。东莞的党组织基本上在东莞中学，如果不说莞中的历史就不能说东莞的党史。东莞党支部又在这里成立，这里是活动据点，后来的东纵骨干也是从东莞中学出来的，所以东莞中学的历史很辉煌。解放之后，征粮，参军，建飞机大炮，又好多人去。

邓显宗：东莞的第一个党支部在莞中建立。要了解东莞的党史，必须了解莞中的历史。

莞中出了很多文史大家

采访人：在国民党的统治时期，以及共产党接管时期的前后，学校的教学科目设置上面有没有变化呢？

温应昌：有。国民党的时候，一个是童子军，一个是公民课，实际上是宣传三民主义这类东西。解放之后有一段时期很滑稽的，还没有新教材，旧的教材也不敢讲，于是拿着过渡性的东西来用，很好玩的。以后那些运动一来，特别是知识分子劳动化，那时候将学生当作突击队、预备队来用。下面一说水灾啦，学生就去防洪抢险，一下子就去十几天，不用上课了。一下又说农忙了，或者搞什么水利工程，又将学生调去搞突击队。比如1957年开东莞运河，分了一段给学生来做，学校不知道，接受了任务，准备三天完成。我们在那里工作，东莞戏院到东门桥那段，开始锄平地挺好锄的，但是深挖下去，挖到上坡的地方，就不好做了，一直做了半个月有多，学习什么都丢开了。以后呢，劳动一紧，要去沙田、厚街那边割禾，去黄江水库担水，做了四十多天。当时家长有意见，学校还写信给他们解释，说我们安排得很好的。这些情况是很普遍的，经常拿学生当作突击队来用，破坏了正常的教学秩序。不单是这样，我1958年进中大，一到就去虎门劳动了三个多月，在虎门海军礼堂那里。大学里面尚且如此，中学就更加是了，简直是破坏正常的教学秩序。

邓显宗：莞中为什么那么重视研究教育理论呢？因为莞中曾经在1932年前是肩负师范教育任务的。它1902年创办学堂，接着清政府希望通过教育来救国，就大办教育，给所有学堂下了一道圣旨，将学堂变为初级师范学堂。由于师资问题，莞中1904年就变成初级师范学堂。十九路军的蒋光鼐就是初级师范学堂的学生。本来清政府想用来救国的这群人，后来全部成为清政府的掘墓人，都参加了陆军学校，蒋光鼐去参加了武昌起义。后来转为东莞中学堂，变成师范部和中学部两部，办到1932年。后来东莞为解决师资问题，在虎门办简易师范，莞中就结束了兼办师范的任务。由于莞中长期办师范，虽然我不是读师范班，但是我长期接触那些人。师范是研究教育理论的，师范的东西多，所以莞中学生特别积极办夜校，到农村办文化班。我们找到了好多资料，都觉得奇怪，怎么有那么多。

第二个更加让人大吃一惊，那就是学生写的大量文章，里面对教学提出很多观点，现在看起来是那么新鲜，就像今天的人写的那样。现在找出的文章看起来很（让人）吃惊，比如说，1936年一个学生的文章，谈到家庭教育。他谈到终身教育制度，认为人从娘胎到死，都应该接受教育，提出平等教育，教育应该人人平等，都应该获得知识，向社会学习，向生活学习的问题。因为社会是包罗万象的学校，生活中的一切是教本，这在今天听来仍很先进。再举个例子，有篇文章很过瘾，叫《厕所壁报》，厕所文章，他说学生在厕所画很多裸体画，写那些东西，今天老师也不能正确对待，但是那个学生怎么提呢？学生在厕所画裸体画，是性意识的发泄，性萌动的意思，学生需要性知识和教育，但是得不到正当的解决，因而疑惑苦闷，不得不借“办公”时，即上厕所的时间，画出理想中的标准的裸体美女。那些学生是从生理，而不是从道德的角度来看问题的。我们今天是讲道德败坏，他上升到教育的层面。然后他就说，教师如只能使学生成绩合格，犹未尽教育之责，真正的教育者应以学生为爱人，引导他们思想上进，否则所谓“教员”，仅“教完”而已。这是学生1935年写的文章。

那时很多文章谈的观点简直是现代教育观点。现在很多人写不出，为什么呢？因为东莞中学一直肩负师范教育，十多年兼办师范教育促使东莞中学在较长一段时间内形成了学生学习教学理论、关注教育发展、参与教育实践的氛围。而且70多年前，中国教育本已与西方教育接轨，学生找到西方先进的教育理论书籍学习并不困难。了解到这一点，我们就不会奇怪70多年前，那些十

容庚

容肇祖

翟俊千

几岁的学生有人提出现在看来也会感到新鲜的先进的教育理论。当时见怪不怪的事情，我们今天反而觉得新鲜奇怪，说明中国教育与世界先进教育久违了，好久没见面了，令今天的教育常识缺失。不是说那时候的学生特别厉害，而是当时有那个环境，现在脱轨50多年。这五六十年间，我们在反封资旗帜反复折腾下，与世界先进教育脱轨了，离教育原点越来越远。

我们现在才知道教育目的是要发展人的个性，而不是狭隘的为无产阶级政治服务。教育应该为学生提供世界航行的指南针，这个是世界人权宣言里面的。教育学生认知做事，教育学生与他人共同生活，而不是加重学生负担，让学生死记知识。我们今天能够有一个好的开始，但是我们必须要意识到，现在我们仅仅是在认知初级阶段，或者说，我们只是“发潜德之幽光”，把古老当时兴，重提70多年前连莞中学生都知道的东西。如强调性教育，强调要向社会学习，强调理论联系实际。还有一篇文章强调以哲学观点来指导学习。

采访人：所以我们要反思现在的教育。

邓显宗：我们当时读书的时候，那些老师都很“水皮”（意即做事差劲），但有一样好的，就是学生自觉。我有篇文章叫《民国初年莞中的自主学习风气》，认为民国初年出的人才最多。举个例子，有一篇文章，是一个在北大读书的学生写的，发表在北京东莞学生同学会刊上，就讲当时老师上课如何乱七八糟。这个学生北大毕业之后，在莞中做校长，后来在东莞做县长。

为什么呢？当时民国初年没有老师的，做老师的那群人是科举废除之后，没有出路了，就去做老师。当时做老师，不是说随便去做的，要到广州去训练几个月，考教师资格证。你不要以为教师资格证是今天的新东西，民国初年就已经有了，有些举人还考不到。所以莞中当时的老师就是秀才、举人这群人了。那些西学课本，叫那群老师怎么讲呢？学生就睡觉不听。老师也知道自己的能力是教不了学生的，所以就任由学生发展。

容庚就是那时候读书的，他读初二的时候已经在研究金文了，自己学。容肇祖也是学者，他们是两兄弟。还有翟俊千那些教育家。莞中那个年代没有出理工人才，但全部国学功底深厚，出了很多文史大家，那段时间考进北大的学生有20多人。

莞城图书馆："艺修身，史为鉴"

——王玥（莞城图书馆馆长）

受访人：王玥，莞城图书馆馆长，32岁
采访人：廖锐、文淑贤
采访地点：莞城图书馆
采访时间：2012年7月16日下午
受访者语言：普通话

图书馆的一个特色是做研究

采访人：馆长，您先跟我们聊聊图书馆的一些总体情况吧？

王玥：莞城图书馆在东莞也算是一个比较有特色的图书馆，应该是目前唯一的以艺术、文史和古籍为收藏特色的公共图书馆，它是对外开放的。莞城图书馆的历史到今年9月份才四年，我们有一个初步的统计，到现在我们每个月接待读者量大概在一万五，如果到暑期可能达到两万人，所以我们读者的量还是蛮大的。

图书馆的一个特色是做研究。因为我们立足艺术、文史和古籍，我们就结合图书馆的本质，注重收藏和保护。我们在这过程

莞城图书馆

馆藏图书

中立项出版了《东莞历代著作丛书》，这是一个比较庞大的工程。我们以保护为主，随得随刊，得到什么好的项目，我们就出什么项目，不计较有什么大的规划，主要的目的就是为了保护和出版，为需要研究的人提供更好的资料，另外就是为了传承下去。

采访人：我在这本介绍上面看到一句话："艺修身，史为鉴"。当初图书馆为什么想要这样定位？

王玥：一个地方的图书馆其实是非常重要的，除了公共服务以外，还要立足于自己这个地方的文化保护和传承。莞城是东莞的老城区，很多历史文化遗存都还在这个地方，就算很多已经流失了，但立足于这个地方的图书馆一定要把这个功能承载起来，这是最初的一个想法。另外东莞在打造图书馆之城，很多好的城市把图书馆作为自己城市的一个网络，其实东莞已经把这个网络铺得非常全了，我们跟东莞市图书馆离得特别近，但我们可以做一个更具专业性的图书馆，避免“千馆一面”。另外莞城图书馆的主要服务面还是集中在莞城及周边，这边集中的人的素质相对较高，可能读者对阅读的需求、专业性，还有质量要求比较高。另外还有一个考虑是，我们跟美术馆是同时筹建的，周边很多艺术爱好者，又有这样一个精品美术馆，所以我们定位也是艺术和文史哲。

采访人：那些古籍平时也对外开放吗？

王玥：古籍我们分类了，有一些我们定为A类，即所谓的珍藏类，不对外开放，以保护为主。然后其他一些线装书、旧刊旧报是可以对外开放的，但是不能外借，就是只能过来阅读，我们还准备了专门的手套、铅笔，可以做记录。

采访人：这些珍贵的古籍的来源一般是什么？

王玥：民间征集的居多，也有从博物图书馆保存下来的古籍，很多都已经很零散了。博物图书馆在莞城，我们在最开始建馆的时候就已经定下来了，博物图书馆的书和古籍迁到这边来保护，因为很多都已经粘连，破碎得很厉害。现在还有很多来不及修补，就先尽可能不让它继续坏掉。我知道中大，还有省图，可能有很多专业人才可以修补古籍，但我们目前还没有（拿去修复），因为拿出去做一本这样的书是非常复杂的，所以我们先把它保存下来，以后看有机会了，或者说条件成熟了，再慢慢地修复。

采访人：所以这些古籍的保养也比较困难，是耗人力物力的？

王玥：还好吧，因为我们刚才说目前也就是保护，还没进行修复。当时我们建库房的时候，你看到我们的玻璃库房，包括现在这个地方有点不够用了，我们就申请了一块地方，也准备要恒湿恒温，要气体消毒，这些都是古籍室的要求，是对古籍的保护。这些硬件条件还是达标的，软件再慢慢补充吧。

采访人：那你们在收藏古籍的过程中有没有什么小插曲儿，就是有没有一些惊险的事情发生？或者说意外得到一些特别珍贵的古籍，通过私人捐赠，或者其他什么途径，让您印象比较深刻的？

王玥：古籍现在还没有特别珍贵的私人捐赠，因为大家现在对这些书还是蛮看重的，古籍收藏也很火热。插曲的话，没什么特惊险的插曲，但是收藏过程中我们倒是收到很多老师的捐赠，比如说东莞可园书画社有“三老”，其中有一个人叫陈荫余，陈老师的一个女儿在东莞中学图书馆。当时陈老去世，应该是去年还是前年，他本身对书特别钟爱，他自己的藏书就大概这样一个屋子，有大半个屋子堆得满满的，据说还有很多书不在这边，然后他每一本书都自己拿牛皮纸包了封皮，很工整地在书脊上写上书名，他把他的书保护得非常好，最后捐赠给我们了。他还有一些比较珍贵的，家属可能舍不得，留下了，但是很大一部分都捐给我们图书馆了。

还有一件不得不说的事。杨宝霖老师也是一辈子做研究，一辈子买书，他以前讲过，他有很多买书的轶事，包括以前自己去图书馆，当时图书不让拍照，不让复印，甚至老去那里抄写也不行，他就去到那里，看一段，记下来，回去马上把它默记下来，就这样一点一点地拿回来。他自己的工资……你看杨老师自己的衣服永远都是那件蓝衬衫，骑着二八自行车，穿梭在巷子里，就是这么一个老师，他现在捐给我们馆的书有两万五千多种，全都是他自己的书。他说书是为了用的，不是为了藏的，所以他的书，特珍贵的古籍说不上，但所有的书都是他做文史研究、地方文史研究所需要的，可见这些书的分量。有些还是挺难得的，一整套一整套，是通过他那么一点点的工资慢慢买回来的，他现在全捐给我们了，所以这也是我们的镇馆一宝了。还有当时广东美术馆馆长朱浩华，跟我们做美术馆展览的时候有接触，他看到我们这地方这么好，就把他个人收藏的一些旧刊，特别是美术类的，有很多现在已经停刊的了，他收集的也相对比较齐全，都捐赠给我们了。很多其他美术馆、机构的人到这里参观，他们都感觉，“哎，这里这么好，我把书捐到这里吧。”我们也是通过这种方式收集了很多可以说在外面买不到的书。这些书可能有的是自己馆里出的，有的是画家自己出的，对我们的专业类图书领域是一个特别大的补充。这一类图书是比较值得推荐的。

活动多，六月六晒书会最经典

采访人：你们办过这么多展览和讲座，有没有一些印象特别深刻的？

王玥：其实我们自己做过的活动都觉得印象还蛮深刻的。我上次跟中大的朱崇科老师和凌逾老师说，我印象很深，做西西的那场活动。西西是这样的人，认识她的人就会特别爱她，很喜欢她的作品，很喜欢这个人。但是不认识她的人，那就真的是一点儿不知道西西是谁，还不是那种模棱两可、似乎听过。我记得当时做西西那场活动的时候，我们联系到西西，她的朋友觉得挺意外的，因为他们说她已经很多年不怎么出来做公众活动了。我们只知道去年香港书展她被评为年度作家。当时开幕的时候她做了一个很简短的讲话，都没这种面对面的分享会。因为她身体也不好，我们没想到她本人会亲自出来做活动，而且布展的时候，布了三个多小时，都是她自己动手，而且细致到每一个小熊。我们去邀请朱老师和凌逾老师时就说，我们希望做西西的活动，不希望做个展览就走了，希望更多的人能知道西西，从而去阅读她的作品。

去年做“最美的书”书展的时候，请来了朱赢椿老师，他是书籍设计师，作品也获得过“世界最美的书”。西西老师的《缝熊志》中文版就是朱老师做的。我们对西西的活动还只是个概念，当时我们做“最美的书”，朱老师来了，我们说：“这书是老师你做的喔，我们还想明年策划西西老师的活动。”他说：“是吗？你们还能把西西老师请来呢？”西西老师的活动开始之前，我们请了朱老师过来，他们也是问我们这个问题，然后我们觉得挺骄傲、挺自豪的，原来我们做了这么好的一个活动，自己最开始真的不知道。他们问我，你们怎么会这样来做？我说，就一句话，那就是“吸引力法则”。很多东西你没有迈出那一步，你永远不知道下一步会带回来什么。西西老师的活动就特别明显，最开始邀请西西老师做活动的时候，我们认识她的朋友，跟他们说这个事，他们认为可以了，然后我们逐步去找，一步一步地邀请他们。我们发现凌逾老师是研究西西老师的第一人；还有西西香港的朋友们，其实是他们一直在后面支持着西西；还有就是台湾的叶云平，叶云平的爸爸那一代是出西西的书最多的，经过他爸爸的手，才到叶云平这里；最后还有从南京过来的雷淑容老师，是她在内地出版西西的书的。所以基本上全了，这就是“吸引力法则”，我们就是这样一步步走过来的。当然其他大大小小的活动，包括杨宝霖老师的讲座，我都觉得是可圈可点的。

采访人：您刚刚提到的晒书大会是怎样进行的呢？

王玥：晒书大会是在农历六月六，以前是晒经日或者是说晒书、被子、袍子、虫子。有个故事，有个人光着肚皮在那里晒，别人问他晒什么呢，他说晒我肚子里的书。所以六月六有“晒”

的习俗，我们就希望借着这个点，办晒书大会。拿书来晒，来分享，也可以交换，不想换也可以聊一聊。每年都会有点藏书性质的人，例如有人拿那种很早的莞城地图来，有人喜欢收集关于诸葛亮的书，还有些藏书家，把自己民国期间的课本带过来，给大家分享，还有的就是带着自己喜欢的书来。去年有个很经典的段子，我们图书馆有个小规律，周末办活动一定会下雨，越是重要的活动雨越大。有一次活动还下大暴雨，大概是百分之六十到八十的几率。有一次晒书赶上大雨了，最经典的是，东莞的粥城老板黎平受邀参加，把书装进旅行箱，有个助理拖着旅行箱就出来了，出门的时候家人问他，下雨天拉个箱子干嘛去，他说我晒书去，家人说："下雨，你晒什么书？"后来这就成了我们的一个口头禅，"下雨天去晒书，晒的不是书，而是心情。"这些也很有意思，这个六月六晒书就这么流传下来，今年赶流行，我们就做个"那些年，我们一起读过的书"。来晒书的人，什么年龄段的都有，"50后""60后""70后""80后""90后"都有，我们就觉得大家年轻的时候读过的书，一起分享分享。主要是分

晒书大会现场

享，和书友交流，每年都提供这么一个平台，这就是我们的晒书大会，第三届了。惊喜不是在准备中的，而是在准备之外，每年都有点小惊喜、小噱头。

采访人：图书馆有志愿者服务岗，里面的志愿者一般是什么人呢？

王玥：什么人都有，都是志愿来的。之前做的那个外文翻译的活动也是小众的，但是这个方式挺好的，和我们的工作密切结合，也发挥了志愿者的作用。现在稍微弱化了点，专业的人可能离开东莞了，但是这个项目还保留着。说到志愿者，我们图书馆希望发挥文化义工的作用。我们志愿者的活动也挺多的，除了刚刚说的外文翻译志愿者，当初发出招聘的时候，报名的都是英语八级、国外留学的人，主力大概十个人，他们自己来开会讨论，互相校对，最后做成书条贴在书上，我们做的只是为他们提供水，开辟计算机的区域，他们还自己建群，这些都是他们自己做的。这个外文翻译跟图书馆工作结合得特别好，他们自己也觉得真的做了有益的事情，只是后来有人离开，人员才减少了。

还有志愿者体验日。每年12月5日是世界志愿者日，这一个月都跟志愿者有关系，比如开志愿者的年底表彰交流会，答谢大家，也分享一下。还有体验日，就是让他们自己报名，大概20多人，来图书馆做一天馆员。还有一个小项目，就是给他们找麻烦，因为有的读者很挑剔，不听劝导，我们就把他们分组，一个组就是专门给他们找麻烦的，特有意思，让大家体验一下图书馆馆员的工作。让大家知道，平时看着大家安安静静坐在那里，其实背后是很忙碌的，这些如果不换位思考是不会体会到的。我们已经做了两年，还会继续下去。反正就是多提供点这样的机会让他们体验志愿者，知道志愿者干吗，提供什么服务。还有志愿者参与布展。每年4月23日，我们都会组织志愿者上街宣传阅读。走到街上问你，你知道4月23日什么日子吗？世界读书日。很多人都不知道。你平时都读什么书，你知道图书馆在哪里，还有填些调查问卷，让他们推广一下。今年也是第三年了。

今年很有意思，有很多小朋友，刚好步步高小学有很多小志愿者，然后变成亲子活动了，很多家长带着小朋友来报名，走上街头做问卷。我们从这边步行到人民公园。有一段时间下雨，但小朋友很认真，超出我的想象。很感动的是，家长给受访者一直举着伞，一份问卷从头到尾至少十分钟，但是他们就是这样举着。这次来的大概有50多人，包括家长、学生和其他的志愿者，这到底能起多大作用不一定，但是来参加的志愿者和被采访的人肯定印象都很深，而且小朋友参加完活动，我们回来围在一起分享感受。很多家长感受很深，觉得对小朋友是锻炼，有的家长就毫不客气地给我们提出建议、指出问题。这样很好，这些建议说的可能让我们有点汗颜，但是建议都提到了点子上，这对我们来说是好事。所以这些志愿者活动真的是和阅读有关，确实让他们参与了。

莞城美术馆：用精品展普及“艺术”

——谢钧（莞城美术馆馆长）

张炎燊、徐骄（莞城美术馆办公室工作人员）

受访人：谢钧（莞城美术馆馆长，44岁）；张炎燊（29岁）、徐骄（26岁），莞城美术馆办公室工作人员
采访人：丘梓娴、黄怡辛、丁文俊
采访地点：莞城美术馆
采访时间：2012年7月16日下午
受访者语言：普通话

美术馆的抱负

采访人：莞城美术馆的定位是什么？跟其他美术馆有没有区别？

谢钧：我是2002年过来的，当时东莞在打造文化名城，也就是东莞文化新城，于是提出来要打造图书馆和博物馆之城。后来政府觉得在整个市里面来说，莞城底蕴是属于比较深厚的，历史也是比较深厚的，而且一直以来县衙等主要的部门都在莞城，所以他们觉得要再去办个综合性的图书馆和博物馆。但是东莞博物馆在附近，所以就没这个必要。我们区就认为区里没有美术馆，与美术馆配套的专业图书馆也没有，干脆办一个与美术艺术相关

的美术馆，这样能在对老百姓普及文化的同时有一个提高，专门为“我这个层次比较高了，我想看更加高一层的文化，提高一个平台”的这些人服务。

我们的定位纯粹就是包罗万象的展览，主要是以公共教育和普及为主，普及艺术。但我们注重精品展，就是把国内外比较有教育意义的作品展现给大家，通过一些教育活动来推广美术知识。在收藏方面，以纸质作品为主，以前是以中国书画为主，但是我们现在发现中国书画同时还有水彩、藏书画那些，所以展览是包罗万象的。我们以精为主，从精出发，把展览做得精、强，这是我们的一个定位。

我们美术馆最大的特点就是，虽然是莞城街道办事处办的

莞城美术馆

美术馆，我们的环境给人的感觉还是很舒服的，这在国内其他的馆是没有的。第二个就是，我们做的画册，做的标签，做的每一个展览，品质都是比较高的，因为起点比较高，这就得到了认可。第三个特点就是楼上的公共艺术图书馆，这个特色是全国没有的。这个公共图书馆对外开放，书籍又跟美术馆有这么好的结合。中国美术馆的图书资料室也是对外开放，但资料室做不到这么全，很多艺术家都很喜欢我们这个特点。我觉得我们今后要做大做全，比如说一些艺术家的资料库的建立，叫作“艺术与文史”，我们的艺术图书馆就可以建立艺术家的资料库，比如你们要研究这个人，只要到这里来查一下就可以了。

采访人：那些展览馆木地板的设计有什么理念？

谢钧：木地板主要用在二楼展厅，当时并不主张搞木地板。但是用木地板也是跟我们想做到与众不同有关。二楼以展国画为主，而且展品全部都是文物，人们想到进了美术馆，讲话、走动都要很注意，加上木地板本来给人的感觉就很高档，高档的地方有木地板，比如家里有木地板。我们当时就是这样的一个理念，希望大家进来把这当成自己的家一样。我们做出了这样一个决定，包括我们上面的领导也支持。我们决定对这个作品负责，当时报道出来之后说，“给作品打造一个五星级的家”，这种在别的美术馆就肯定没有。我把这个一说，大家就赞同了，现在上海的美术馆也是木地板，是洋楼改造的，现在到了欧洲到了国外，也是这个层次，为什么我们中国就不行呢？进来就轻点走，没问题啊，这在约束的同时也是在提升。

美术馆的威水史

采访人：你们觉得由刚建馆到现在，美术馆有什么发展和变

化？举一个具体一点的例子吧。

徐骄：我们也算是跟美术馆一起成长。我们美术馆年轻人比较多，大部分都是“80后”，大家都是毕业后过来的。其实刚开始的时候，包括我们的领导吧，加上我，也觉得我们现在走的这个方向很对。有很多专家过来，说我们是年轻的小馆，但是做的都是一些老人家的事，就是小馆大作为。因为我们目前的一些展览确实也是做得比较好，就是拿一些名家的展览来提高我们的影响力，当然这些展览做起来其实也是挺辛苦的。

采访人：那会不会有一些印象特别深刻的经历？

张炎燊：押靳尚谊那些展品回北京的时候有特殊状况，押到火车站的时候下雨了，我们本来订好火车票，但“两会”期间刚好有人需要用那列火车，所以就不让运输我们的货物。于是另外

2011年的靳尚谊油画展

一些同事要等下一辆火车。其实也没有耽误很多，就是那些同事比较辛苦。

徐骄：像这些水彩展，都是大家寄过来的，都是没有装裱的，直接卷好寄过来。因为上次那个展览很特殊，靳老先生是中国油画界的巨匠，他是很有名气的，他的作品都是油画，又都是装好框的，但是没有什么押运公司运，全是我们自己的人通过中铁快运，自己接送，所以对我们每一个人来说都是很有挑战的。好像上一次接送展品是两批人，我们全馆的男同事都上了，一批负责送，一批负责接。展品很重要嘛，他的每幅画都很贵。而且他至今就举办了两次个展，一次在中国美术馆，一次在莞城美术馆，很多人觉得不可思议，会在我们这里举办。

采访人：可不可以说一下当初你们是怎么争取到这么珍贵的

展品的？

徐骄：其实我觉得越有名气的艺术家就越没有架子，他可能看重的是你做事认不认真。我们第一次跟他谈的时候，是我跟馆长一起去北京，然后见到他，跟他一起吃饭，跟他讲我们美术馆做的一些公共教育，比如说在美术馆上美术课，他就很赞同，觉得我们这个做法非常好，跟欧美的一些国家很像。有些美术馆只是说说而已，包括中国美术馆，可能他们想做都很难做到，但我们这里就是基层的一个美术馆，就在老百姓身边，人家过来的话也很方便。我们还邀请了广美的一个老师一起，就是靳尚谊老师的一个学生。我们在很短的时间内就把一些策展方向形成一个策展的方案。最主要是我们馆长，做事比较认真，靳尚谊也是被这种诚意所打动吧，所以才愿意到我们这边来。

当时我们楼上是明清人物画作品展，这是从浙江省博物馆馆藏的一些明清时期人物画中，精挑了一批到这边来展。因为靳尚谊的画也基本上是一些人物肖像，然后楼上又是明清的人物画，上下就形成一个互动。这两个展览也是我们去年年底的压轴巨献。观众人流量特别大，好展览不愁观众。

还有一次就是和浙江省博物馆合作的黄宾虹作品展览，当时有个观众在这边租房子住了一个月看展。那个展览的留言册上，很多观众都在上面留言，比如说：东莞人真幸福，整天都能看到这种展览，三生有幸啊。

采访人：像你们平时会经常跟学校、跟学生搞合作项目，那些参加活动的青少年有什么感想，会怎么看待这些活动？

徐骄：其实我们搞这些活动也算是培养了一批观众。很多家长，特别是带小孩过来的家长，在他们中间我们可以看到很多熟悉的面孔。有一个我印象很深刻，有个小女孩的爸爸是外企的项目经理，他原来在上海那边专门搞技术的，到东莞这边来后，

藏书票体验活动

木刻画体验活动

小朋友认真做观展笔记

住在东城，但是他经常把孩子带到这边来。从2008年到现在，一有活动她就过来。上一次展览的时候，浙江水彩展开幕的那天，她爸爸就跟我们说，她上完这个学期就回去了，说要回上海，她很舍不得。在我们这边，一有体验的活动，比如说现场泥塑、彩绘，还有藏书票、雕刻那些，他都会带他的小孩来参加。

采访人：像你们办展览有没有什么难忘的经历？像刚才讲的押运展品的事情。

徐骄：我印象最深的是去年那个老水彩画家展，全国老水彩画家经典作品展。四五十个人，他们在全国水彩画界有一定地位，可以说是德高望重的老水彩画家，平均年龄都是70岁以上。当时来的有24个老人家，我是接待组的组长，跟几个同事先是忙着订机票，要把二十几个人的航班都集中在差不多的时间段，然后还要到广州机场那边接人。广州机场很大，有些在这个点，有些在那个点，我们三四个人，腿都跑断了。老人家有些还走错了，围着机场绕大半个圈才能把他找到。有些还是第一次见面，所以之前都要做工作。印画册的时候，还有些老人家把他几年前的照片放上去，或者戴个墨镜，你根本就不认识，只能凭感觉，打电话去找。把他们接过来之后，他们在这里待了两三天，展览开幕之后，就带着他们四处参观，比如一起到虎门鸦片博物馆参观，然后送他们到机场，一一送别。很辛苦，你会感觉跟旅游公司的导游差不多。那些老人家像小朋友一样，一上车就叫你阿姨好、徐骄老师好，也都很可爱，虽然很有名气，但都很朴实，没有一点架子的那种，素质都很高，对我们的接待工作也挺满意的，每个人都会跟你说："哎呀你到我那里就一定给我打电话呀。"我很高兴，好像去到哪里都有人接待，不过我也不会去麻烦他们。老画家人都挺好的，而且我们在后续也跟他们有很多联系，过年的时候也会给他们寄台历和画册，包括我们每次展览的画册，逢年过节都给他们发短信。他们都挺热心的，有什么画册都给我们寄，你会感觉虽然很累很辛苦，但是觉得还是有收获，很值得。

这些人一辈子可能就见这么一次面，但是接待的时候你给人留下很美好的印象，还是一件很值得回味的事情，要不然现在也不会拿出来说。我接待过很多画家，这一次让我印象最深刻。

张炎燊：我印象最深的是澳大利亚的那个策展人。

徐骄：去年澳大利亚图书馆的策展人是Gary，他这个人很有意思，性格很开朗。

张炎燊：他看着我们的人去布展的时候，如果他觉得做得不好，他会很激动的。比如我们搭了一个架子有两层半高，他会马上爬上去，指导我们这个工作该怎样去做。他工作的时候很认真，但是放下工作之后呢，他什么玩笑都可以跟你开。

徐骄：我听义工说，他做事非常非常细致，很缜密，属于那种很负责的人，不会像很多人只会指挥别人，他都亲力亲为，自己去做。

采访人：当初怎么联系到澳大利亚那边举办这个展览?

徐骄：当初澳大利亚那边在办土著艺术展的巡回年，策展人每年都会策一个主题性的展览，去年就是澳大利亚土著展。Gray在那边与当地的一些居民生活过七年，收集了很多土著艺术的作品，拿到中国的很多地方去展，我所知的有武汉美术馆，有上海美术馆，还有西安美术馆。广东省这边就选我们这里，只展两个星期，但是我们的公共教育就开了十场。每个学校发展览预告出去后，学校的老师都打电话来预约，带学生过来参观，做体验活动，当时那些体验活动很丰富，包括我们自己也会去做那些灯笼。我们团队活动的负责人，他们在网上买了很多那种白色的灯笼。本来也是想找一些跟东莞相关的东西，所以就买了，拿颜料在上面画，我们馆长组织工作人员特意花了一个下午的时间一起做，做好了之后就在大堂公共教育区那里挂成一排，就像帘子一样，还有一些观众过来参观。有些学校看到之后，还有自己的一些创作。我记得莞城英文实验学校，做得很好，他们是在矿泉水瓶上面刷一层白乳胶，在河沙里面滚一圈沙子，然后用五颜六色的颜料在上面画，很有土著的原始的感觉和粗糙的画面效果，一瓶瓶摆在那里，很好看，小孩的创造力很强。还有一些学校拿一次性的盘子在上面画，还有一些是在橡皮上面画。

采访人：全部是做完展品就送到这边来展？

徐骄：是呀。你们要是上一个展览来的话，就能看到东莞市少儿公益作品展，展品都是小朋友做的，小学、初中的孩子做得很有创意，他们的青铜器做得好像真的一样。

采访人：除了澳大利亚的交流，还有没有和其他国家的交流活动？

张炎燊：韩国做过两个。

徐骄：一个是装置艺术展，还有一个是韩国画家展。

张炎燊：李宝石做的很多东西很特别的，比如用计算机主板等堆砌、镶焊、设计而成的作品，非常特别。

徐骄：还有韩国的一些象形文字、文字符号，很有创意。比如一个人吐很多数字出来，它反映的就是对当代白领的一种人文关怀。现在计算机信息化时代，每个人接收的信息太多了，想吐，但是没有地方释放。

博厦社区：逐渐消失的“学圃”和古民居

——杜志青（博厦社区工作者）

受访人：杜志青，博厦社区工作者，40岁
采访人：吴海敏
采访地点：莞城市民广场
采访时间：2012年8月3日下午
受访者语言：广州话

博厦“学圃”基本不见了

采访人：请您给我们介绍一下博厦社区有什么特别的建筑和街道。

杜志青：博厦在东莞来说是有比较长久的历史的。现在的博厦面积已经缩小了，原本张敬修建的可园也是博厦的。除了可园，在我们博厦还有个“学圃”，现在在学圃的建筑物拆的拆，基本都不见了。围绕学圃，以前也有很多古建筑。在学圃附近有一个叫“庶常张公祠”的地方，张达将军是他的后裔，现在我们有人叫它张达故居。张达故居是三落两进的古建筑，有青砖和麻石，我们叫“麻石厅”。为什么叫麻石厅呢？因为周围的基础

庶常张公祠

荔圃张公家塾，即张如故居（选自《莞城志》）

和地下都是用麻石做的。麻石厅在民国时期做过学校，后来做过饭堂，还有其他很多用途，现在就变成老人活动中心。早期不重视保护，现在比较残旧。前几次的文物普查都普查过这个地方，他们都认为值得保护，有一定的代表性。庶常张公祠旁边是一条老街，有一片旧的建筑物，旁边还有一间民居，是我们东莞县县长张如的故居。在庶常张公祠和张如故居这个地方旁边有条路，因为整条路全部是用麻石铺的，所以叫“麻石路”，后来有人叫“红粉石”。但现在这条麻石路，慢慢因为有些人重建，或者以前巷子维修，整段路超过一半已经被盖了。

采访人：那是什么时候的事情呢？

杜志青：具体的年代就很难考究了，因为没人注意这个问题。但是，我估计是因为后来多了摩托车，摩托车出入需要平地，或者后来因为保洁方面的考虑，所以被覆盖了。从六七十年代开始，博厦慢慢有些地被征用去建厂房，然后从七八十年代开始，很多田地不是建厂房，就是建住宅，或者被人征了做宿舍。

慢慢地土地和鱼塘渐渐消失了。后来东莞城市化比较快，博厦在整个莞城来说，可能是城市化最快的。随着90年代的到来，博厦人手头上稍微有些积蓄，很多人就将那些古旧的建筑翻新。其实主要就是普通民居，还有农村集体资产，就是类似祠堂的地方，都是在八九十年被重新建起的。所以很多古民居消失了。

采访人：有没有一些古民居保留得比较完整的呢？

杜志青：有。照我估计，一个就在我们刚才说的两个比较出名的那片地方，有二三十间，全部连着的。另外还有一片，我们现在通常叫它“二甲坊”，路面保存了几间比较完整的。这里另外有一间以前叫张镇镛故居的张氏祠堂，附近有些民居，当时文物普查都觉得是有保存价值的，因为那间比较大和完整。其实附近还有十间八间的古建筑。据我所知，博厦青砖的清朝建筑应该是有三个地方比较集中的，刚刚说了两个，另外一个在高桥坊。

采访人：现在剩下来的都是比较新的吗？

杜志青：都是啦，六七十年代建的那些红砖屋。

采访人：这些旧民居还有人住吗？

杜志青：极少部分有人住，也不可以说极少，有一些地方就基本上每一间都有人住。庶常张公祠和张如故居那一片就还有人住的。

采访人：是自己人住着还是租给人住呢？

杜志青：肯定不会是租给人住，据我所知，多数住的都是老人家。张如故居现在住了个保护它的人，周围几间都是居民自己住的，要不就空着，租给人住比例是比较少的。

采访人：那现在博厦的宗族活动、同姓活动还有没有呢？

杜志青：没。这个都有原因的，因为就博厦本身来说，它是东莞比较早有人住的地方，最早是姓张的人住在这里。博厦一直都不会抗拒异姓人来住的。以前整个博厦以张为最大姓，另外还有姓陈、姓黄、姓苏的。其实这些姓的人都已经在博厦住了很久很久，一向来说他们都比较融洽，不会刻意独立，不会搞什么张氏祭祖，我印象中真是没有的。

现在张氏在博厦这么久，已经分了很多房，有很多族。最早我们博厦有个地方叫“九房”，因为最早博厦分九户，所以有九房。早期还会说，我是第几房，他是第几房。后来慢慢姓张的人一部分留在博厦继续居住和繁衍，一部分迁了出去。之前有个民俗专家说，现在博厦这支的人已经分散了很多，世界各地都有，好像在北京有出名的学者，在广州那边也有，分得很散。而且我觉得一直以来博厦人的包容性太强了，他们不会说分宗族分得很厉害的。张氏最大的祠堂很早已经拆了，所以现在的人基本上不会保留他们家族的族谱。

前几年，我们尝试过找些群众了解博厦的历史和原先的大事件，了解一下他们有没有族谱这样东西。只有一个小小的分支有保留和更新自己的族谱，其他人真的没有。我们也觉得有一点点

麻石路（选自《东莞·城迹》）

遗憾。现在我们整个博厦社区张氏的人占的比例很小，因为大部分居民是由其他地方迁到博厦来的，博厦的原住民很少了。我们现在还没有放弃挖掘张氏的历史。城市建设得太快，旧的东西越来越少。

社区人口变化大

采访人：现在博厦是不是以民居为主，比较少工业区呢？

杜志青：是，现在绝对是。全部都撤走了，不是拆，就是停，所以现在整个博厦范围内比较大的工厂应该已经没了。之前有间饲料厂，现在都已经停了。它停了之后基本上没有大的工业、大的工厂，顶多有一点点小型的印刷厂或者其他小的加工厂。而且就宿舍来说，它们的规模也不是很大。因为我们这边没地，没大型的房地产开发，所以宿舍不是很多，商品房也不是很多。所以基本上都以独家独院的私人房为主。

采访人：博厦不同时期的户籍人口分别有多大呢？

杜志青：改革之前有农民、居民之分的，当时以博厦的农民来计，有3000多人。现在这3000多个农民就分在博厦、西隅、市桥、创业四个社区里。分出去之后，博厦剩下的属于以前的农民人口大概是1500人。现在总的户籍人口超过9000。农民现在转了城镇户口。现在莞城是没农民的，全部在2003年改革转了。

采访人：有没有外来人口呢？

杜志青：有，我们这边不算多。我们掌握的数据基本上是保持在2000多到3000的范围内。外来人口占四分之一左右。

采访人：我观察到有些人有钱之后，就去东城、南城买屋，空了的房子出租给别人，这个现象什么时候开始比较明显？

杜志青：有工厂的时候咯。80年代末90年代初开始有，那时也比较多。因为这段时间博厦自己集体建了几家工厂，开始有工人，很多外地人在这里开些小商铺满足工人的消费。农贸市场开放之后，细村那些地方多了外来人做生意，他们需要找地方住，博厦离那儿又不是太远。多数本地人一家不止一间屋，他们可能分了地、建了房之后，就有多余的屋空置，就租给别人住。而且早期博厦很靠近汽车总站和以前的一通车站。一通车站在可园那里，就是现在的博雅斋。这两间车站在附近，必须有很多旅店。那时人开始多了。莞城总站应该是从80年代开始征地。基本上对整个博厦来说，变的时候应该是80年代末。最早期的征地应该是60年代，那时就已经有了厂房，但没有这么多外来人口，只是有不少全国各地的知识分子和技术人才来这边。

采访人：听说博厦社区有很多长寿老人？

杜志青：现在我们社区最长命的应该有103岁。

采访人：90岁以上的长寿老人有多少呢？

杜志青：现在来说是越来越多的。具体有多少人，我没统计，100岁以上应该有3个，90岁以上估计几十个应该没问题。

北隅老区：拆建两难中

——何鎏堦（北隅社区原书记）

受访人：何鎏堦，北隅社区原书记，58岁
采访人：林诗雯、黄维欢
采访地点：莞城老干部活动中心
采访时间：2012年8月3日
受访者语言：广州话

北隅饮食：莞城饭店最出名

采访人： 给我们说一下以前莞城饭店的一些情况？

何鎏堦： 这个饭店呢，应该说有几十年历史的了。记得我还是小孩子的时候，它那里已经在做饭店了。如果说你想听故事的话呢，可能莞城饭店还有一点故事说的。莞城饭店现在那个位置，就是大西路、维新路的交界处。维新路呢，旧名就是“猪仔墟”，是专门卖猪仔的。应该是明朝就开始有的了，一直到民国初期可能都是卖猪仔的，所以那里就叫猪仔墟。那么现在这个莞城饭店呢，就刚好在猪仔墟的第一间的位置。这间饭店从50年代到70年代都很旺的。那时候莞城没几间饭店，它那个位置一直都是做茶楼的，那时候不是叫饭店，就叫茶楼。那个茶楼后面呢，有一条涌。那条涌现在被称为“阮涌尾”，以前呢，是通的，好像一条臭水河那样，就是等于一条大沟渠那样啦！那时候饮茶呢，是数碟的，不是像现在这样盖章的。现在饮茶，你拿了多少碟就照盖章，有个卡盖章，以前不是的。那些烧卖之类的，就由服务员捧着出来，你喜欢什么就拿什么，不是现在推车的。以前一个大蒸笼，然后一条绳子，挂在脖子那里，吊着的。我记得我小时候就是这样饮茶的。很大一个蒸笼，有差不多这个台面那么大一个笼，就吊着，不是这么大怎么要用吊着的呢？重嘛，很难捧的。然后呢，有什么蒸排骨啊、烧卖啊之类的，一笼笼在蒸笼里。你想吃的，就在那里拿，拿了吃完，碟子也就放着在那里，那么走人的时候呢，就凭碟计数。那时候有些人贪点小便宜，吃完之后呢，他就“装眼唔见”（意即趁没人发现）把碟扔到后面那条涌里，就不用付那一碟的钱了。后来那个茶楼老板就说这样怎么行的呢，一来走了那个单，二来又丢了那个碟。所以呢，有一段时间，茶楼就将全部窗封住了。封住了就没那么容易丢碟子。在那条涌里捞满了饮茶的那些碟啊。莞城饭店以前出了名的，“找数”（即结账）就丢碟子下去。

采访人：那时候除了蒸排骨、凤爪这些，还有哪些茶点呢？

何鎏堦：哈，干蒸烧卖、蒸排骨、大包。特别是大包，在以前莞城饭店出名的，现在也还有得卖，就比较贵一点。以前那些大包好大一个的，有鸭蛋黄啊，有猪肉啊，味道很好的。

采访人：现在中山路、光明市场，也有大包卖，就两块半、三块钱这样。

何鎏堦：这些就是以前的大包，是按传统的做法做的。

采访人：里面也是有鸡蛋、肥肉那些。

何鎏堦：有好多。以前饮茶就一定要点猪肉包、奶黄包、大叉烧包那些。一般呢，如果是图顶肚子呢，就吃包子，如果吃烧卖，吃三笼你都还没饱啦。那时候跟现在不同的啊，同样是吃，人要吃能顶得住肚子的呢。那时候饮茶很便宜的，几毛钱左右而已。那你同样是吃几毛钱，他如果吃烧卖，“有排”（即多久）才吃得饱？他吃大包才快饱啦。几分钱一个大包，所以它以前就叫“卖大包”。

采访人：那还有却金亭、芹菜塘，全部都是北隅这边的吧。

何鎏堦：对。现在那些建筑基本上都没有的了。说到芹菜塘啊，芹菜塘就在现在的光明路旁边。那里原来就是一个塘来的。那么当时呢，这个塘很大的，很多人在塘边种芹菜，就自种自卖的，总是在芹菜塘那里卖芹菜，生产跟销售都是在那里。后来80年代初，就将那个塘填了，由工商部门办这个市场。办市场之后那里很兴旺，当时整个莞城，如果说兴旺的市场，就数它了，就变成了芹菜塘市场。这个市场是个综合性市场来的，当时它由工商部门牵头。但是工商部门没钱。没钱怎么兴办这个市场，怎么填这个塘呢？办一个市场要启动资金的。那么它就采用这样一个办法，就找市属单位，有很多市属单位都有兴趣。于是就大家共同投资，填掉这个塘，地面做市场，二楼三楼以上建宿舍。建宿舍的资金就由这几个单位共同分摊，那些宿舍就是这些单位的宿舍。总共好像建了八栋。这样，就二楼以上，全部是职工宿舍。那个时候，你如果在单位做，分到一个宿舍，很“巴闭”（即厉害）的。那些单位建好宿舍后分给职工，职工个个都皆大欢喜。就“拈”啰，就是抽签，抽得到就有，抽不到就没有咯。到现在，那八栋宿舍都还在。

采访人：还有人住吗？

何鎏堦：有。很多人住在那里呢，都是原来那些老职工。那些年轻的都搬出去啦，因为那里出入不方便。

采访人：可能比较难停车。

何鎏堦：那里没得停车的，下面是市场。当时这个综合市场卖菜、卖百货，都有的嘛。后来农贸部分全部撤出来，就只保留服装这部分。再然后又有新的服装个体户入场。入哪里呢？就是原来的维新路。以前维新路整条街是骑楼，在那条马路两边，做临时服装批发、零售等等，整条街都是。后来说占道经营不好，就撤下了这个服装市场，统一到芹菜塘那边经营服装。

采访人：那么却金亭呢？

何鎏堦：却金亭就在史园坊那个路口，现在只剩下一个碑，原来是有一个亭的。这个碑应该是十年前由政府将它重新维修好的，现在建了一个亭“坐”在那里。那个亭是新造的，原来的是明代的，时间太久，倒了。这个却金亭呢，现在是市级文物吧，是不是省级就不知道，应该要申报到省级啦，因为这个是廉政的典范。传说明朝的时候，那个地方是一片水来的，那里有个埠头的，是通商口岸，那些商船都去到那里。一般通商口岸，那些官员会“搵食”（意即讨好处）的嘛。当时的县官呢，我都不记得名字了，帮那些外国人做了好事，不肯接受答谢，把谢礼退回给他们。后来经商的人为了表彰这个官员的廉政，就修了个却金亭，还有个碑刻在那里。却金，就是不要钱，不要送礼的意思，廉政，就要这样嘛。

采访人：现在它周围好像都是大排档什么的，对它的保护好像不是那么好。

何鎏堦：肯定啊。不然那碑现在为什么用个玻璃罩罩着？不止是因为大排档，主要是经常有人去拓印，时间长了，就把文字弄得有些花了、缺了。也有些人，手多呢，就去刮啊。它现在罩住，就没得动咯。

芹菜塘农贸市场（选自《莞城志》）

却金亭碑

老百货商场（选自《东莞·城迹》）

北隅旧建筑：拆得很严重

采访人： 我们想了解一下社区里面一些街道、建筑的故事，以及北隅人口流动的情况。关于建筑，有哪些特别值得一说的呢？

何銮堦： 建筑的故事啊……我们北隅现在那些建筑都很旧的，而且拆得很严重。如果真是要说什么故事呢，我可能讲不了。为什么呢，我本来不是北隅的人，我出生在西隅那边，工作之后才到北隅。名人的话，我就知道一个容庚。

采访人： 北隅有什么整体的大变化呢？它以前就很旺啊。

何銮堦： 如果说变化，那是变化得大咯。其实北隅有一段时间很兴旺，特别是商业，最兴旺的是北隅和西隅。城内做官的比较多，作为“衙门”用的。以前商业不是在城内的，而是在城外的。以前政府办公楼在现在西城楼广场对面那里，它后来拆了而已啦，原本是个大祠堂来的。那么北隅、西隅一直都是商业旺地来的。一个新华大（华侨大酒楼），一个旧华大，这两个地方呢……

采访人： 旧华大属于西隅还是北隅呢？

何銮堦： 属于西隅。新华大、旧华大都属西隅。当时嫁女也好，娶媳妇也好，都是在这两间酒楼摆（酒席）的，后期就多了一间宾馆。那么华大对面呢，刚好是在角落那里，就有一间运河商场。这个运河商场在70年代、80年代最旺。当时呀，下面镇区的经济没现在这么全面开花，下面镇的人想买一件漂亮的衣服都买不到。整一个东莞的商场，可以说是以运河商场为主的了。后来多了太平（即虎门）的时装城之后，它就渐渐没那么旺了。它原来不只是卖服装的，五金电器、服装、家居啊，文化方面啊，体育方面啊，全部都有，好像广州的南方大厦那样，是综合性的。

从运河商场走下去一点点，就有一个江南饭店。运河商场走下去第三间左右，当时叫作江南饭店。江南饭店似乎在90年代的拆迁中没有了，也可能在80年代后期就已经拆掉了。原来是平房，后来升高了，就做了茶楼。做了二十几年，后来拆了。走下去呢，就是整条振华路，两边的店铺都很旺的，杂七杂八什么都有。

再走下去呢，就在旨亭街街口那里，现在卖五金的那间呢，就叫“旧百货大楼”。这间旧百货大楼在70年代之前就很出名，差不多就是运河商场的前身。总之以前莞城人要买什么东西，都在旧百货大楼那里买的。那间旧百货大楼旁边呢，还有一间现在没做了，就是现在收购旧书籍的那间，当时叫作“同仁堂”，好出名的。这是解放前的叫法。后来，有了东莞国药之后当然不叫同仁堂了。东莞国药将所有药材铺都统一起来，叫“东莞国药”。但是私人做的时候叫同仁堂。我们小的时候，有头晕、感冒、发烧，都去那里。那里有个坐堂医生帮你看病，看完就在那

振华路街景

里抓药，如果你叫他们帮你煲药也是可以的。

一直走下去，比较出名一点的呢，就是那个东方红照相馆。哦，漏了一个新华书店，那个新华书店直到现在都还是新华书店。我们小时候买图书，买那些小小的图书，几分钱一本的，也是在那里买的。这个地方可以说是历史悠久。它的后面以前有个大仓库，专门将那些书存在那里。后期没这么多人去，就不用这么大了。那个仓库当时好像是属于房管所的，就租给旁边那个现在卖云吞面的。

说回头，东方红照相馆很久咯，应该比我还要大，60年都有的了，起码五十几年了，我小时候都有在那里照过相的。它之前叫作“艺苑”，艺术的艺，花苑的苑，艺苑当时就是私人的。一开始整个东莞只有它一家照相馆，没第二家了。

后来50年代公私合营了，还是叫作艺苑。到了“文化大革命”，就说“艺苑”不够好，不够新潮，就安了个名叫“东方红”，一直到现在都是叫东方红。后期，石龙、太平那些都有了照相馆，而那时候我们这里就有两间照相馆了，一间是东方红，再走下去的那间叫作“东风”，在卖五金的斜对面，现在卖海味。东风照相馆是和东方红照相馆一起改名的，原来叫“济和堂”。现在东方红的老板姓张。

采访人：北隅有没有祠堂？

何鎏堦：我们北隅没有纯粹的祠堂了。以前有祠堂，后来全部做了小学。原来有一间运河小学，最早在中国银行前面，那里原来是陈氏大宗祠来的，可能是70年代初拆了建学校。

现在新的运河小学的后面也有一个大祠堂，拆了做二中。有些是80年代拆的。敬老院当时叫“东湖书院”，以前做过私塾。这个祠堂还有，老人就在那里弹唱，北隅就剩这个了。

东湖书院老照片

敬老院老人弹唱场景

北隅改造：保留或恢复以前的都很难

采访人： 您在北隅这么久，觉得北隅的习俗有没有什么变化？

何鎏增： 北隅大部分人以做小商贩为主，所以文化层次比较低，所谓的三教九流，分得很细。以河为界，城内的人素质就比较高，那边的子女从政的比较多，城外以商业小贩比较多。

采访人：西隅、北隅的居民怎么看现在的改造，他们觉得，或者您觉得怎样改才好？

何鎏增：其实要改呢，以我的观点来看就应该保留现在的建筑，也可以有新的商业点，好像维新路、振华路是好早以前的商业地，重新规划修整，就等于说恢复以前的商业气氛。后期新建的，没有什么价值的就可以拆了，拆了做停车场、绿化都好，旧的就要保留下来，做旅游也好，做商业也好。

采访人：旨亭街那里有好多旧的民居。

何鎏增：是啊，现在都有很多民居，好多已经拆了。旧民居用大青砖砌的，门口用红粉石砌一个门框，下面的墙角又用粉石，上面是青砖，好高大。以前的王屋街、旨亭街都有很多这样的大屋。我小时候住在王屋街，就住这样的大屋，就算是现在这种天气，也不觉得热。现在的屋，有空调都觉得热。以前的大屋比较高的，有三重瓦，可以稍微隔点热。现在王屋街可能还有几间这样的旧民居。

采访人：这些民居还有什么特点，除了三重瓦、红粉石、青砖？

何鎏增：门楣会雕花，有好多都没有了，“文革”时拆了。

采访人：有什么花式？

何鎏增：有很多，花鸟虫鱼都有。瓦披下来的，有门楣，上面有一条木托住瓦，有一条横担，有雕花，很漂亮的。现在都没有了。门楣有起到承重作用的，有起到装饰作用的，主要是起到装饰作用，因为基本已经雕通了。西隅基本都没有这样的屋，拆得七七八八。之前讲道生园要保留下来，还有王氏家庙。莞城医院搬了，本来是要拆的，好多人呼吁不要拆，现在就保留下来了。王氏家庙门前有一只“狳”，在博物馆。

采访人：现在好像很多年轻人都不住在那里。

何鎏增：不要说年轻人，我也不住那里。我原来住在王屋街，现在剩我老母住，她90岁，整条王屋街就剩下一些老人，我们都搬了。只剩下老人一个又不放心，就请一个保姆看住她。我老妈请过很多个保姆，其中一个保姆就问我，为什么东莞的人都这么长命？全部是八九十岁的。我说，当然啦，年轻人都搬出去了，见到的都是八九十岁，最“后生”（即年轻）的都是七十几岁。等于说，老人都比较集中住在西隅、北隅。

采访人：年轻一辈大概什么时候搬走的？

何鋆堦：90年代。一个原因是商业转移，这边就没有什么人逛。另一个，交通不行，车进不来。振华路能进，旨亭街就不行了。当然旨亭勉强都可以，如果没有车顶住；不过小车可以，中巴就不可以。

采访人：老人们是不是自愿留下的？

何鋆堦：老人肯定想留的，好多后生叫他们去住新屋，老人家觉得好似坐牢，没有认识的人，自己又不敢出来走，怕“荡失

旨亭街

路”（即迷路）。回来这里住，老人之间有共同语言。也有些人觉得要留个老人在这边，等到拆迁赔够钱为止。

采访人： 那怎么处理北隅才好？

何銮埗： 好难说，保留原来的很难，损毁得厉害；恢复以前的也很难，新建又没有意义。好难做回以前那样的。中山路现在卖拜神的东西，那里以前叫“文房街”，专门卖文房四宝。文房街应该是清末民初的时候建起来的，解放后就不做文房四宝，改做迷信物品了，特别是“文革”后。那里后来也曾经卖服装，整条街都卖。

罗沙社区：“复活”古老的翟氏宗祠

——翟普权（罗沙社区翟氏宗祠负责人）

受访人：翟普权，罗沙社区翟氏宗祠负责人，66岁
采访人：文淑贤
采访地点：莞城老干部活动中心
采访时间：2012年8月3日
受访者语言：莞城话

春牛巷里游春牛

采访人：罗沙社区内主要有些什么街道建筑？

翟普权：罗沙前身我们叫罗村，罗村就是一条村，现在叫作罗沙大队。现在百分之九十的人搬去新村住，旧村就成为一个市场了，以前旧村那个鱼塘也成为市场。从鱼塘面前围过去，过去整个是耕田，就是现在东湖花园直接到公园交界那条路那里。罗沙的耕地就变样了，变成这个样子了。

采访人：有没有一些特色店铺或老字号？

翟普权：店铺没什么特色的。以前有，现在就没有了，剩下两株罗村石榴比较出名，不只在东莞出名，在国外都出名。

采访人：还有没有一些古老的、有些历史的建筑呢？

翟普权：历史就讲旧村的啦。以前那些是耕地，现在就作为建筑，大楼、住宅区，就这几种。如果说古建筑，旧村剩下的祠堂比较古老一点，明万历二年（1574年）时建的。有两间祠堂，一间是翟氏宗祠，一间是李氏宗祠。李氏宗祠的维护就没有翟氏宗祠做得那么好。两间都在罗沙市场的罗村路，相距百来米。翟氏的修建是以旧修旧，做回那个古老味道，李氏就比较随便，好像现在那些瓷片倒水泥的修建工程。

采访人：两间现在都存在，没有被拆掉？

翟普权：存在，没有拆掉。我们翟氏这边收集那些耕田用的农具，挂了一个牌叫作村史馆，是由莞城命名的。现在那些农具和一些古东西就在那里陈列。如果说古老呢，就是这两间祠堂比较古老一些，其中有一间屋呢，又是明末或清初的，报纸都有登载过的，那个老屋现在成了危房，没人修理。

采访人：有没有受到保护呢？

翟普权：没有保护。如果保护要花很大力气才能保护得到，因为是私人住宅，大屋嘛。而且不是一个人的，有很多户人的，

罗沙社区春牛巷水井

所以就没有改建，只剩下那间老屋在那里。

采访人：还有其他吗？应该保留的都不是很多吧？

翟普权：保留不是很多，有几口古井啦。古井每条巷都有一口，差不多那些大条巷，古井还是在使用的，春牛巷有一个。为什么起名春牛巷呢？以前农民耕田的那只牛很厉害的嘛，是完全依靠那只牛给我们耕田的。那么每年春耕做年的时候，县太爷要去那里拜一拜牛神，所以那条巷叫“春牛巷”。这就是游春牛的习俗啦。那个建筑就没有的了，只有一条巷，那条巷的巷名说明曾有那个地方在那里。那井还有，还在用的。

翟氏宗祠从明代起世代相传

采访人：那我想重点问下您刚才说的那个祠堂，能不能介绍一下它的历史？

翟普权：那个翟氏宗祠呢，始建于明万历二年。我们为什么能保存得那么好呢？一直以来，它是整个村和其他村的一个私塾，就是做学校的，解放后就成了罗沙小学。那时人越来越多，最后不够地方使用，就由大队挖一块地迁移到步步高，在步步高建小学，所以我们这间祠堂才保存得这么完整。迁移了学校以后那块地还是公家的，后来给回我们生产队作为办公场所，集会议室、办公室、娱乐室于一体。一间祠堂那么大，一个生产队用完了，作为仓库什么的都行，所以就保存得比较完整一些。有那么一段时间，在集体的分田到户，给人家承包之后（很多东西）就消失了。办公什么的都没有啦，农具那些都分给私人处理啦，那时已经丢空了。丢空了就没人回去了，那么日久失修就很多地方漏水、起青苔，那些就很残旧啦。等到2004年，那时还是翟俊做队长，他跟那些干部提议重修祠堂，如果不重修就塌下来了。经过干部的商量，又找代表开过村民大会，大家一致赞成，2004年10月左右就开始重修了，一直搞到2005年就基本重修好了，2006年正式投入使用开放了。平时白天一直都开放的，除非工作人员要出差，没人在那边看管才关门。

采访人：能够建祠堂，你们家族应该很大吧？

翟普权：是啊，祖公是宋朝时过来的，刚过来人口不多当然没能力建祠堂啦，一直要到明代才建祠堂。

采访人：那您知不知道当时建这个祠堂，是全部由这个族的人出钱还是……

翟普权：应该是，由我们的祖公第十四代传人翟守谦倡建，翟氏族人共同出钱建的，好像从始建到竣工用了不知道五年还是七年的时间，以前什么都是人力，抬抬担担，一土一木都是人工搞成的。现在不同了，机器整车整车地运。那时建一个祠堂还是很困难的。

采访人：那祠堂建成以后有什么功能呢？

翟普权：就是供自己族人聚会啦，娱乐啦，读书啦。

采访人：读书的话是只给自己的族人去吗？

翟普权：不是。就我知道的，解放前夕，私塾是外村人都能读的，一条村成立一间私塾教人读书，不是独有本村兄弟读，还要吸收一些外来的学子，好像我知道的东城路岗贝路那边，就是靠近我们村的，隔里邻舍的也可以来读书。至于祠堂有没有收人家费用呢？那个可能不会收费，只是交一些钱，以前都是多少斗谷或者多少担谷读一年书的，学子就交给老师那些。

采访人：您那时有在那里读过吗？

翟普权：我没有，我们这些解放仔，就是听那些老年人说啦。我们读小学就在这里读过，那时来读书的也是多来自附近，莞城有人，东城路也有人，岗贝附近那些村都来这里读书。后来越做越多人，容纳不了那么多人，整个大队就再建了一间小学。由于翟氏宗祠一直以来做学校久了，所以新的小学建好之后还是按照我们翟族的（办法进行），很重视文化。

采访人：那时祠堂有没有弄一些聚会拜神的仪式呢？

翟普权：以前有，现在也是有的。现在呢就没什么聚会不聚会的了，初一、十五有几个比较诚心的就回来上一炷香、摆一个塔香那样啦，我们重修之后，毕竟有一些宗族色彩，有我们宗族祖上的神位、祖先的神位坐上去，过年过节、初一、十五就有些人供奉一下。活动就没什么大型活动，每年族内村内添丁，要在祠堂开灯，就是在祠堂挂一盏灯。

采访人：能不能详细讲讲你们习俗的仪式是怎样的？

翟普权：现在主要就是开灯，还有清明重九拜祭。开灯首先是过年时，哪户人有添丁了，就在祠堂开灯，在旧历十二月就要报名，有多少个人，祠堂就买一盏大灯，有没有人祠堂都要买一盏大灯。多人就兴旺些。买一盏灯现在要300多块的。那么就在这里点，点到十六就结灯。每年初二就开灯，点到十六那天早上结灯。

采访人：要不要煮什么特别的东西吃？

翟普权：不用的，以前就要，现在没有了。一个人开灯就叫一个灯头，两个人开灯就两个灯头，三个人就是三个灯头，十个人就是十个灯头一起来。以前听老人家说，每个灯头要出一围酒给那些“功名老大”吃，你十个就出十围咯，两个就出两围咯。他那帮人很少的嘛，以前哪有现在那么多人，他又不知道多大年纪才算老人家。我们现在有个年限，以前应该也有个年限，现在就是60岁退休为年限，以前那个年限我就不清楚了，现在节省了，不用摆酒给老人家吃了。什么叫功名呢？有了仕途的，好像现在大学名校毕业的那些就叫功名。清明祭祖，祠堂又组织群众拜一拜伯公，跟现在的私人习俗一样，没什么区别，人多一点就是了。重阳节也是一样，只是仪式比较大一些，我们翟族的人一起去拜祭，去到黄江那里，我们最早的伯公、一世祖、二世祖、三世祖、四世祖都在黄江，以前不是全部在黄江，很分散，在南城也有，大岭山那边也有，那些地方近城区的山头全部被推了，所以现在又搬到黄江水库那边，那边我们以前翟氏有个山头的，当地人称为“翟家山”，是私人山来的，现在没啦，通通是政府的土地。我们仍然有一块地保存在那里，那些坟墓我们现在全部迁到那里，所以大族人去那边拜祭，每年在那边拜祭都有一千多人的。

采访人：那还有没有族谱呢？

翟普权：有啊，我们弄好了族谱。一直从我们伯公南下，来到我们这边的一世祖开始至今，都一直保留。当时有一个远房兄弟在惠阳那边，他就保存了一本族谱。其他全部丢了，没有一条村有的了，但他那条村就没有丢掉，所以由他那条村续下来。上次续族谱是从1920年续的，到现在。你看，我们经过这么多次变革，什么都弄清（光）了，尤其是我们这些地区什么都没得保留。在他们那些偏远山区，才保留得到。所以由他那里可以续下来比较完整的。因为是由入粤的一世祖来到东莞，一直存到现在都有，所以就觉得挺完整的了。

重修祠堂困难不少

采访人：破“四旧”的时候有没有破坏宗祠？

翟普权：破“四旧”那时当然有破坏啦。以前宗祠里面好像现在这样，有祖先神位，不单只是宗祠，每家每户自己屋内有个神阁，那个神阁就放自己阿公阿伯的神主牌。那个神主牌大概是十公分宽，三十几公分高，我们现在做神主牌跟以前是不同的了，现在简化了。以前神主牌一个壳，中心一条签塞进去，那条签写明这个叫谁，他生有多少儿子，很明确的。现在就没有了，以前我们私人屋里就有那些。每家都有的，你阿公生了多少儿子，那些儿子又生了多少孙子，死了一个就刻上去一个。我们伯公死了，生了两个儿子，那就刻两个儿子上去咯。他那两个儿子有了子孙，死了就又由他的子孙给他做一个，一路续下来。和现在的族谱一样，只是族谱是用一本书来记，而神主牌是用一个木头雕记。

我们这间祠堂有三个命名：第一个，这间祠堂是属什么的？是属“翟氏宗祠”。第二个是那个屏风写着“玉堂金马”，有一个牌匾在那里，牌匾下面有一副对联的。第三个是那间宗堂，叫“世德堂”。再到后面那个，就写“再修楼房”。祠堂就有这些。其他就没什么摆设在那里。以前我不知道，现在就有农具和一些村史文物放在那里。其他除“四旧”全部毁坏啦，哪些属于“四旧”？神主牌是“四旧”，牌匾是“翟氏宗祠”，这带有宗族色彩，不能容纳到大集体社会。那个雕刻啊，那些梁雕、壁画、楹联，也是叫作“封建色彩”，又弄掉了，通通都是在除“四旧”的时候清完了。

采访人：那破坏了以后什么时候重新修理的？

翟普权：2004年开始，可以申请维修古迹才敢出来整的。如果不是的话又是不能做的。哪个领导敢承担这个责任啊？这个是集体在做的，就算不用公家的钱，私人投资，那个牵头者也有责任的。改革开放以后，才开始保留文物，维护文物，才敢重修，这样一步步走来。那个年代我们最早维修文物。

采访人：重修的时候有没有什么困难呢？

翟普权：有啊，重修引起很大争议。首先是取材方面，取

翟氏宗祠（选自《东莞·城迹》）

材方面以旧修旧，不要用新砖，用新砖就跟那个材质不同的了，新的规格，好像现在水泥到瓦贝，不是“几好”（意即很好）的嘛。那么打出方案来之后呢，要多少钱？毕竟有那么多人，各持己见，不能通通一致的。我们那时就在本城到处搜集旧青砖，后来还是有些缺失，因为有些拆了的墙又建回去了嘛。有很多社员就说，要那么多钱，买那些旧砖回来建。有些头脑比较古板的人，他是不赞成的。人家的旧砖都不知道干不干净呢，就那样说。很多东西他不明白，毕竟他不是行内人。我做建筑出身，就知道那些旧砖比新砖还好得多，因为新砖是内窑砖，就算是外窑砖都没有以前的工做得那么足那么够的。那些泥是散的，用机器压的，人家以前那些泥用牛踩，踩到全部起浆才打的。很多社员吵起来，我说新砖未必好过旧砖，旧砖肯定好。我去莞城到处找砖，那些好的我才买回来，不好的我不要。当时莞城很多地方拆建嘛，我到处去找，见到哪面墙好的，我说以后拆了这面给我，我买下来。去了很多地方挑砖，旨亭街买过，博厦这边买过，到处收拾，然后修补那里。社员很多意见，后来施工队买一车新砖

李氏宗祠（选自《莞城志》）

回来。结果去到哪里买呢？去到龙门买一车新砖，回来放在那里给大家看看，还是我买的旧砖好，结果那车砖就不要了，作废。所以后来那些人就没再出声。好多困难的！这些人又说这样，那些人又说那样，那些人又说心目中那间祠堂不是那样摆布的，拆了的那面墙不是在那里的，哪里还有一条柱的。以前每一个建筑很有尺寸的，讲究“三寸一宿，九寸一度”，人家是讲宿、度，你不讲宿、度，跟那些砖瓦各方面不配合不行的嘛。你的房间有多大，放什么家私，好像一张床，人家两米大床，你做到一米八就不合适吧。有很大困难，很大压力的。

采访人：那后来有没有得到政府的支持呢？

翟普权：那时我们就没叫政府支持，我们是族人举办的。政府支持我们搞这个村史馆，给我们命名，挂个牌给我们。

采访人：现在有没有给钱维修？日常维护的？

翟普权：没有，你要申请到文物保护才有的。今年申请文物保护单位，还没批下来。我还填过一次资料的，但还没发那个牌下来。莞城都很重视，翟氏宗祠历史比较早，而且是莞城特有的宗祠，所以去年我们就争取了一笔费用回来，建了一块碑，现在我们正在争取申请国家级文物保护单位。

第二辑　个人生活

个性让城市更具魅力，更具包容性。无论是为“大我”的生活还是为“小我”的生活奋斗，他们都视东莞为安身之所，他们对东莞，从无二心。

要了解一座城市的个性，没有别的办法，唯有从一个一个的人入手。只有个人、个性才能破解宏大的虚幻，只有具体的个人生活才能抵抗口号的欺骗。受访人包括文化记录者、媒体工作者、企业家、公务员、公益人士、设计师、退休人士、中学老师、文学爱好者、艺术家、弱势人士等，他们来自不同的行当。我们听到的，并非都是一味说好的声音。他们也有怨言，但怨言不多，他们安于东莞的生活。东莞能成就他们的事业，东莞能容纳他们的个性。

醉红颜与巨野子木，投入大量的精力，遍访莞城，合著《东莞•城迹》。他们创下平民书写的奇迹，为莞城留存珍贵文献。“东莞妈妈”陈丽芬，打造新莞人娱乐平台“金韵台”，提升东莞人文声誉，为离乡别井的新莞人提供一份家的感觉。公益者，尽其所能，帮助有需要人士。莞中老师，成就感来自学生。艺术家罗锐和，从不觉得东莞与个人生活无关，个人生活对城市发展亦须承担责任。东莞是能让平民也能创造奇迹的城市。企业家梁锦枝说，整个东莞都知道，我是卖咸鱼的。内地厂长袁斌90年代阴差阳错被“卖猪仔”到东莞，就此为“第一桶金”不断创出人生高峰。傅娟打造“文化周末”品牌，提升东莞城市教养，为东莞洗脱“文化沙漠”形象做出贡献。

无论是为“大我”的生活还是为“小我”的生活奋斗，他们都视东莞为安身之所，他们对东莞，从无二心。个性让城市更具魅力，更具包容性，这样的城市，经得起任何风浪，所以，它改革走在前面，产业升级走在前面，文化反省走在前面。

（胡传吉）

记录莞城的最佳拍档

——醉红颜（李翠薇，室内设计师）
巨野子木（李培军，中学语文老师）

受访人：醉红颜（李翠薇，室内设计师，42岁）、巨野子木（李培军，中学语文老师，43岁），合著《东莞·城迹》
采访人：丘梓娴、黄怡辛、丁文俊
采访地点：东莞县博物馆旧址
采访时间：2012年7月13日下午
受访者语言：广州话（醉红颜）、普通话（巨野子木）

传统文化南方保留得更好一点

采访人：子木老师是山东人，在东莞待了多少年？

巨野子木：今年是第五年。

采访人：有没有发现东莞和山东两个地方的一些差异？

巨野子木：山东在北，东莞在南，都是沿海地区，但东莞的经济要更发达一些，要不我也不会到这里来了，是不是？

采访人：您一般选择哪些题材写作？

巨野子木：我现在写作主要是文史类、记叙性的散文，类似游记的性质，记录本土的东西。我们老城、村寨的民风民俗、传统文化、古代建筑、宗教、祠堂等，这些相关的都会写进去。

采访人：红颜老师您是东莞人，有没有感受特别深刻的本土文化?

醉红颜：咱们莞城的建筑文化是非常有底蕴的，很有岭南特色。骑楼、祠堂，还有私人的宅子，比如说道生园，我们很幸运地拍到了它拆到一半时的照片。当时我还跟子木老师交流这个问题，他说："我们山东有蕴含两千年文化历史的建筑，但是你们东莞没有。"我说："但是你们没有我们这种民国特色的建筑，比如一些很漂亮的灰塑。"这是我们东莞人都值得骄傲、自豪的地方。但是我觉得东莞的文化是来源于中原文化的。

巨野子木：比方说"麒麟"。我们的文章在阳光网发表的时候叫《麒麟合创》，为什么叫"麒麟"呢？因为麒麟的发源地是我们老家——山东巨野，我们县叫麟州，它是孔子获麟的地方。传说有个农民在犁地的时候犁出一只怪兽，但是不认识它，就胡乱把它弄死了。孔子一看："哎呀，这不是天降祥麟吗？"麒麟是吉祥的征兆，结果被这些农民给打死了。孔子很伤心，获麟而绝笔，意思是他从此以后不再写文章了。从中得知，我们那里就

道生园

是麒麟的发源地。从山东来到东莞之后，我们去采访樟木头的麒麟舞比赛，然后我就觉得奇怪——我们山东现在已经没有了，这里怎么还有呢？所以说，这就是麒麟文化的一种南迁，显示着文化的活力。虽然发源于山东，但是现在保留得最好的文化形式在东莞。这还牵涉到一件文物，就是莞城城外牛骨巷25号，有一个明代建筑叫王氏家庙，里面有一块麒麟照壁。东莞人有一句俗话叫“狼过王氏家庙那只犭贪”（东莞话，意即比王氏家庙那只名为“犭贪”的猛兽还贪婪）。“犭贪”字是东莞人造的。当时很多莞城人认为“犭贪”是莞城独有的，但是后来我们发现在东城的柏洲边还有一个“犭贪”的文物，据说是皇帝赏赐的。我们又发现孔府里面的照壁也有这个图案，到网上一搜，又发现河南的、江苏的……很多地方都有，一是孔庙，二是官衙、官府，都有这样的照壁。那么我们就发现这个图案实际是全国都有的，并不是东莞特有。但是这句话“狼过王氏家庙那只犭贪”是东莞特有的。我写过一篇文章叫《犭贪照壁文化对比》，收录在《东莞·城迹》里面。

采访人：中原和东莞隔了那么远，在民俗方面有没有相似的地方？

巨野子木：大的节日很多都是相同的，但具体的一些小食啊，一些祭祀用品啊，肯定是会不同的。比方说端午节，南方就很隆重，有龙舟赛，搞得红红火火的，每个村里都有，还有吃艾角（即粉果），吃粽子，以及相应的一些活动。而在北方基本只留下这样一个概念了，就是“端午节我要吃粽子”，偶尔还会在门口插一些艾草，其他的就没有了。实际上，我感觉很多传统文化南方保留得更好一些。

采访人：那两位老师觉得其中最主要的原因是什么？

巨野子木：我觉得有政治、经济和交通等各方面的原因。从政治方面来说，中原地区朝代更迭比较明显，波及得最快，所以每一次更朝换代，一般都会造成一次对建筑的破坏。拿我们老家山东来说，像老城那样的地方根本就没有了。第二是经济的发展，中原地区多以平原为主，像我们那里就是华北平原，一马平川，所以在城市改革方面比较彻底，破坏最严重。听老一辈人讲，我们小时候有县城，有四个城门，但现在都荡然无存了。再一个就是交通，中原地区交通太发达了，但是东莞从改革开放之后才有了大的变化和起色，在这之前一般都是靠小艇摆渡走出去。这种相对比较闭塞的环境，对文物的保护起到一个非常好的作用。

闯进东莞文化的百花园

采访人：我们对两位老师的《东莞·城迹》很有兴趣，为什么会写这本书？是不是个人的选择？

巨野子木：其实刚开始没有想要写这个东西。我是2007年过来东莞的，红颜就是老莞人了。因为我是老师，可以去应聘私立学校，我做一年就换一个城市，感觉很好玩，能够接触不同的文化类型。来到东莞之后，在中心广场看到高楼大厦，感觉它和其他城市没什么区别。所以我想也就待一年，最多两年，工资待遇不高我就走人了。我每到一个地方就很喜欢走访民间，看一看，走一走，写一写。在对东莞没有太多好印象的时候我认识了红颜。

醉红颜：当时在全国有一个聊天室，叫“七风诗社”。我14岁已经开始学古体诗，那时候就很喜欢到里面去玩。那里面的人都不聊天，谁“哔”的一下打一首诗出来，或者谁打一个上联出来，咱们就对对联，你和我的诗，我回你的诗。有一天，一个网友询问关于平仄的问题，大家都认为平仄是一个很难去把握的东西。但是有一个人就说：“按照我们的方言，然后用‘do re mi

容庚故居，旨亭街八巷（选自《东莞·城迹》）

fa so’的谱，就可以……”我一看，这个方法似曾相识。我就问那个人：“你是东莞的吗？”他说：“是。”我说：“你是杨宝霖老师的学生？”他说：“是。”因为这种方法只有杨宝霖老师才知道，这个东西是他发明的。那位网友叫“难得糊涂”，组织了一个东莞网友的聚会。然后我就报名啦，子木也报名了。聚会开始前三个小时他就已经到场了，就打电话约我出来。出来之后去哪里呢？我说：“有没有兴趣到老街走一走？”他说：“啊！你怎么知道我喜欢这个？”然后我就把他带到城外去。城外是咱们莞城的一个中心地带，就是振华路那里。他一看到骑楼就激动得不得了。然后我再把他带进小巷里面，他更激动了。我是莞城人，从小就在旨亭街长大，我给他介绍：这个是旨亭街，这里有容庚故居，那里有矮门，那个叫“趟栊”……他就觉得很有意思。然后我们回到振华路、大西路那边，看到骑楼上的山花每一个都不相同，但是整体来说它又很统一，很美。虽然我12岁已经搬出老街了，但没有灵感的时候，我就喜欢开车回去，走完了我就感觉灵感来了。

巨野子木：我当天就回去写了一个七八千字的《夜游旧莞

城》，这篇文章收录在《东莞印象》里面。东莞的本土文化推开了一扇门，我忽然就闯进了东莞传统文化的一个百花园，感到很有激情。我就觉得除此之外还有很多的东西可以挖掘，并且非常有意义。原来东莞是很有文化的，我要去认识东莞。从那时候开始，每个周末我都去老街，有时候我自己走，有时候和杨宝霖老师一块走。这一走就走了两年。在两年之后我就想要传播东莞文化，但我怎么去宣传？我们两个最早的想法就是写小说，写散文。我们采访了一些人，创作了一些小说，比方说《对岸，夕阳如血》，以东莞人偷渡香港为背景，把他们的真实故事编入到我们的小说中来。后来我们又发现自梳女。自梳女主要在佛山、顺德，东莞居然也有，并且我们还找到了东莞自梳女的房子——平定里18号。自梳女在东莞是怎么生存的呢？我们就去采访，找了很多人，又找相关的民国时期的资料，查完之后我们创作了第二部中篇小说，叫《青丝，为谁梳起》。但是这种方式太慢了，小说承载的本土元素还是太少了。在这种情况下，我们在2010年8月自费出版了第一本书，叫《东莞印象》。其实在出这之前我还写了一部长篇小说，没有写完，叫《莞香》，就是以她（指醉红颜）为原型。写了十几万字的时候，我们就产生了分歧。

醉红颜：他写到一个女老师，她的衣着打扮比较土，为人严谨。他就说这老师穿着一双自己纳鞋底的鞋，但是我们东莞这边没有纳鞋底的呀。

巨野子木：我刚到东莞一两年的时候，对东莞的本土文化了解很少，资料非常匮乏，我只能用山东的经验来写，根据我小时候的事情来编造。我们发生了这样那样的争吵，小说就搁置了。后来我们转向了文史类的散文，开始用行走、发现、创作、拍照的方式来记录，现在有差不多10万张照片。每个周末都这样，先去行走，去采访，然后去找资料，最后才创作。

趟栊门

采访人：你们是最佳拍档！

醉红颜：是呀，很多时候我不觉得这件东西有文化，而他就很有文化触觉，因为他觉得新奇，感觉跟他老家那里的不一样。

采访人：因为您整天在这里都没有感觉了。

醉红颜：他是外地人，一看，咦？这个东西跟我们那里的不同喔。但是他不知道这是什么，例如“趟栊”。

巨野子木：就是古代的防盗门，上面因为有十三条木头排在一起，木门外还有一个用圆木做的栅栏。

采访人：东莞哪里比较多“趟栊”？

醉红颜：旧街都有，例如振华路、旨亭街。

让更多人理解我们

采访人：子木老师刚从外地过来的时候，接触的都是对您而言的外省人，您对东莞人的印象如何？

巨野子木：2007年我来的时候，莞城的街坊对我还是比较小心、警惕的，甚至怀疑我。早期我经常被别人赶，不让我拍照，

风筝店

也不让我看。我曾经在街道里面被人用扫帚往外扫。我在中山路走的时候，发现一个老人家赤膊躺在大树根的椅子上，很有意境。我想将他拍下来，但旁边一个年轻人骂我，不让我拍，最后我也没拍成，很遗憾。在生活中很容易遇到这种情况。

采访人：现在情况有没有发生改变？

醉红颜：现在我们走在老街上，很多人都认识我们，他们都读我们的文章。就是经过无数次的采访之后，这次采访这个，下次采访那个，他们渐渐认识了，我们一走进去，他们就说："这是红颜，这是子木。"

采访人：在具体的采访过程中，有没有遇到比较有意思的人？

巨野子木：有意思的人物有两个。在一条叫作阮涌尾的巷子里有一个“追风筝的人”，我们见到他的时候他已经83岁了。他年轻时候非常喜欢风筝，但是后来上完学参加工作，没办法从事自己爱好的事情。60岁退休之后，他马上自己开了一家风筝店，从外面进货回来，自己制作，一下子做了20多年。最让我感动的就是这种梦想不灭的精神，坚持到60岁还能延续二三十年，甚至可能到他一生结束。这种人体现的正是东莞人的精神，让我非常震撼。

采访人：您觉得东莞人的精神还有哪些？

巨野子木：东莞人非常闲适，悠游自在，从容不迫，过着一种慢生活。就像周容老师，他的家庭比较特殊。

醉红颜：他写书法，写对联，写得很好。我们去到他那里的时候，他就拿一个本子出来，上面是蝇头小楷，是他的一个伙计以前写的，让顾客选择，你喜欢哪个对联，他就写成大字。他的妻子不知道因为什么截肢了，夫妻俩都已经七八十岁了。他们原来住在光明市场那边的宿舍，大概是六楼，每天走楼梯下来，走到维新路开店。这个店根本不能保障他们的生活，挣不到什么钱，况且他们还要养活一个智力有点问题的儿子，儿子也有40多岁了。周容有退休金，他老婆没有，一家三口就靠很微薄的收入生活。其实他知道一个东莞几乎没人知道的风俗习惯——结婚的时候，男家要上头，女孩子在家待嫁；上头之前，一群兄弟、伴郎都要“搭棚”。现在几乎没有人做了。我们去采访他的时候，他拿了陶制的宝塔，里面装有米、木筷子，搭起棚，还点了油灯，这叫作“搭棚”。他的生活不是很宽裕，但是他的精神世界很富足，一天到晚都笑呵呵的。

巨野子木：他还知道一个风俗就是“画宝塔”。

醉红颜：“宝塔”其实是一个陶制的器皿，上面画着花。

大概有三种时候需要用“宝塔”——入伙、结婚、八月初一探中秋。不同时候用不同的“宝塔”，比如入伙的宝塔写着“入伙大吉”“进伙大吉”“招财进宝”这些字，结婚宝塔一般有红双喜……我曾经写过一篇文章，叫《八月初一，送中秋》，网上有。外婆会在八月初一那天，头梳得很漂亮，然后就挑着箩去女儿那里，因为女儿嫁人了。一个箩里面有婴儿的衣服等东西，另外一个箩就装着“宝塔”，里面放着芋头、花生、饼、松糕，还有水果。如果第一年生了个儿子，外婆就要挑很多东西过去女儿的婆家，这叫“探中秋”，就是将婴儿一年四季的衣服拿过去。“宝塔”在东莞人心目中是个很好的东西。“宝”，就是招财进宝，这样的东西很宝贵。

巨野子木：我们从东莞百姓的手艺当中发现背后的风俗，又了解到风俗背后的故事与渊源，梳理后写成了文章。我们也辛苦了几年，很多资料都是我们的原创。

采访人：红颜老师从小在这里长大，对东莞有什么印象？

醉红颜：东莞人在我的印象中其实是很普通的，包括我自己也是一个很普通的东莞人。很多媒体都说我们东莞人很内敛，其实我觉得这句话是对我们的误解。我们不是内敛，我们不想低调，只是因为我们表达不出想要表达的东西。到我这个年纪，像我这么流利地说普通话的人真不多。一般过来采访的人都是说普通话的，虽然他们也能听懂一些广东话，但我们用普通话表达始终没有那么流畅。像子木去采访的时候，老人家和他叽里呱啦地说了一大串，子木最后没听懂，人家就会用方言责怪他，意思就是说“这样都不明白”。其实一直以来，东莞人不排斥外来人，反而很友好。我小时候，有“大军佬”住在后面，就是南下的解放军干部。我们不排斥他们，反而会问一下有什么需要帮忙的，左邻右里的关系非常好。

采访人：这是不是时代的关系？80年代之后呢？

醉红颜：改革开放之后从外省过来的人素质比较低。我是1970年出生的，八几年的时候就是十几岁，那时候人们觉得“捞佬”（一些广东人对外省人的一种蔑称）身上有一股“捞佬味”。

采访人：还因为语言问题？

醉红颜：语言问题和生活习惯。八几年的时候，有个朋友请了一个杭州一带的保姆，他说：“那个保姆很坏的，每天将米汤沥出来自己喝了，然后才煮饭给我吃，饭里怎会有油水呀？”那时候我们每个人都附和：“是呀，这个人很坏的。”后来我自己去杭州旅游、公干，才发现原来那边的生活习惯就是这样的，吃饭前喝米汤。生活习惯有那么多的不同，彼此不了解，所以就有很多的误会。我们研究和推广东莞的本土文化，就是让大家知道我们的生活习惯，让他们理解我们，最好让外地人也写一些他们的东西出来。

很多地方都是爬进去的

采访人：你们写的《东莞·城迹》非常细致！

巨野子木：我们很多地方都是爬进去看的。举个例子，王氏家庙，我们看的时候它已经被围起来，很残破不堪了。那墙有两米多高，我在废墟上慢慢爬过去，她在外面把风。到了墙上之后我就看到第三进的房顶都是原来的，梁架各方面都没动，但是已经裸露出来了，檐下各方面什么都有，生了很多杂草。王氏家庙分为三进，第一进做过莞城中医院，牛骨巷25号，主要是在上面扎了棚，用瓷砖镶了墙，大结构没有动，门口还有早期的柱子，排梁还都有。我自己一个人在里面转了一圈就爬出来了。

采访人：有没有比较惊险的经历？

王氏家庙

醉红颜：有一次我们去平定里，子木老师就跑到老房子那边去，说："我进去拍几张照片，你就站在巷口这里等我一下。"不一会儿就来了三个小青年，盯着我的包包。我很害怕，马上拿出电话来打给子木，但是在老街里面没有信号。我急中生智对着电话说："喂，子木你好了没有，我们这里主人要回来啦。"我很大声地讲电话，刚好惊动了隔壁的一个老太太，她正在厨房里面，打开窗户就伸出头来说："你是做什么的，是不是拆迁办的呀？""是呀是呀，我是拆迁办的。"我指着三个小青年问那个老太太："他们是不是住在这里的？"老太太说："不是呀。"他们就说："我们是来拍照的。"接着拿出手机来胡乱拍了一下就走了。

巨野子木：老城那边人越来越少，治安确实是有点问题。

醉红颜：新涌的故事最好笑。我们走到沿河路，子木老师又说："你在这里等我一下，我去那个路口拍张照就回来。"我那天出来的时候带了一把大伞，就拄着大伞等他，突然发现今天的回头率怎么那么高呀，我很高兴，肯定是因为我今天穿得漂亮。等了好久也不见他回来，我就挪了一下位置，一挪就不得了，发现身后是精神病院，路人就很奇怪地看着我。

巨野子木：以为她是精神病院跑出来的。

采访人：现在医院搬迁了吗？

醉红颜：没有，现在还是心理咨询医院。

还会继续记录东莞本土文史

采访人：以后对莞城文化还有写作计划吗？

巨野子木：在文化中心的指导下，我们可能还会细化，进一步深挖。因为这本书第一次出的时候比较仓促，里面有很多遗憾存在，我们还会完善它，丰富它，提高一下。同时有些文章也会抽出来。还有一个想法就是在莞城那里再写一章。

采访人：当时您在汕头待了一年就走了，那在东莞打算待多久？

巨野子木：至今五年了，现在又想能不能待十年。我想走遍东莞，争取一年一本书，有政府支持就更好，没有的话我们自己想办法。我们还会在东莞本土文史方面继续把这件事情做下去。

乡情乡风的教育要加强

——卢晓羽（东莞莞城作协秘书长）

受访人：卢晓羽，东莞莞城作协秘书长，40岁
采访人：谢冠琦、刘玲
采访地点：东莞市人民公园博物馆
采访时间：2012年7月13日
受访者语言：东莞话

千角灯的看护者

采访人： 据资料所知，您2009年成为千角灯的看护者，您是怎样获得这个看护者身份的呢？

卢晓羽： 因为当时我是负责这个博物图书馆的，不是馆长，总之就是负责。《东莞时报》有一个记者过来采访这盏千角灯，我就跟她讲述这盏灯的历史渊源等各方面，在她那儿就有了“看护者”这个说法。其实我不是看护，是政府看护的，我只不过是负责这工作。

采访人： 那在看护过程中，有没有哪些方面要特别注意的？

卢晓羽： 有的。第一是维修保养方面，维修保养其实没有什

工艺瑰宝千角灯（摄影：陈锦波）

么，因为放在这里也没有日晒雨淋。主要就是有人来参观的时候叫他们眼看手勿动。还有那些灯泡如果有坏的，有时不亮，就换一下灯泡这样。基本上我们都不敢随便动，因为这个东西有什么事都要找专业人士。2004年到现在，八年时间了，千角灯就是这样放着，有些东西就开始旧了。第二就是展示方面，时常有人过来参观，我另外还有工作，不是在这里上班的。有学校来预约啊，比如建设小学今日下午来参观，那我到时就过来这里开门。开门之后，讲解员就跟他们讲简单的历史。看完之后，那就OK了。

采访人：参观的人多不多呢？

卢晓羽：算很多的，千角灯在莞城来讲，说家喻户晓是不过分的。

采访人：可不可以简单地跟我们讲一下千角灯的历史？

卢晓羽：可以，千角灯源于一个美丽的传说。这个传说如果让历史学家去考证，可能考证不了。传说在两宋间，一个皇姑逃难到东莞落户成家，等于嫁来东莞这样。那她来东莞后，时常回忆起在皇宫每年元宵节有花灯啊。好像这个千角灯就是皇宫里面的灯，因为只有皇宫这么大的地方才能容纳进这么大一盏灯，家庭是容纳不了的。她凭着回忆，请一些工匠，自己也做，把宫灯、灯芯做成。她逃难的时候带了24条灯带，是她从皇宫里拿出来的。24条代表二十四孝的故事。当时的灯带很有讲究，全部是用湘绣双面绣，现在我们就很简单，画上去。做好之后就摆到她丈夫家族的祠堂，轰动一时啊，成为当时的一段佳话，说“这种手艺不得了，做出来的灯雍容华贵，非常好看”。这个故事就一直传到解放后。

解放后呢，我们莞城工艺厂有两个老师傅也做了一盏这样的灯，一个叫尹全，一个叫张佛。他们可能也是师傅的师傅这样传下来的，没有图纸，凭记忆纸扎工艺，就那样做了。1957年做好后，就在广州文化公园展览，轰动一时。各大报纸都登了，从那个时候起就正式引起大众的注意，以前只是停留在莞城的，因为那时的宣传工具又不发达。去了省城展览，知名度自然就大了。千角灯是一种象征，一种寓意百子千孙的吉祥物。自从那次以后，好像是展了两次，之后就没做了。从60年代一直到2002年，这段时间都是沉寂的，很多人都不知道了，这两个师傅都很老，已经80岁了。2002年，莞城挖掘“非遗”时，知道有这样的手艺，就请回这两个老人。在盛情邀请之下，2004年他们两个就重新出山，只凭记忆，带领一班徒子徒孙就在这个地方（东莞市人民公园博物馆）做。当时这里就是一个平台，他们用了七个月的时间纯手工扎纸做成这盏千角灯。2005年拿去沈阳参展，获得了“中华第一灯”的称号和全国山花奖金奖。2006年，千角灯被列入第一批国家“非遗”。

采访人：好像《文化周末》报社门口也有一盏？

卢晓羽：那盏可以说是一半手工，一半工艺，是张佛跟勤上灯饰厂合作的。而博物馆这盏是纯手工的，文化含量和技术含量比那盏要高。

采访人：您应该有和张佛老人接触过，感觉他是一个怎样的人呢？

卢晓羽：我采访过他，感觉他是一个很实干的人，真的是工匠型的，很有奉献精神。政府叫他来做灯，他都没有要钱，没有说“你要给我几十万，我才做”，而且他年纪又这么大了，仍旧一腔热情，为了传承这种手艺，带着一班徒孙做。

每一代对这里都有认同感

采访人：您是不是土生土长的莞城人呢？

卢晓羽：是的。我很少离开莞城，小学、初中都在这里，只在读大学的时候离开过三年，在广外读书。读完书又回来工作，一直在这里。

采访人：那您大学的专业是什么？

卢晓羽：商务英语。我回来首先去东莞寮步做了两年小学英语老师，后来在城区的《文化周末》报社做记者、编辑，做了很多年，然后就来文化服务中心当办公室主任，从2000年到现在，12年了。

采访人：那么假设一个问题，如果您有机会离开莞城去其他镇区或者地方发展，您会不会离开呢？

卢晓羽：会考虑的，但不舍得的原因有很多，有子女、家庭啊，还有本身对这个地方很有认同感，很有感情，真的是土生土长。用一句话来讲：已经住惯了。

采访人：您小学是在哪里读的？有没有在读小学期间特别印

象深刻的事啊，或者关系很好的同学、老师？

卢晓羽： 阮涌小学。那个旧的阮涌小学，给我留下了很深的印象，至今为止，差不多有110年的历史了。非常简陋破旧的课室，那些泥地坑坑洼洼，桌子基本上是没有平的，全部凹凹凸凸的。你要写字，要带上一块板承着才可以写，否则写不了字的。哪有风扇啊，都是平瓦房，一下雨，上面就落下那些灰尘啊，那些瓦背啊，几十年的，全部这样掉下来，好像是撒粉那样。但是呢，那些老师很好，具体什么老师就忘记了，反正就觉得老师很用心教，很耐心，很有爱心。我们那届就出了很多人才，所谓的出人才，就是上莞中，当时差不多有十个人，很难得的。我高中在莞中读，有一次获得省的一个文学二等奖，当时在莞中来说是史无前例的，应该是1986年，印象很深刻。

采访人： 那在您眼中，莞城以前和现在有没有什么变化呢？

卢晓羽： 这个变化非常大啊。一个就是硬件上，（莞城）起了很多高楼大厦现代建筑，如青少年活动中心、博物馆、科学馆、图书馆。但是小孩的野外活动空间少了，以前我们经常去郊区玩一下的，摘一下菜，现在就没了。那些感受大自然气息的机会少了，可以说没了。

采访人： 您是土生土长的莞城人，应该跟外省人或东莞市其他镇区的人也接触不少，那您觉得莞城人精神性格上有什么特点？

卢晓羽： 首先不要说莞城，其实东莞的人都很低调务实。比如拿高考填报志愿来说，我的女儿高考考了六百多分，是可以到外省去上大学的，但她没去。为什么呢？热爱家乡就是一种（情结），比较喜欢自己的家乡，不喜欢出去。其次是做事，我们考虑问题的思维都是很务实的，就是不喜欢“吹水”（即吹牛）太多，喜欢先做着，做出来再说，无论是思考问题还是做事，都是先做着。包括尹全、张佛都是，没什么话要讲，但是他们会做，全部靠一手一脚扎出来的。勤劳，务实，低调，绝对可以讲是东莞人的特点。年轻一代就懒一点。

采访人：在您眼中，您这代和您女儿那一代会有差别吗？

卢晓羽：非常大的差别，我是“70后”，你们是“90后”，我爸爸就是“40后”，差别非常大。刻苦耐劳的精神就越来越差，但是比较朴实、低调、务实的特征，是一直都存在的，不会夸夸其谈。我们就是低调去做，做出成绩来再说。

采访人：那你们家里有几代人啊，有没有说哪一代对莞城有特别强烈的认同感？

卢晓羽：我觉得是老一代。我爸爸的认同感比我强，我比我的女儿强，慢慢会越来越弱。因为多元化的冲击，各方面文化的冲击，时代感的疏远，很多原因的。

文化要一辈辈来支持

采访人：那您对莞城未来发展寄予了什么希望？

卢晓羽：文化方面，想法有很多。一个就是加强乡情乡风的教育。我的提议就是，学校要开一门兴趣班或小班，每个星期有两三节课，可以开堂（乡情乡风的教育）。我们可以改编一些自己的教材，有关莞城的一些以前的乡土风情、通俗易懂的非物质文化遗产内容。从小就去教育，目的有两个：第一是让他们热爱自己的家乡，知道自己这么威风，有这么漂亮的家乡，这些是潜移默化的；第二就是文化的传承，这个最重要。我现在还可以说得出啊，我女儿就说不出了，她可能文化水平比我高，但是她这方面不用心，她就不知道。但如果你从小教育，那他们就如雷贯耳，随口就能说出来了。我所说的，是我爸告诉我的，加上我从

千角灯2005年在沈阳参展

事这么多年的经验，但是我的女儿不是干这行的，是学外语的，就不知道的了。我觉得她更应该知道，因为将来和外国人交流的时候，要推荐自己的本土文化，那你推荐一些什么呢？所以我觉得这样一些风土文化的教育很迫切啊。

另一个就是文化方面的培训要加强。但现在受各方面条件的限制没有开展。这个培训是针对艺术文艺的培训，不是说要他们变成这方面的专家，但最起码要提高素质，包括鉴赏能力、审美能力。对各个人的素质、气质的培养，这方面是很缺的。你看在这么炎热的地方开班都有这么多人来报，就说明这个学习是很多人需要的，现在是供不应求的。

还有一点就是，虽然东莞人勤劳务实低调，但也需要国际视野，这方面比较缺少咯，就是要多在外边、在大城市学习，与外界接轨。到底怎样接轨呢？不是说全部学人家，是学一下人家大致的文化理念、文化观。这方面我都很缺，因为我也没机会出去看，就算去看也是浮光掠影，没什么深入的。以后培养人才，应该先送他们出去学习，让他们学了再回来建设。因为文化这个东西，不是说十年二十年就可以的了，是一辈辈来支持的。但这些东西一定要去做，就算暂时没有见到什么成效，你也一定要去做，做了很多年之后，就会有成效了。

在莞城的幸福文化生活

——叶瑞芬（《文化周末》报主编）

受访人：叶瑞芬，《文化周末》报主编，41岁
采访人：廖锐、文淑贤
采访地点：《文化周末》报社
采访时间：2012年7月13日下午
受访者语言：广州话

《儿童文学》影响大

采访人：您16岁就涉足文坛，谁对您影响比较大？

叶瑞芬：现在的一级作家陈庆祥老师，他是我们虎门籍的文化名人，对我的影响是比较大的。我在虎门中学读高中那时，他来校园讲课，发现了我，觉得我写得不错。当时我们有一个叫“虎跃文学社”的文学团体，自己有份油印的刊物，我爱好文学，经常在刊物上发表文章。小时候家里还挺穷的，我们三姐弟，妈妈为了“绑”住我们，就订了《儿童文学》给我们看，订了很多年，每次一到，我们三个都会抢着看。然后就熏陶出来了，因为抢到的东西特别香嘛，第一个抢到的很开心的。所以我

就培养了学习兴趣。我两个弟弟现在也很出色，这跟当时看《儿童文学》这本那么优秀的刊物有关系。

采访人：这种父辈传给您的方法，您有传给孩子吗？

叶瑞芬：有的，我也会买很多书给我的孩子看。不过现在的时代跟之前不同，他喜欢看漫画书。诱惑太多了，他小时候喜欢看VCD、卡通片，长大了喜欢看漫画书，还是没定性，对于那些纯文学的世界名著，除了老师规定的他会看之外，其他的我强迫不了他，已经买了很多，摆了几年，连封膜都没拆。

初到莞城很艰难

采访人：您是虎门人，什么时候才到莞城的？

叶瑞芬：1996年年尾。

采访人：那您在莞城都生活了十五六年了。从初到莞城至今，您对莞城的印象有没有经历一个变化呢？

叶瑞芬：有的，有经历过一些历史事件，比如东信大厦被炸，我亲眼看着它灰飞烟灭。我记得当时我开着摩托车刚刚走到桥边就听到了“轰”的一声，那栋超过十层高的大楼就瞬间不见了。

采访人：那您来的时候会不会不适应？

叶瑞芬：一开始时一切并不顺利。当时我在虎门一个国有单位做的，坐了几年办公室，就觉得很厌倦，学不到很多东西，后来《东莞日报》登了一个招工广告，是一家刚成立的旅行社招收导游员，那我心想就试一下咯，然后就上来考了七次试。它是两百多个人考，后来招了七个，考了七次，频频大老远地跑上来。因为当时我在那个国有单位做统计员，经常跑东莞和虎门这条路，看着它从烂泥路变成公路。之后在旅行社做了差不多半年，实在是太辛苦了，每天三四点起床，带着一帮人去这里，去那里，非常痛苦地过了半年，就没做了，就结婚生子去了。我老公也是莞城的，也是跑莞城和虎门这条路——莞太路，很有缘。当时上来找工作的时候基本上都是外地人。

做完导游，我开始去机动车驾驶员协会做材料员。当时我是一个人都不认识的，自己抱着几本合订本，把样刊剪出来贴在一起，拿去机动车驾驶员协会。人家问谁介绍的，我说没有人介绍，他们觉得我好奇怪，但后来也聘请了我，挺幸运的。

做了四年之后，经朋友介绍，我去了工商联总商会，做《东莞民企》杂志的编辑部主任，做了两年。因为我在虎门读书的时候已经在报刊上发表文章，从16岁开始，一路都有写稿。后来在网上看到东莞阳光网招网编，就进去做采编，又做了两年多，后来给人挖角，去了一个集团公司。公司有几个股东的，因为多头管理，缺乏有效的途径去投资，所以不到半年就倒闭了。好“黑仔”（意即倒霉），浪费了我一份工。

采访人：那您在那间公司做了多久？

叶瑞芬：做了半年吧，然后虎门那边就叫我回去做东莞市作家协会虎门分会的会长，因为之前这个岗位纯粹是业余操作的，我去到当时叫文化站，后来叫文广中心的那个地方，好在那位主任很看得起我，招我回来当专职人员用，自己又做会长又做专职人员。我一个人做这份报纸，做了一年多，据闻连当时的镇报《虎门报》都觉得很有压力，说我在跟他们争食。

后来我又返回来做业余报，又做回纯文学。当时也有做新闻什么的，也有一些客户，做回纯文学我就不需要花那么多时间在上面。后来回到莞城这边重新找工作。

之后入了市文联，做《南飞燕》的副主编，做了三年，刚好莞城这边说要找一个《文化周末》报主编，他们觉得我合适，就叫了我过来，我这个人惯于接受挑战，正好也试一下，毕竟在莞城也混了这么多年，觉得都算是有点点话语权吧。就这样过来了，差不多一年了。

采访人：您过来《文化周末》时，它已经办了多久了？

叶瑞芬：已经办了七年，现在差不多八年了。

采访人：那您在莞城生活的这些年，有没有想过去一些大一点的城市，比如广州、深圳？

叶瑞芬：没想过。因为我家人都在这边，作为一个女性我觉得家庭是最重要的。无论我在职场上如何厮杀如何拼搏，我都突围不了，家里人我放不下。

因为已经远离了虎门，我的娘家人觉得很可惜，现在我的儿子也在成长中，我觉得我不能扔下他。而且无论你去到哪里，离开了你的家乡都是背井离乡，都是很孤独的。没什么勇气再从头开始。

采访人：那您在莞城工作，如果有机会会不会想回去虎门，回到家里人那边？

叶瑞芬：没什么可能。因为离开虎门十多年，对那边很多东西都已经不是很熟悉。

采访人：您不是说你喜欢挑战？

叶瑞芬：我觉得莞城比较适合我。

采访人：在哪方面呢？

叶瑞芬：各方面吧。人文方面，就好像莞城人，那时我没来莞城就听说有些人上街买菜都会拿一把秤，会很计较。但实际上不是啊，他们很礼貌，很热情。好像我住在细村，北隅社区那边，都算是很偏的地方。经常有一些朋友从虎门那边过来“探”（即看望）我，他们都会很热情，要是他们走路，就会坐上车一起带路，也有踩单车带路的，很热情。

本地人感受不到危机

采访人：您在本地生活了那么久，对莞城生活有没有印象比较深刻的一些事或一些人?

叶瑞芬：在现在这个岗位，是接触了一些。比如我在文联都接触了各个镇街的领导，我觉得莞城的领导是比较有活力和比较年轻的，本地人比较多，很难得。在东莞市，纵观东莞市的文坛也好，文化部门也好，其实本地人占的比例是比较少的，特别是文坛占的人比较少。比如在那栋楼我待了三年多，里面靠笔吃饭的基本只有我一个，在东莞文坛混了那么久，拿笔吃饭的本地人实在是少之又少，所以我觉得外地人占的比例太多，本地人是没有优势的。

采访人：这个没有优势是怎样造成的呢？是不是东莞这边缺少文化涵养培养他们?

叶瑞芬：第一个可能是我们的心理承受能力不像外地人那样，他们不是猛龙不过江，不是金刚钻就不敢揽瓷器活。他们往往就是抱着这种心理准备过来的，基本上有跟我们争资源的准备。我们自己很多人就像温水里的青蛙，不知道自己被煮着，感觉不到危机，他们很多在社区里面有钱分，不像我是城镇户口没钱分，要像外地人一样每年都要交钱的。他们不知道生活可以很艰难，就不知道去拼搏，不够珍惜吧。好像不用做，有多长命，就有多少钱收。所以我的经历可能跟他们不一样。我一路都是自己打拼，知道每一分钱都是血汗，一个不小心就会被这个社会淘汰的了。好像当时我在家带孩子带了两年出来重新接触这个社会，就感觉很辛苦、很艰难。所以我们本地人很多时候是不够努力，这是我承认的。像我在新闻出版局那里也做过几个月，只在厨房见到最多本地人，包括在那里的清洁阿姨都是本地人。你说高层的除了莞城的领导，其他那些中层的，比如我们报社拿笔的，基本上没有本地人，除了我。（本地人）就是占的比例比较少，可能是我们不是太珍惜自己的生活。

第二个是预感不到很多危机。我看着身边很多外地朋友过来，假以时日他们可以买屋买车，可以活得很风光。但相对而言，有些本地人就慢慢地家道中落，日子过得日渐式微了，叫他去打工，有时1000多块的工他们不愿意打，宁愿没工作，这样都是一种危机。反而有些外地人，比如我和手下的员工，往往会感觉压力很大。我们的平台说低不低说高不高，都经常被其他部门包括市一级的《东莞日报》《东莞时报》的人过来挖角，所以我们人员流动都是有的。

在招工方面我也有一些经验吧。以前自己应聘得多，现在换个角度招聘别人，很有感慨。昨天我们的招聘广告出街，但是在这之前，我已经招到一个人，那个人很能打动我。他1968年出生，到现在也已经44岁了，他目前在宝安那边，过来要两个小时，来回要四个小时。他当时也很犹豫，自己年纪也大了，本身也有岗位，不是特别想来，但是又很希望能来东莞这里，因为近年来东莞对文化事业越来越支持，很舍得投入，他觉得在东莞做一个文人很有前景，但始终在权衡之中，怕来到我不一定要他，做记者也很辛苦。所以我自己也在犹豫，而他对我也没有很大信心。所以我们一直在QQ里联系，我问他到底要不要来，他说："是不是我去了你就请我呢？"我这边很忙，他还不停地问我这个问题，就很恼火。我跟他说，就算你来了，我也不会因为这个而内疚就一定聘请你，你自己考虑清楚。最后我想着他一定放弃了，我们的报纸已经排好版，准备发印刷厂了，我都叫我们的美编补上一个招聘启事。在网上我们聊得挺好，他发的作品我也觉得挺OK，文笔不错，而且挺有经验。本来想着他放弃，我也就放弃了。我还在网上“忽悠”别人，有湖南的、湖北的，人都说马上过来，坐飞机过来。我正在开心，因为五湖四海的人都这么喜欢东莞。突然那个人出现在我面前，我觉得很吃惊，见到他风尘仆仆地过来，我也很感动。我们聊起来也很愉快，毕竟大家都是靠笔吃饭，也有共通的想法。而且这个人写诗，我自己也写诗，沟通下来很愉快，我就拍板要了他。他感动了我，我也让他重拾信心。沟通最重要，所以本质上来说，本地人和外地人是没有什么区别的，看待事情的角度不同，不同的拼搏动力可能就阻碍了人的成长。本地人多一些到外面见识一下，背井离乡，有背水一战的感觉，那本地人在外面也会挖掘到很多发展机会的。

莞城为我提供了创作灵感

采访人：您的孩子在莞城长大，那您觉得莞城的文化对他有什么影响，或者莞城在教育文化方面做得如何呢？

叶瑞芬：莞城是一个教育的强镇，在教育方面比较出色，我孩子从小到大都在一小，也就是中心小学，后来又读东莞中学，几乎都接受最好的教育，但可能因为自己不够争气，诱惑太多，还没定性，他目前成绩一般，比较可惜。但是看其他小朋友都普遍学得挺好。

采访人：平时有没有带他出来参加文化活动？

叶瑞芬：有带过，但是文学方面真是遗传不了的，不是一种可以遗传的东西吧，或者我不是太会教，熏陶不了他。他很喜欢看书，但看得很杂。比如我印象最深的就是他在莞城中心小学的时候，他本来看书不是很快，后来老师布置，他可以一天看一本书，还能讲出来，都算蛮厉害的吧。他不算笨，就是比较懒。那时老师布置他们课外学堂，看课外书，都对他熏陶很大。我觉得他看书甚至比我多，很多书其实都舍不得扔掉。我都想有时候拿回来看一下，包括童话等方面的书都很多。像《明朝那些事儿》整套那样，我觉得那些书无论大人还是小孩子看都很有益。

采访人：您在莞城是否有一些志同道合的文学爱好者呢？

叶瑞芬：本地的啊？也有一些，例如一个叫李翠薇的，笔名叫醉红颜，出版了《东莞·城迹》和《东莞印象》两本书。还有巨野子木，他是山东人。李翠薇是莞城人，后来入了香港籍，现在居住在南城。在本地人中，她算比较勤奋的那种，虽然她写的作品如何，各说纷纭，但是她勤劳的精神很感动我，所以我很乐意和她做朋友。

采访人：除了他们，还有其他对本城文化很热心的人吗？

叶瑞芬：有一个叫陈丽芬的芬姨，一位老前辈，现在已经七十七八岁了，她是凤凰之约·新莞人金韵台的负责人，是一个老莞人，好像也入了香港籍，现在在东莞，她每个周二、周五八点都会在文化广场的金韵台——莞城区特别为她设的一个舞台，组织一场新莞人自娱自乐的活动。刚开始就像平民活动一样，自己买一对麦克风，买个音箱放在那里。当时她觉得新莞人尤其是在基层打工的人，晚上没有地方可去，流连在广场中，很可怜的感觉：这么年轻，通常他们过来贡献自己的青春，却无依无靠。她就自己买了些椅子放在那里，让他们自娱自乐，免费的，后来越办越大，聚集了一两千人在那里。芬姨也是很有拼劲的人，加上自己是本地人，也敢说话，就直接跑去找莞城的领导，建议他们关注一下新莞人，恰巧东莞在打造“海纳百川，厚德务实”的城市精神，与关爱新莞人的理念一拍即合，于是帮她的金韵台注资，帮她装修，为她提供器材，丰富了不仅是新莞人，还有很多本地市民的生活。我们《文化周末》报一直都有跟进这个活动，我以前在文联也有写过关于她的文章《她和新莞人有个约会》，你们在网上可能也能找得到。

还有一个叫黎德坚的坚叔，国家级园艺大师，是个拼命三郎，现在也很成功，身家应该上千万了，在东城那里买了一个山头，叫作“真趣园”，专门做盆景，培养了三个品种的“真趣松”，拿到国家部门去认证，前年通过了一种，今年又通过了两种。

采访人：那他们都是莞城人吗？

叶瑞芬：坚叔是东城人，芬姨是香港人，住在莞城。

采访人：莞城是否为你提供了源源不断的灵感呢？

叶瑞芬：有的。特别是老一辈拼搏的精神，不会因为自己是否有钱，而放弃对世界的关注，这让我很感动。一个人需要的物质很有限，但是他能源源不断地从世界吸收到精神力量，这很难得。我觉得我经历的每一个岗位都不是一种折腾，而是一种滋养，扩大了我的视野，让我不断地对人生有各种不同的认识，这很难得，我对这种经历很感恩，也对他人给我的感动和关爱很感恩。刚刚提到的芬姨和坚叔都是我的好朋友，虽然年龄和我差距很大，但是我们都可以经常交流。

生活在莞城很幸福

采访人：除了写作，您还有别的兴趣爱好吗？

叶瑞芬：一无所长，在家里做做饭，煲煲汤。

采访人：真是位好母亲。莞城能否满足您的精神需求呢？在莞城，您这个层次的人应该对精神层面有比较高的追求吧？

叶瑞芬：可以的。特别是现在来到这里，我一直和莞城这边有接触，包括之前在阳光网时，帮他们做网站，放《文化周末》的专题，我亲眼见证“文化周末”晚会的诞生，到现在已经好几年了，当时是我经手的。刚开始的时候，每一场晚会，我和电视台记者都会去，带着小朋友去接受熏陶，看郎朗钢琴演奏会之类的，看了很多演奏会。作为一个在莞城生活的人，我觉得很幸福，能够享受到这么多这么华美的精神大餐。这里还有莞城图书馆、美术馆，这两个地方莞城都投入重金打造，都是很惠民的措施，图书馆里还有20多台电脑，设置也很好，美术馆里面经常有画展。这个地段非常好，有岭南画院还有东莞文学院，真的是个风水宝地。作为一个文化人，能在这样的黄金地段生活，我觉得非常的幸运。

*采访人：*您在多年的工作中接触了很多莞城人和生活故事，

音乐会

美术展

您认为莞城在文化方面有什么提升空间吗？

叶瑞芬： 精神方面我也不好发表言论，因为我也不是高屋建瓴的那种人，不敢说太多。但是我觉得在可利用的物质条件中，还有有待改进的地方，再例如河对岸，东信大厦被炸了以后，那一片地一直没有旺起来，浪费了。例如运河商场原址、新旧华侨大厦原址，老地方都一片空白，包括骑楼街，说是改造，但是一直都进行不下去，因为有很多钉子户。我觉得需要有关部门很大力地去推进，不要浪费了这些地方，尤其是骑楼街有这么长久的历史，就算围成一条文化街，在门口收费，把里面弄成古装街、美食街也总比空着好。拖得太久，浪费了这些地方。而且，我觉得有些道路有重复建设的现象存在，例如莞城美术馆走100多米又有个岭南画院，其实这些是否可以合并在一起发展呢？不用重复建设，资源共享，不需要分市级镇级。这些都是我的一家之言，我觉得我们这条街可以一路这样打造下去，连在一起，更有效地把莞城这个文化高地托起来。因为这里以前是东莞的行政中心，现在随着政府、医院都搬离莞城，我们出现了空城这样的遗憾，所以我们更有待寻找新的事物来填补它。

采访人： 莞城政府在办这些文化活动的时候，您觉得莞城人对这些艺术的热情有多高呢?

叶瑞芬： 很有热情。例如我们文化周末的每一场晚会，大家抢票都很热情，无论要不要钱，都经常坐满，包括我们的画展、杨宝霖先生的讲座。杨宝霖先生讲木鱼歌这么古老的东西都可以坐满，我也有去听。这可以看出莞城人很关心文化，很想提高自己的文化素养，对这方面很重视。有些儿童的活动，家长也很踊跃，很重视教育。

莞城如此舍得投入，在各个街镇之中确实是第一位的，几乎是不求回报的，例如我们《文化周末》这个品牌做了这么多年，投入的钱不计其数，单单一份文化报都投入了很多钱。有这么大的魄力，在各个街镇中都很难得。

采访人： 你们的报纸是属于公益性的吗?

叶瑞芬： 是的，全部免费，我们平时也有随《东莞日报》发送，只要在大城区内订阅《东莞日报》，都会收到。我在莞城生活了那么多年，一直都有收到，因为我是《东莞日报》的老订户。超出大城区范围，即超出东城、南城、莞城、万江，其他城区街镇的主要领导也会收到，我们会通过邮局或其他渠道邮寄过去。

东莞文化传播，我是第一家

——傅娟（东莞东湖文化传播有限公司董事长）

受访人：傅娟，东莞东湖文化传播有限公司董事长，46岁
采访人：丘梓娴、吴海敏、黄怡辛
采访地点：莞城老干部活动中心
采访时间：2012年7月20日上午
受访者语言：广州话

我们的新年音乐会开了先河

采访人：您原本在广州，为什么会来东莞做文化传播呢？

傅娟：当时我刚来东莞，实在没有地方去，也没有什么朋友。东莞那时候没有什么娱乐，你去任何朋友家里都是打麻将，连唱K都不是很普遍。1993年我在广州看了一场新年音乐会，回来就以公司、企业、城区的名义给市委写信，说不如我们东莞也做吧，并提出要按照国际惯例：穿西装，打领带。市委书记回复了我，就说做吧，然后成立筹备小组，将宣传部、文化局、电台、电视台全部联合起来，很重视。1994年12月，我们在运河边的东莞影剧院举办了东莞第一场新年音乐会。前期筹备非常紧

张，领导问："如果观众不穿西装怎么办？"我们说："不穿就不让他进！""那不会鼓掌又怎么办？"我们很认真对待这些问题，为此开了很多次会。我还到电台做了好几次节目宣传。那时候没有政府拨款，所以要考虑票房。我的第一个赞助商，他听说了就答应给我一笔钱，将第一次音乐会完成了，我到现在也没有见到过他。从这件事开始我对东莞人就有一种特别的感情。

后来我们想不如成立公司吧，就在1996年成立了东湖文化传播公司，一直做了十年新年音乐会。当时我们还是属于东湖总公司下面的公司，后来整治分家，各个公司就开始转债。作为东莞头号的文化大餐，我觉得这十年的音乐会很锻炼人。当时的门票我们设计得很漂亮，也有很多人穿了最漂亮的衣服来看戏。不过自从保利的玉兰剧院来了东莞之后，我们就没有再做了。那个剧场更加漂亮，而且他们有政府补贴，我们靠市场的就做不下去了。我们这十年的新年音乐会应该是开了东莞做文化的先河，整个珠三角除了广州第一，佛山第二，第三就是东莞。当时深圳、中山、珠海等都没

玉兰大剧院

有人做新年音乐会。我们这么早就做了，是我带动的，因为政府支持，也有老板给钱，就做成了，还成立了公司。最初的目的只是帮东湖总公司做宣传，现在到处都是画展、画廊，其实90年代我们已经在酒店的展厅内做全国知名的画展了。

采访人：新年音乐会一开始会不会有很多人穿拖鞋的现象？在这十年间，大家的着装礼仪什么时候开始有明显的进步？

傅娟：第一期肯定没有人穿拖鞋。我们做了大量的宣传工作，那时的电视台、报纸不像现在要收广告费，它行使的功能是宣传市政府主办的新年音乐会，让所有市民知道礼仪要求，我们在门票上也有写，所以每一个拿着票的人都知道要穿得怎样才能进去。而且我们铺红地毯，给每个进场的人送玫瑰花，女生拿在手上，男生别在衣服上。所以我们第一年完全没有问题。后来慢慢地我们没有再强调对着装的要求，因为他们已经形成习惯。习惯是只要有氛围就能逐渐培养的。比如说玉兰大剧院，穿拖鞋可能是第一年的现象，现在大部分的人都会穿得斯斯文文。东莞人的素质不低啊。

采访人：1996年之前，东莞有没有所谓的“文化公司”？

傅娟：我去成立公司的时候，工商局一看：东湖文化传播有限公司？他们说“文化”两个字企业不能用的，就不批。因为那时候没有“文化公司”，“文化传播”也没人知道，可以说百分之九十的人拿到我的名片都会问“文化传播是做什么的”。当时莞城书记专门去找文化局的领导，领导很支持，这样工商局才允许我们用“文化传播”这几个字。可以说东莞的文化传播公司我是第一家，2000年转债之后就完全靠自己走市场了。

帮东莞量身定做的晚会

采访人：能不能分享一下筹办晚会的具体经过？

傅娟：2004年的东莞市文化局长比较有魄力，当时他提出“公益文化社会办”，将市里面的很多项目推去市场，不用政府资助。我们有一个很大胆的想法：帮东莞量身定做一台春节联欢晚会。这得到了各级领导的支持。

牛皮吹出去了就要做得到，但是我们没有钱。我当时还在生病，打着吊针。我有一个副总是湖南卫视的，我就跟他一起飞去长沙，找他以前的老领导——当时的副台长，请他来帮我导这一台戏。但是他看不上，觉得这么小规模的晚会怎么需要他来做呢。那天参观完湖南卫视之后，他就很敷衍地请我们吃饭，想打发我们走。

但是在吃饭的过程中，我就讲述我眼中的东莞是怎样的。我从广州来到东莞的时候，它并没有今天那么漂亮、那么现代，没有公共汽车，没有高速公路，满街都是摩托车。那东莞是怎样创造奇迹的？有一个集团的老总，他当时身上带着3000元，本来是想去深圳，下错车来到东莞，开创了一番事业。有一个女企业家，跟着儿子一起去清华读书，成就了两代企业家的家族管理……我详细地解释了东莞是怎样从农村变成现代制造业城市和世界加工厂的。

他从来没有来过东莞，听完之后非常兴奋：“这个城市太有意思了！”于是他答应录完最后一期节目就立刻来东莞看看。十几天后他参观了整个东莞，认为这个城市值得拥有一台专门为它做的节目。那时我分开两条线管理，一条线是找高水平的艺术专家来保证这台晚会的质量，另一条线是保证这些专家有足够的粮饷来做这台晚会，所以要在市场解决资金问题。最终这台晚会发展到有一两千个演员，这些人所有的排练，吃喝拉撒睡，我们全部都要管。

采访人：演员是不是莞城本地人？

傅娟：绝大多数不是。几乎所有的班底都是从湖南请过来的，还有虎门的海军出了1000人。晚会一开场是虎门的海战，讲述东莞如何一步步走到今天。组织协调也要一队人马，自己公司的，另一边就专门设立市场部。当时我们没有钱，所有东西都想着怎样省钱。我们的目标是筹到1000万。2000多人要解决车的问题，我就找了个车的赞助商，司机绝大部分都是刚从外地来东莞的。找不到住的地方，我们就拉了长安一间五星级酒店的赞助，明星也住在那边。这边导演说等着彩排了，那边司机载了几车明星，说半个小时就到。结果我们等了一个小时都不见影，原来是司机不认识路去了深圳。整个过程都很艰难。这边已经在排练了，那边又要保证有足够的资金来支撑，还要看他们策划的主题跟我要求的主题有没有偏差。

当时我的公司没什么知名度，却可以让我们来做一个代表城市的东西。我觉得一直以来东莞领导的风格是很开放的，成就了很多企业。这台晚会做得非常艰难，但是效果非常好。领导从来没有见过帮东莞量身定做的一台晚会。而且我们完全是靠市场，没有用政府的一分钱就将晚会解决了。当晚市委书记说："立即刻成光盘，过两天我带给中央首长看看，让他知道今天的东莞是怎样的！"这对我们来说是一个莫大的鼓励。

打造代表东莞的"文化周末"

采访人：除了晚会之外，你们还做了什么有代表性的项目？

傅娟：2005年，我们开始做莞城的"文化周末"。当时领导说希望莞城群众能看到一档既可以欣赏，又可以学习到东西的节目。因为当时百分之八十的人都不知道什么是交响乐，什么时候应该鼓掌，有些什么礼仪。于是我策划的每一场活动之后都有专家讲解应该怎么欣赏，包括现代舞、芭蕾舞等等。“文化周末”这个名字是我们公司想出来的。从我交方案到第一场“文化周末”节目，只有短短15天时间。我们做传媒的跟政策挂钩比较多，当时的莞城书记，现在是市委秘书长，很有魄力，真的是十五天就定了这个项目。

其实当时没有人看好的，因为我们给自己的计划是每个星期做一场，难度很大。我们做演出的人知道，你要有自己的演出团队，又要有一定的品质，而且观众的口味每天都在变化，就像整天吃牛肉都希望能换一下口味。况且，演出团队没可能每一个都将就你，刚好是周六有空。为什么我们要那么执着于周六？因为我们想要打造一个文化品牌，培养当地群众有这种习惯：到周六就要买票，进剧场来看“文化周末”。当时莞城成立了文化基金对这个项目进行扶持。我们做了两年就拿到了“中国十大演出盛事”的演出制作银奖，2009年就拿了国家文化部的文化创新奖。

后来我跟书记提议，只有一台晚会是不够的，最好还有一个纸质媒体承载，未来的人们也可以看到。所以我们就做了相应的报纸、杂志，又发展出合唱团。合唱团被莞城的教育办领导带得非常好，在厦门的世界合唱比赛拿了金奖，后来参加一个世界级的比赛又拿了奖。莞城的文化氛围很好，对小朋友的教育也很重视，所以我们“文化周末”可以做到八年除了过年、七天长假停一下，其他全部周六都在做。很多小朋友从小学到大学，都是看着我们的节目长大的。我们公司在这个过程中也得到了成长。我们有自己的制作团队、设计团队，专业水平不会比广州的大公司差多远。

这几年，有鉴于现在中国很多地方建了剧院以后都不知道要怎么管理、运营，我们又成立了剧院管理公司，这在广东省也是比较早的。

采访人：您的文化传播公司是承接政府的文化项目，还是做大众文化？

傅娟：其实我们的定位还是以文化活动、演出为主。未来的话，希望在剧院管理方面发展，因为这个比较有前景。今年奥地利总统邀请了中国八家文化企业（主要以剧院管理和运营为主）去参加奥中文化交流，我们是其中之一，其他的有广州大剧院、上海东方艺术中心、杭州大剧院、西安的一个大剧院等等。他们全部都是一线城市，我们是唯一的二线城市，说明我们在行业上有江湖地位。其实每个城市的文化都是不相同的，上海有海派文化，广州有广府文化，东莞也有自己的文化。这几年，东莞多了很多节日，譬如中堂有龙舟、道滘有美食、望牛墩有七夕、东坑有卖身节、横沥有牛墟。但是由于东莞分了30多个镇区，很零散，浪费了很多资源，外界很难对东莞有一个鲜明、统一的印象。我觉得东莞未来要整合成几个大的区，包括我们做文化，希望这个城市对外有一个整体的形象。

总体来说，我对莞城是非常有感情的，这片土地可以让我们做文化，一直顺利地发展。虽然过程很艰辛，以前别人都不知道文化传播是做什么的，但现在就不用怕，别人只会考虑有没有兴趣，而不是知道不知道。洋芭蕾是我第一个引进东莞的，当时连我的员工也问我芭蕾舞是做什么的。所以说东莞的变化多大呀。其实玉兰大剧院和“文化周末”是互补的，我的属于中高档，和它有不同的定位，特别是做儿童节目，舞台不高，简直是演员和观众走在一起。城市需要有不同的文化元素，只有一种声音是不好听的。

采访人：回首看来，您做了很多先驱式的事情，这和您的性格有没有关系？

傅娟：是的。特别是做这行，如果一直做一种模式，很容

梅葆玖先生畅谈京剧艺术

外国交响乐

年轻的流行音乐

易被淘汰。东莞这个城市有包容性，喜欢你拿出不同的、新的东西，鼓励你去尝试。我对东莞还是很有信心的。虽然东莞人这几年才开始反省自己，但有这种危机感是好的。我们这批人做牺牲者，做普及的工作，到未来你们这一代，你们一定会带你们的孩子走进剧场，整个人的气质、质素都是通过这个提高的。除了管理这家剧院，我们也要提升这群人，比如穿着拖鞋是绝对不允许进来的。我见过一个妈妈带着两个小朋友，穿着拖鞋到了门口，在包包里找出一双球鞋换上才进来。可能她的生活习惯是一年四季穿拖鞋的，但是她也知道进剧院要这样做。

莞城文化源于朴素的乡土文化

采访人：其实东莞的文化氛围不错，但是为什么给外人的感觉很差呢?

傅娟：我做新年音乐会做了十年，一直都有赞助商。我遇到过一个银行的行长，他对音乐十分痴迷。当时东莞没有高速公路，也没有桥，他踩着单车去广州看演出，自己没什么钱的时候就拿所有的积蓄，在自己的宿舍里面弄了一个音乐室听黑胶唱片。所以他一听我要做交响乐就很支持，还帮我出主意，带动了东莞的一群人。这十年，政府一分钱都没有补贴过，全部都是靠赞助和票房完成这些演出的。但真正走进剧场的，莞城人还是多一些，周边乡镇的人很少这些机会。

东莞人给别人的印象就是埋头做事情、赚钱啦，无论去到哪里，一坐下来喝茶就是说有什么生意做。总的来说，这个城市一直处在有待提升的阶段，但它是有底蕴的。这种底蕴不能跟北京、上海、广州那种大城市比较，它源于很朴素的乡土文化，这30年的快速发展又融入一些城市文化。我们一直在莞城，所以对莞城的感情比较深。莞城的文化氛围也相对浓厚些，但是确实外界对东莞有点“妖魔化”。做文化不是这个城市的主流，因为它一直都是以制造业为主。早些年我们发展得很快，但没有一种稳定的模式。我们招商引资，没有电话就拉线，没路就铺路。东莞人的朴实精神吸引到很多人。由于东莞早期的发展大部分是靠出租厂房的模式去做的，起家很容易，但是随着经济的发展，东莞出租厂房、劳动力的成本全部增加了，别人就去越南、柬埔寨，或者其他地方开厂了。这个就是我们以前定位为制造业城市的阶段性。但是过了这个阶段之后，你就会考虑能不能吸引到一些高新科技企业。话说回来，又是跟我们的文化相关了，因为很多年前我跟一个猎头公司的人聊天，他说：“我在你们东莞挖人走是很容易的，我挖人来你们东莞是很难的。”为什么呢？不是由于工资的问题，而是高层人士需要有个好的生活环境。比如说我们做创意的人，需要晚上可以去酒吧跟同类的人聚在一起交流。虽然政府也在做很多事情，我们在这方面也做了不少，但仍有待完善、提升。

从卖咸鱼起家的慈善老板

——梁锦枝（东莞鸿福实业发展有限公司董事长）

受访人：梁锦枝，东莞鸿福实业发展有限公司董事长，54岁
采访人：谢冠琦、刘玲
采访地点：东莞南城汽车客运站会议室
采访时间：2012年7月19日
受访者语言：莞城话

转得快，好世界

采访人：您一开始的想法是不是做生意？

梁锦枝：是啊。我只读到高一，1977年就做生意“投机倒把”。“投机倒把”很容易的，比如说你在隔壁用一块钱买一斤菜，卖给别人一块二，就挣了两毛钱。我为什么要做生意呢？因为我老爸儿女多，兄弟姐妹差不多十人，家里超支没东西吃，我就走出来东莞了。我家乡是南城。我一个人走出来流浪了一年多，因为老爸不理我，生了我又说不要我，不给我粮食吃。做生意我就是白手起家，靠一双手，从卖咸鱼的个体户开始。整个东莞都知道我是卖咸鱼的，就是摆地摊做个体户的小贩。

如果没有邓小平的改革开放，我早就死掉了。东莞最早的个体户牌子，上面就写着“东莞、个体、经营”，还有我的名字“梁锦枝”。

采访人：当时挂那个牌子要不要收钱？

梁锦枝：那时候没有收钱的。

采访人：那您摆摊的时候有没有被人为难过？

梁锦枝：有！就是拗你的秤啊，你掌着秤，别人就用秤砣砸你的秤。当时的交警也管这个，因为没有城管。那时候很辛苦，我的第一桶金就是靠卖咸鱼赚来的。1979年那时很多人吃咸鱼，因为没猪肉吃嘛。那时做县长、市长也只有60块工资，我一箩筐咸鱼（约100斤）就赚100来块，十多箩筐1000多块啊！1979年那时很严的，不然我怎么会被人弄坏了秤。1979、1980年时改革之风刮起，那时我是最早变成“万元户”的。当时我们万元户很厉害的，东莞只有四个人嘛，一个是“龙泉”的老板，做会展的张佛恩。第二个是王金城，走了，身体不争气。第三个是郑泽权，在虎门。我们四个人是最早做生意的，30多年来一直做生意。

采访人：鸿福公司主要是做些什么呢？

梁锦枝：我们多元化发展，包括拍卖、典当、物业、出租车、车站，现在还做游艇，也有搞房地产。

采访人：在莞城做的生意所占的比例有多大？

梁锦枝：莞城有一半吧，南城、虎门、中堂都有，分散的。但全部在东莞这四个镇，没离开过。

采访人：做生意这么多年，有哪些是您觉得最荣耀的？

梁锦枝：汽车站是最突出的啦，整个东莞都知道的，200亩，13万平方米。原来它只是一块烂泥地，当时买地皮很贵。我所有那些物业都是自己投资，不拿来卖的。所以这个车站规模比较大，而且以前没人做过，是整个东莞认同的。我之前从来没有做过车站，但现在把它打造成了东莞市的窗口车站。我们是服务业，关键是以客为本，服务第一。那些员工，不管他是什么人，都要有毕业证，要敬业，你不敬业就失业。你服务那些客人，客人即便有哪方面不对，都要服务第一。

采访人：管理一个车站是很高难度的，您怎么把它变成窗口车站？

梁锦枝：你说对了，做生意最难最复杂的，一个是机场，一个是码头，一个就是车站。所以我们的保安一定要正气，就像毛泽东说的"一身正气，两袖清风"。车站三流九教的人多，2003年开始小偷、骗子很多，抓这些都要从保安入手，让保安用强硬手段对付他们。如果你不强硬，小偷、骗子就会越引越多，影响很大，治理这些都要经过好长时间的。我们的保安招的是退伍军人，比较有素质，高水平。说话技巧真的很重要的，高水平是财富，低水平是包袱。用对一个人会让你办事顺利，用一个不好的人就会添麻烦。我做老板最大的本事就是会用人。老板第一出资、出决策，第二就是要会用人。

采访人：那当时为什么会想到做这件事呢？

梁锦枝：当时我只读到高中，水平有限，弄那些高科技什么的都不会，太难了，但我会管理。做生意就是不熟不做，熟哪行做哪行。这很关键。服务是可以教的，如果每样都学别人做是不行的。市场是创新的，做每样东西都是一步一步来的，要经过一个过程。

采访人：那您在莞城的生意主要是哪些？

梁锦枝：物业出租。一河两岸好几栋鸿福大厦，出租、典当、金融、拍卖。南城就是出租、汽车站、运输。

采访人：那您现在的生意里面有没有当初发家时的海味生意呢？

梁锦枝：没有了，哪还能做啊？如果还做那些是不行的，要倒闭，没有我的今天了！要转型升级，不过这个转型是痛苦的。做到一个层次就要转型。好比你做一个科长，然后副区长，再做到党委书记，做到副市长，那个层次要变高的嘛，不能长期做科长的，就是这个道理。如果我现在还卖咸鱼，做不大的，水平要提高，再做这个不行的！“转得快，好世界”，水平要超前。

员工要有责任心，能做事

采访人：现在公司大概有多少员工啊？

梁锦枝：1300多个。我所有的公司里没一个亲戚。我姐妹兄弟多，结婚之后子女成群，但舅舅、姑丈都不能在这里做！一个亲戚都没有！这条很重要，有这条才能走向成功。为什么呢？因为他们在这做的话会压过老板，回去会和亲戚们谈论，这样只会弄来更多麻烦，我没有这种精力和时间。

采访人：您的公司很注重人才，我想问报纸上的讲话是员工写的，还是您自己想出来的？

梁锦枝：我想出来的。员工跟着你，就叫他们跟着做，灌输思想，要统一。听话就加工资，有责任心就升职。能够做事，能够帮忙的就是自己人，做不了事的就要疏离。最重要的就是要听话，就像我在报纸上写的一样，你要做好，完成任务，天下大事在于细。

采访人：那如果员工不听话，您会怎样？

梁锦枝：不听话就教育，一次起，二次止，三次不用了。我经常开会，一个月开两次会，部门主管经理60多人，我不用说什么的，我从来不说已经说过的话，我要说就说做人做事。经济保证今天，科技保证明天，教育保证后天！我对员工很严的，一不能够炒股票，二不能够赌钱，违反了马上炒鱿鱼。

钱是流转的，最后都是社会的

采访人：后来怎么去做慈善了呢？

梁锦枝：说起慈善，以前没开放就缺钱，开放之后就缺人，如果你成为成功人士，钱对你来说是没什么意义的。想国家富强就要重视教育，一家企业兴旺要重视培训。中国未来好不好，富不富强，都是看教育。我在东莞很低调，回报社会的方式最多是捐钱，但我们很少去。我在郁南建了一间小学——云浮市郁南县梁锦枝小学。我对自己的母校做公益，还有扶贫、抗震赈灾，这几年捐的超过两三千万。其实钱是流转的，今天是你的，明天是他的，后天就不属于任何人，像烟云一样。我100岁走了之后，什么都不是我的。

采访人：什么时候开始有这样的感悟？

梁锦枝：这五六年我看到的穷人太多了。不用说那么远，就是在自己公司的1000多个员工里，有八九百个都是穷人。我们这些做生意的，钱对我们真的没有什么意义。100万，加多一个零是1000万，也差不多。就像我刚刚所说，钱是流转的，今天是你的，明天是他的，后天不属任何人，最后都是社会的。做老板关键是一种责任，钱又不是你的。我们很节俭，不会大手大脚花钱去做事的。如果你大花大用，公司员工以老板作为榜样，就会跟着你的。

采访人：除了支持教育，您还做哪方面的慈善活动呢？

梁锦枝：还有一个是治安，很重要，安家立业嘛。一个地方的治安不好，什么都是假的。我很支持治安，十五六年前我已经支持省公安厅治安基金会了，还有市公安局的见义勇为基金会。上个月支持城区公安分局50万元。我支持最多的一个是教育，另一个是治安。一个地方不安全是不行的。教育和治安真的很重要，没有平安什么都是假的。

采访人：我们从媒体上了解到东莞的治安不是太好，那您认为要治理好东莞采取什么办法是比较有效的呢？

梁锦枝：说来说去都是归因于责任问题。用人用思想，用人用责任，关键就是你的责任。勤劳致富，勤劳说明他有责任，跑来跑去，这些就是责任。实际上，勤劳就是责任，责任就是勤劳。如果你什么都不愿去做，怎么有责任呢？

诚信务实的莞城风格

——袁斌（广东宏达工贸集团董事长）

受访人：袁斌，广东宏达工贸集团董事长，东莞市人大代表，45岁
采访人：丘梓娴、黄怡辛、吴海敏
采访地点：广东宏大工贸集团董事长办公室
采访时间：2012年7月17日上午
受访者语言：普通话

“卖猪仔”，歪打正着

采访人：您当初是怎么到东莞的，好像是有一段故事？

袁斌：1995年的时候，我本来是从深圳坐大巴去广州，然后从广州坐火车回老家，结果大巴就到了东莞，把我“卖”了（即俗称的“卖猪仔”）。我一看东莞这么好的地方，欣欣向荣，到处都是工地，百废待兴的感觉，整个城市在搞非常大的建设，除了国道和省道以外就没有一条很完整的路，基本上每条路都在修，路的两边在搞一些工厂建设，大兴土木。我看着周围，有一种想创业的冲动，回老家无非也是做企业家，就干脆留下来。当时来到这个地方，看电视听不懂，跟人沟通别人听不懂，

因为我说国语，本地人都讲白话，你跟他说，他可能听懂百分之六七十，但是他跟我说，我完全听不懂。我是在这种情况下留在东莞的。

采访人：您下车之后，在当地是否有朋友？

袁斌：我在广州、深圳有很多朋友，唯独东莞没有，举目无亲。

采访人：起码要解决衣食住行的问题呀？

袁斌：住酒店。广州一个企业欠我钱，我来追账、讨债。人身上总是有钱的嘛，但这跟没钱没关系。我是感觉这地方不错，就登记了一家当时东莞不错的酒店——东方酒店，1995年是180块一个晚上。

采访人：来到这边一个人都不认识，您是怎么起家的？

袁斌：为了认识人，我先找企业打工。在一个办公设备公司，我当时做业务，跑腿，打了三个月的工。我想通过打工了解熟悉这个区域，确定我是否能生存下来，做半个月就回去，因为本身自己家里有企业，我在那边也在做老板。老家的企业是一个集体企业，属于承包性质的，我是经营副厂长。东莞整体上非常包容，应该说比内地包容性更好，我当初特别乐意跟莞城的老百姓沟通，虽然语言上沟通比较困难。当然有些也会骂你的，只要是东莞以北来的，哪怕韶关来的都是“北佬”，连州都算。但这是他们的口头禅，并不是在骂人。我的第一个企业就扎根在莞城，我打工的那家企业也在莞城，所以我没有离开过莞城。

第一次打工就是卖电脑，白天跑业务，晚上装电脑。老板从深圳买零配件回来，晚上自己组装，我去的时候，公司加上我四个人，业务员就我一个，自然而然就把业务带起来，带起来以后，第二个月开始就帮他们招业务员，带业务。我离开时，这个公司已经发展到了三十几个人。本来我在那个公司打工没有想长久做，所以我也没有拘泥于报酬，只是为了了解东莞，认识一下人。

采访人：离开这个公司以后，您是开始筹建自己的公司还是继续打工？

袁斌：自己筹建公司。人生总是有几个转折点，总要走几个弯路，不可能永远一帆风顺，人的一生不可能是直达火车。两三个月以后，我认识了几个当地的朋友，就合作成立一个公司，叫“福盟办公设备”（意即有福之人的联盟），大家合伙了嘛，希望未来有福。这个公司做了几个月，后来感觉大家合作是选择错误，所以在1997年春节我就撤出来，组建了宏达的第一家公司。

采访人：您是一个人组建还是再找合伙人一起？

袁斌：算是合伙人，也可以不算是合伙人。我不是本地人，办不到营业执照的，那个时候工商局规定非本地居民不允许注册公司，我当时又不想做经营部，所以就借了两个莞城本地人的身份证注册了一个公司。

采访人：这个苛刻的条件什么时候才解除？

袁斌：这个要问工商局了，反正后来我就没有遇到过。早期全省都是这样的，后来才慢慢放开，异地身份证能够在异地办企业，现在5万块钱就可以办一个股份公司了。那时候外地人连个经营部都办不到，只能办个体营业执照，每年要年审，有效期一年。

为了使自己能做下去，能壮大，我就没有考虑用经营部、工商部那种方式，直接成立了自己的一个公司，叫东莞市宏达办公设备有限公司，搬到了东城，在现在法院、司法局对面。我来了东莞市八九年，都围着莞城转，跑不出去，其中有几年跑出去，注册地也还在莞城，但是在莞城我没有办公室。

第一桶金，还没着落

采访人：您在东莞挖到的“第一桶金”是怎样的？

袁斌：东莞是一个只要你付出就能生存，只要你努力就会有发展的地方。1995年东莞还处于全国三角债危机之中，就是所谓的你欠我，我欠你，个体欠银行。东莞是从一个低谷开始飞跃的。我们当时到珠海，很多房地产开发商盖楼盖到一半，逃跑了，停工了。但是从1996、1997年开始，正好是东莞招商新一轮的高潮。实际上我觉得没有“第一桶金”，我的“第一桶金”到目前为止还没捞到。我有钱吗？我没钱呀，所谓的有钱就是退休了，我不干了，转行了，那就捞到“第一桶金”。那现在我还没转行，在大海里面游着，一直在本行做。

采访人：这20年来您谈的最满意的生意是什么？

袁斌：我觉得每一单生意做成以后对我来说都是成功。我认为做每一件事情不是说拿到就是成功了，但是每个合约签回来都是自己的喜悦。如果你做一件事就认为成功了，你就会停顿，所以在我人生中没有感觉到我做哪件事非常成功。我只有一件感觉非常快乐的事情，就是1997年成立公司以后，3月28日开业，那时候公司只有50万元资金，今天开张，明天的钱不知道从哪里来，要买设备，租办公室，买车。最成功的是开张当天下午签了一笔合约，这是我最快乐的一件事，有下一顿饭吃了嘛，开张没生意做不行的嘛，这是我的一个起点。但到目前为止这个生意还没完，那天签的合约到现在没完，那个合约只有27万元，也不知道是好兆头还是坏兆头，反正就是现在那老板也找不到了，钱也还没收完，27万元只收了10万元。签合同很快乐，收钱很痛苦，这件事情是记忆犹新的。

其他没什么，每件事情都好像是应该去做的，不管是收获还是失败都觉得是正常的，遇到失败不能说掉头就走，我觉得我不是这样的人，碰到困难往前走，走着看看能不能走出一些新的路子。实际上，我无论怎么做，公司再多，也没有改行，都是围绕着原来做的东西，还是在做工程，做了十几二十年一直是包工头。所以有什么喜悦？没什么喜悦。但是哪天不做包工头了，那就是捞了“第一桶金”，因为你在做的过程当中，钱一直在企业里周转，不存在“第一桶金”，所谓的“第一桶金”是拿到这个钱可以去享受了，可以去挥霍了。

不喊空口号，公益凭良知

采访人： 你们是什么时候开始做公益的？

袁斌： 我们的网络公司是1999年成立的，开始跟团中央合作建立一个爱心工程。当时我们跟北方那边的团省委已经做开了，他们提供了一大批学生名单，有陕西、青海、甘肃的一些中小学生，我每人每学期资助三五百块。做开以后团中央副书记觉得我们不错，就跟广东省这边沟通，跟东莞团委要资料，东莞这边才知道。

采访人： 当时您开始做公益，个人想法是怎样的？

袁斌： 我到目前为止，和当初的想法还是一样，只有一条：我这样对你，那你毕业之后也要用这种方式对待别人，我不希望有什么报酬或者回报。我们今天有能力去帮助一些需要帮助的人，那么我们的最终目标是为社会提供我们自己的一些能量，希望这个被帮助的人未来走入社会之后，能跟我们学，能把这种美德传下去，这就是我们实实在在的想法，没有说大家想的“回报社会”，我觉得这个口号太大了，在宏达应该是不适合的。

采访人： 近年来慈善方面出了些情况，比如郭美美事件，这些负面新闻对你们集团有没有影响，您会不会改变这种慈善观念？

袁斌：我觉得这个不会有什么影响。你的捐赠如果得到了合理的使用，当然是一件好事，在这么庞大的一个中国，这么庞大的一个机构出现一些问题，我觉得正常。我跟别人不同，我喜欢点对点扶持，中间就少了很多环节。比如说莞城街道或者居委会知道本辖区里边的几个孩子考上大学了，但家里面有困难，那我们就资助他。我是确实了解了这个家庭是比较困难的，或者单亲家庭，甚至是父母亲都不在世的，爷爷奶奶带大的，或者是双亲家庭，却一个弱智、一个不健康的，但孩子学习很好。那他就需要支持，我是帮这些人，以这种方式回报社会。我不去喊口号或者宣传的。

采访人：您在来东莞之前有没有这么自信？

袁斌：实际上我这个人一生当中有几个转折点，第一个是从学校步入社会，进入国企上班；第二个转折点就是留在广东；第三个转折点就是成立自己的企业。这个所谓的自信并不是自负，我觉得自信是在自己具备这个实力的情况之下才可以，当然人没有实力也要自信。我觉得人缺乏自信什么事情都做不成，每天日子过得很苦，你要自信通过自己的努力会更好，只有有了这种自信度你才可以往前冲啊。自信是一个人的动力，如果你光想要赚钱但是没有信心赚钱的话，那自信度就没有了。所谓自信，它既可以从贬义词上讲，也可以从褒义词上讲。如果是自信过头就是自负，那样就很难生存。而且无论是企业发展也好，做人也好，我觉得人在社会上自信，就是说我是一个好人，我相信我，那么别人才会跟我来往。我找朋友也要找好人。如果我是个坏人我就没有自信做好人，就与坏人做朋友，因为别人不会把我当好人。所以这一系列问题都是我们自己要去考虑的。

我觉得做一件事情一定要务实，就比如说做大家所谓的一些善事。实际上我倒没有把善事当作善事来做，我把这些事情作为中国人的传统美德，人本来就需要你帮我、我帮你。很多公司把自己资助的学生放上网站，我不喜欢这样做，我也不喜欢说我扶持这个家庭就让大家都知道。我只希望，社区或者区领导介绍一些确实需要帮助的孩子，那我就去帮助。

有个学生好像是西南政法大学的，我问他未来想干什么，他说袁叔叔我想再读研，我说读研是一件好事，但是你要务实。首先根据自己的能力，我说你可以不妨试一下先工作，一边工作一边考研，因为你家庭环境比较差，我不可能完完全全、彻彻底底地帮你，你家里边还要照顾啊。你找一份工作来做，有一些经济收入，既可以承担家里的一些费用开支，又可以利用业余的时间去考研。读研有很多方式，达到最终那个求知的目标，用什么方式你要自己去选择的，根据自己的生活来选择的。早上跟他聊了半天，他很开心，说："我觉得你说得很好，以后要跟你多聊天。"我跟学生们就是暑假或寒假见一次，一起吃吃饭聊聊天，给他们一些鼓励，平常很少找他们回来。因为我不想叫学生给我看成绩报告单，让他们写思想报告。

我们朋友当中有极个别的做法就是：我帮你，我就可以去你家里到处照相，给你买个沙发也照个相，然后他做相册本，到处宣传。我很讨厌这种行为。你帮他反而等于害了他。人都是有自尊的，这样等于说把人最基本的底线都侵犯了。公司搞年会，我就会把这些学生全部叫回来，一起聚一聚，吃个团年饭，这是广东企业的一种风俗习惯。原则上他们在外边找不到暑期工，我这边就照单接收，如果你能找到暑期工的话你就去。从学校毕业以后呢，你在外面能找到好工作就不用回来，你找不到工作了我这边可以再给你停留一两年。但在公司养了两三年，如果还没有长进，那我就没办法，总不能养你一辈子啊。我企业是要人才的，企业是要运作的，企业又不是慈善机构，这个慈善是要通过自己的能力做慈善，而不是说企业做慈善是无条件的。

采访人： 到现在做了这么多年，您资助大学生的数量大概有多少？

袁斌： 反正每年一批是不少的，因为每年数字达不到就往里面补充，反正年年都几十个。你可以了解到，作为一个东莞的民营企业家，他真正是除了企业发展以外会考虑到对社会做付出，这个所谓的付出就是除了社会公益以外，包括一些互帮互助、关心和一些其他方面的工作。包括我们公司的员工有困难或者家里边有危机的时候，我们会倡导所有的员工献爱心。每个员工捐个一百或几十，根据自己的能力献爱心。这些员工从全国各地来，家里有时发生一些灾难。我记得最深刻的一次就是一个业务员刚来公司上班没多久，结婚都没钱，租房子住，怀了双胞胎，又是早产，要进氧气箱，一天要很多钱啊。作为一个业务员他一个月工资一两千块，没办法，而我又不是他爹他娘，不可能一个人帮他付完，于是我自己捐了一大笔，然后每个员工都捐一点。这就是企业的一种责任。那个时候我们没有工会，什么都没有，就是凭着自己的良知。做任何一件事情，人的良知是最关键的。如果失去了良知，再成功你都不是人。

这里的人讲诚信

采访人： 你们觉得自己做实事更切合山西风格还是莞城风格？

袁斌： 我觉得是莞城风格，我来东莞学到的，是莞城人的务实。1995年内地人的思想和诚信，和东莞人是不同的。这里的人很诚信啊，讲一句话就是一句话。大家都是为了生产、为了生意往前冲，根本没有时间去你骗我、我骗你，或者是我挖你墙角、你挖我墙角。反正跟本地人做生意说一句话就可以了，连合同都不用签的。那个时候在内地签了合同还要去做公证，做了公证还要找人担保，还不一定能收到钱。但跟东莞当地人做生意就非常简单，他看完了你这个产品之后认为没问题，那你明天送货了就给你钱。甚至我们做几百上千万元的合同，也是一句话就去做了，房子盖完了才去收钱都有可能。

采访人：那现在这种情况还在吗？

袁斌：现在经济发展了，人随着社会的发展也在改变自己，2000年以来可能没这种感受了，但真正本土的还是以诚信为本的。东莞本地人，他那种原住民思想，各方面都值得我们去学习。只有融入到东莞这个社会，融入到东莞的生活习性中，融入到大家的这种情感中，我们的企业才能得到发展。现在由于城市发展，城市规划的需求，市政府搬出去了，很多重要职能部门也搬出去了。但是莞城的商贸还是不可替代的。因为莞城基本没工业，财政税收完全是靠商业、零售业企业和一些贸易公司。莞城吃的是草，挤的是奶，没有污染啊。

采访人：莞城的大宗商品比如购房、购车的消费额都不多，但它的“社会消费品零售总额”在全市是排得比较前的，为什么呢？

袁斌：莞城是几百块、几十块甚至是几块这样累积起来的。我觉得莞城有个最大的优点就是，除了教育、学习和商贸以外，还有它的文化底蕴。莞城的文化底蕴非常好，文化牌打得非常好，所以这几届领导班子都是重视这个文化牌，包括专门有一个文化广场。这个文化广场变成了东莞市的学习榜样，各镇街学习的榜样。因为有文化你才会凝聚嘛，一个企业，如果没有自己的文化，那就凝聚不了员工。

采访人：你们怎么看待莞城“飞地”企业形式？

袁斌：我觉得是一个战略策略的问题。因为一个区没有工业经济带头确实很难弄，而且有了工业经济带头可以解决一部分就业问题。完全靠零售业解决问题不现实。一地经济的发展，好与坏，无非就是看几个方面：第一是工业发不发展，第二是城市建设好不好。所谓的城市建设就是看一看房地产的开发和公共建设，公共建设好了、房地产开发好了，自然而然就筑巢引凤了嘛。莞城因为是早期的政治文化中心，而且延续了几百年。东莞的福地就是莞城。我觉得莞城也要改变自己，它不可能墨守成规，也要走一些创新的路。

还有一些资料，我们网站上有，我们的网站、月刊都会很真实地介绍公司的一些情况，包括公司的发展方向，公司的一些业务。我觉得一个企业不能只宣传好的，它也有坏的时候。就像我们公司上半年的总结大会，上半年的业绩不好，在我们网站上就可以看到。

适者生存，不进则退

——潘雄伟（东莞市联丰实业发展总公司经理）

受访人：潘雄伟，东莞市联丰实业发展总公司经理，55岁
采访人：文淑贤、廖锐
采访地点：莞城市民广场
采访时间：2012年7月17日下午
受访者语言：广州话

童年时，家家户户做烟花

采访人：可不可以具体说说您小时候对地方建筑的记忆？

潘雄伟：我孩童年代住在莞城旨亭街，其实我父辈不是莞城人，但我是土生土长的。我在东莞出生，在运河小学读书，在一中读初中，在莞中读高中，读完高中就没得再读了，因为那时候是"文革"期间。莞城六七十年代最兴旺的是烟花产业，莞城罗沙做炮仗、啪啪纸，大家都知道的。

采访人：是每家每户都做那些手工业吗？

潘雄伟：是啊，我们小孩子一到春节就打烟花仗，那个年代莞城几乎家家户户做烟花，烟花炮竹产业是当时东莞县的主要经

济支柱。家家户户大人、小孩齐集家里，就拿一块床板，或几张木椅、吃饭台，找一些牛皮纸铺在那里，然后把烟花材料拿出来加工。那时候没有电灯，就在火水（煤油）灯下进行手工操作。但可以告诉你，在现在看来非常危险的工作条件下，加工烟花的事故率比后期做烟花的事故率还要低。那时防火意识很强，手段真的是很原始，但很有效的。怎么原始呢？作为街坊居委来说，每家每户轮着做防火值日官。就找一块木牌，叫值日牌。比如由旨亭街一号开始轮值，今天是一号，明天轮到旨亭街二号人家当值。他做什么呢？就拿着这块牌，各家各户去说，水缸打满水未？有没有找一块砖塞好炉灶？那时做烟花点火水灯做，大家都很小心，按手工半小时做多少量就拿多少材料出来，即使着火也只是烧了面上那些，其他那些就找一个竹箩，用一些麻袋盖住它，即使着火也不会影响。而且每天拿的量，烟花炮竹厂都有规定，不给你拿太多。那时一个好的业余加工户，如果一天能赚到一元二角钱，已经很厉害的了。我们读了高中毕业出来，一个月才赚24块而已。那时烟花产业养活了东莞市民，它的出口占东莞工业产值的很大比例，莞城也好，下面各镇街也好，都有烟花厂。

读书时，学文学农学工学军

潘雄伟：我们读书的时候跟你们现在不同，当时根据毛主席的“五七”指示：“学生也是这样，以学为主，兼学别样，即不但要学文，也要学工学农学军，也要批判资产阶级。”我们读初中就开始学农了，每个学期要有一个星期去农村学农，例如去帮下面农村割禾。

采访人：是在莞城里面吗？

潘雄伟：不是，莞城没有禾割的。我们去厚街或篁村，就是现在的蛤地，即现在那个御花园的地方，大暑天我们去那边帮农民割禾收稻谷，也曾经去厚街桥头社区大队帮生产队割禾。那时读初中高中一定有一个星期学农，一个星期学工，学工就去柴油机厂，去学人家开车床啊。在莞中的时候还要有一个星期学军。我们学军就去樟木头的赤山部队，去军队炮团操练。那时读书没现在那么辛苦，真的是减负，但学的知识就没有现在那么多了。

采访人：那学农学工辛苦吗？

潘雄伟：怎么说呢，从体力角度，学生当然是辛苦的。像大暑天叫你去割禾，你知道什么叫割禾吗？就是稻谷熟了拿镰刀去割，真的跟农民“三同”（同吃、同工作、同住）。其实住就不同住的，他们安排一个小谷仓，或者粮棚、牛棚，找一些禾草铺在水泥地上就睡的了。

采访人：那吃呢？

潘雄伟：吃就跟农民一起吃，分小组下去农户那里吃，三四个同学去一个农户家那里吃饭。

采访人：那吃得饱吗？

潘雄伟：饱就一定饱的了，那些农民很淳朴，一定会管饱饭的。但有没有餸（即菜）就不知道了。看你吃到的是哪个农家了。

采访人：那您吃到的那家呢？

潘雄伟：我吃到的那个当然好啦。因为我和老师一起去供销社的那个农户家里吃，伙食当然比其他同学好。那时吃猪肉、鱼肉要肉证、鱼证，但那农户有人在供销社工作，农副食品供应就优先多了。你知道什么是供销社吧？现在也有的，供销社专门卖那些农产品、农业生产资料的，是国家集中供应支农物质的机构。在平时，我们放学回家第一是做作业，那时作业真的很少的，抄几条毛主席语录就行了，或者做几道数学题。第二是做烟花，就是帮补家庭经济。除了做作业，做烟花之外，还要拾柴。

采访人：去哪里拾柴呢？

潘雄伟：去山里，那时从现在的人民公园一直到旗峰公园一路都是连片小山丘来的，现在全都铲掉了。以前我们找柴要去到现在的黄旗山公园，觉得路很远很远的。三四公里，那时三四公里起码要走一个钟。

采访人：一般是什么时候去拾柴？

潘雄伟：我们一般是周末去拾柴，刮台风也去拾柴。因为刮台风树叶会掉下来嘛。我们拾柴有个规矩的，那些树叶不是干了掉下来是不能去破坏的，只能拾干叶。拿一把釉耙，知道什么叫釉耙？就是猪八戒那个耙，就去刮那个地，刮那些丛林里的树叶，用面粉袋装着回来烧火的。那时虽然每个家庭都很窄（地方小），但必须有个柴间，就是装这些柴火的空间。炉灶有几只脚，有个口，放那些木柴树叶进去烧。那个轮值防火值日官就拿着那块木牌，家家户户问有没有拿砖头塞住炉口，塞住炉口就防止那些木灰碳带着火种掉下来。这是第一，第二呢，问水缸，有没有打满一缸水在家？那时候没有自来水，用的是井水河水。那些人答，打了。打了就行了，一家家去问。

工作时，天真得像原始共产主义

采访人：您读完之后在哪里工作呢？

潘雄伟：高中毕业之后，因为我是大儿子，不需要务农。那时多数读完书出来要务农。我1974年毕业之后就去了莞城栲胶厂，那工作岗位是烧锅炉，就在现在的莞城镇工会，在莞城沙地塘那里，旧人民医院红楼住院部前面。

采访人：那日常一般做什么工作呢？

潘雄伟：我高中毕业后去烧锅炉你信吗？什么是锅炉你知道吧？对着那个大煤炉烧蒸汽，铲煤进去烧。然后手拿一条大铁棒，4米长，5公分直径，去撬煤渣，每天24小时轮班。

采访人：莞中毕业也要做这些工作？

潘雄伟：那时有工厂安排给你做已经很好的了。当然有些干部子弟可能去到那些柴油机厂或者轴承厂当一名机修学徒工，工作岗位可能好一些咯。我们没什么社会关系，没什么拣择的，一读完书出来找份工做，已经是比去农村幸福的了。那个年代东莞人一毕业出来，上山下乡的比例多。我们一班同学，大概三分之一有外逃香港的经历。因为太苦了，太穷了。你想一下我们烧一个月锅炉就只有24块，我们吃一餐饭就要一斤米。

采访人：一斤米多少钱？

潘雄伟：那时一斤米很便宜（凭粮票指标），一毛四分二吧。但一天才赚八毛多，你一餐一斤米就一毛四分二。问题是没那么多粮票指标给你吃，所以有时候要掺番薯进去煲饭吃。真的很艰苦，但就苦中作乐，人与人之间关系就没现在那么势利。那时社会很和谐，虽然大家都穷，但大家都很纯，很朴素，没什么争执，大话细听。如果晚上一说毛主席有最新指示，马上大家都兴奋得不用睡觉了，游行、喊万岁什么的。可以说真的很天真，好像叫作原始共产主义。人们只求温饱，是没什么计较的社会年代。

采访人：是去哪里游行？

潘雄伟：去振华路啊，去到人民公园，那时人民公园是个足球场，现在也没什么变化。就开会啊，领导在会上说什么最新指示啊。第二天又恢复正常，之后言归正传，各做各事，按部就班，大家都是艰苦朴素。那时贫富差距很小的，富裕人家有的是什么呢？最多一辆凤凰单车，一台红灯牌收音机。那些当官的都不富的。有钱的都是那些有港澳关系的。亲戚带一些香港的牛仔衫、收录机、尼龙衫、的确良衬衫回来，很令人羡慕的。我那时读高中初中，穿一双白色的布鞋，已经很奢侈的了。

采访人：那其他不是穿白鞋的穿什么呢？

潘雄伟：就穿军鞋咯，那时很时兴的嘛。不过话说回来，那些军鞋还真的挺好穿的，一双军鞋穿四五年都行的，很耐用。那时候没什么路好走，最多打柴，要上山。但变化最大的是在80年代中后期，那时东莞的产业有烟花炮竹和支农相关老工业，因为改革开放，东莞靠近深圳，毗邻港澳，得天独厚，在香港工业转移的时候，第一波转移到深圳，第二波转移到东莞。刚好1988年我很幸运被城区政府调派去参加“省外商投资企业中方高级管理人员培训班”的学习。东莞当时抽了四个人去培训，培训回来就任职于当时的诚德电讯厂，做中方厂长，30岁出头做中方负责人。我1975年参加工作就在栲胶厂，在栲胶厂烧了四年锅炉。跟我一起烧锅炉的汤超荣，1976年去参军，后来参加中越自卫反击战拿了东莞第一个一等战功回来。我就走了另外一条路，1979年由于做栲胶产品没什么市场，栲胶厂停产了，我就转去工艺厂。因为那时年轻，我又好动，又好学，在工艺厂很快成了工艺厂团支部书记。那时候的共青团比现在共青团艰辛多了，要劳动才有活动经费。我就跟工艺厂的领导说，我们共青团组织星期六义务劳动，你能不能给我们一些活动经费。厂长很支持。我们组织一班团员跟企业做新厂的基建、搬砖工作，如果有什么突击任务，我们义务加班。后来企业拨了一些活动经费给我们去开展团活动。

采访人：那时去哪里坐渡轮呢？

潘雄伟：如果坐汽车去广州，第一个是万江渡轮，那时没有万江桥，要坐汽车渡轮。中堂还没有江南大桥，新塘也是没桥的。80年代初期东莞至广州这三座大桥造好之后，我就组织我们工艺厂团员拿着一百几十块经费踩单车去广州南湖旅游度假村，那时南湖山清水碧很漂亮的，踩单车去，上午七点钟踩到中午十一点半。一班团员，唱着那首《年轻的朋友来相会》一路往前。我相信你们也会唱："年轻的朋友们，我们来相会……"，想不到二十年后真的如这首歌所说，"再过二十年，我们再相会"。

改革时，政府全力支持

采访人：那您在工艺厂之后呢？

潘雄伟：1985年开始，莞城镇与东莞市为培养青年干部，就在东莞党校（那时东莞党校在黄旗的）组织厂长经理培训班，找了省党校的老师来进行培训。东莞组织了几期培训班，每年一期，我们是第一期，我们那时厂长经理培训班叫"黄埔一期"。读了半年，培训现代企业制度、全面质量管理等课程，当时这是个很新的学习培训课。我们莞城派了12人去培训，在全市镇区来讲，算最多人的了。出来之后再经过半年多的工作考察，我被提为工艺厂副厂长，那时刚刚28岁。1988年我又去华南师范大学进修了半年，一出来就搞"诚德电讯项目"。这个项目在莞城是第二大外资投资项目，专门做美国AT&T（电话电报公司）的电话机的。

采访人：那里不属于莞城吧？

潘雄伟：联丰工业区这个地方，是有个故事的。在80年代初，莞城、篁村合并，由莞城投资，在现在的联丰围旧海关那里租了80多亩搞工业。那个新工业区成立时，我是第一任开荒牛，一直到现在，可以说见证了东莞这30多年改革开放的全过程。那时我们诚德电讯是市政府投资的一个企业，以来料加工的方式在莞城搞，最多人的时候差不多有4000人，曾经有过一个月出口值一亿港币的纪录。可以毫不夸张地说，目前中国电话机行业的最早培养的一些人才，就在我们诚德电讯企业。但由于香港公司的战略不在内销市场，在出口市场，所以国内没有多少人知道诚德。但是诚德公司就像“中国电话机企业的黄埔军校”，这是莞城的威水史。

采访人：这个企业在创办的时候有遇到困难吗？政府对它有支持吗？

潘雄伟：政府全力支持，从人才到各个社会部门，包括工商、税务、海关，特别是区领导都是有求必应，有难必帮。诚德公司遇到的困难就和企业竞争激烈所遇到的风险和经历一样，它的经营战略定位出了问题，到2001年就倒闭了，被重组了，终结了昔日的辉煌。我们的园区原来叫联丰工业区，2007年，区领导要求我们转为创意产业园。在2001年诚德倒闭的时候我们已经在思索这个问题。旧海关那里是城乡结合部，在2000年初期，开始“五年建新城”建设，行政中心广场都是2004年建好的，新的城市中心转移到南城。我们就自发式地转型，那时还不叫转型，按照莞城区党委的要求，叫“退二进三”，工业是第二产业，服务业是第三产业。诚德倒闭的厂房不再招工业项目，刚好市科技局要建设软件孵化园，我们就把它招引入园，又弄了一个南方科技培训院，进行成人教育，大专生可以在那里读本科，读MBA。到2007年正式转型升级，响应市委号召，进行经济社会双转型，才正式开始创意产业。当时市经信局带着我们去几大城市考察，出了一个发展规划，把产业定位和厂房改造规划全方位定下来。经过几年转型升级，旧厂房升级为时尚写字楼，引入了数字创意产业，形成一个软件产业、网络服务、现代信息产业的集聚区。

转型时，全力发展创意园区

采访人：工业园里面的企业是本地的多还是外地的多？

潘雄伟：按营业执照，都是本地的。但投资方就很多，例如台湾、深圳、广州的，外省的都有。

采访人：在初期招商引资容易么？

潘雄伟：我们在规划的时候请了高校的专家学者进行调研，因为创意产业是一个很广的概念，分精神和物质两大层面。精神层面又叫文化创意产业，如艺术、动漫、书画、歌舞、雕塑等。广州羊城创意产业园、北京798艺术区都是文化产业。物质层面就是为制造业产业服务的，如软件、服装、家具、智能创意产业。东莞的软件行业协会在这里建软件孵化园和软件公共服务平台，现在建成了一个国家级的软件测试中心。以前做双软认证要到广州，现在在我们这里就可以了。

采访人：您觉得“飞地”形式对企业和园区的发展有什么影响？

潘雄伟：所谓“飞地”，就是自己的土地不够，但有雄厚的实力和人才、资金，就用买或者租用与别人合作的土地，在别人那里建设生产制造业，又叫“工业转移园”，例如东莞在韶关建了一个“莞韶工业转移园”，利用东莞的资金、人才、产品和项目，支援山区的建设，也属于“飞地”。莞城在这块“飞地”的改造也是“三旧改造”的一个成功范例，其实“三旧改造”的升级版就是创意产业园。由于我们整个园区以政府为指导，比起其他镇区的一些改造项目要成功一些，没有太多的产权纠缠。

采访人：所以大家对这个投资环境还算满意？

潘雄伟：满意，因为物业是我们的，地方虽然是租借的，但可以通过降低产业营运成本的门槛招商，培育产业。我们的地点一流，距离市行政中心广场还不到两公里，就转一条街。我们周围的写字楼租金都是每平方米30元左右，我们的价钱只有他们的三分之二。而且我们的环境是园区性质，和大厦不一样，大厦没有空间没有氛围，所以我们很快集聚了那么多企业。我们也很挑剔，不是创意产业，就算给高点的租金我们也不愿意。东莞人说“缸瓦混着杉木”，就是卖缸瓦的和卖木材的很容易碰撞，搬运的时候碰坏了陶瓷怎么办，所以不能卖得杂。我们发展创意产业园区，就很注重营造氛围，我们利用莞城1200多年的历史文化底蕴和地理优势，低门槛的成本，集聚数字创意产业，所以我们装修的速度还没有招商快，进来还要排队，现在进行第四期开发，前三期已经全部招租出去了。这样子也为莞城培育了一个税源，私人企业和政府企业的战略侧重点不同，私人企业看重投资多少，回报多少；政府就需要集聚企业，培育税源。租金回报还是有限的，我们的理念是企业做得好，税收的贡献就多，对地方消费和人才聚集都带来一系列社会效益。

采访人：园区在莞城的经济地位如何？

潘雄伟：园区不是很大，一共也就9万多平方米，现在前三期只改造了4万多平方米，入驻100多家企业，数量很大，但都是数字内容的小企业，属于孵化性质，都是“小鸡”，养大了的“大鸡”就飞了，做大的企业就搬出去了。莞城汇峰中心就是专门养凤凰、天鹅的总部经济集聚地，二者形成一种互补。我们园区小企业一年也就两三个亿的GDP，有1000多人，基本是白领多。过去是蓝领、新莞人多，最高峰有七八千人。现在人员减少，素质提高，产值下降。过去“三来一补”工业的时候，一个企业一年都有几个亿，现在服务行业产值就比较少。产品统计不同，工厂的GDP特别高，包括了原材料价值，但是服务业只提供服务，原材料占比例很少，只有“灯油火蜡”（租金、人力成本、管理费、水电费等），GDP特别少，服务业产值比起来，0.5：1都不到，不过它的增值大。所以本园区是莞城现代信息服务产业的培育点，莞城有的制造产业园，单一个企业做汽车配件就几个亿。不同产业侧重不同，贡献就不同，不能进行比较。

采访人：您对园区有什么展望？

潘雄伟：肯定是希望它越做越好，全部改造完成，它就是莞城的一个亮点，是全市“三旧改造”的一个典范。所谓“三旧改造”就是利用旧厂房、旧物业、旧村去改造，我们利用旧厂房，旧工业区做创意产业，园区就叫创意产业中心园区。东莞市认证的创意产业园区有八九个，我们是第一个，叫“中心园区”。不过我们园区小，注重走精品路线，低碳发展，注重整体的环境、绿化，所以进去没有旧工业区的氛围，但能看到痕迹，有历史的记忆，又有时尚的元素，有见缝插绿的感觉。我们也到其他城市学习，如佛山、广州、深圳、南京、上海等处去参观，参加省的交流会，中小企业博览会，互动交流，互相促进才有进步。做任何事情都不能固步自封，就像诚德一样，说倒就倒。在现实生活中，达尔文的进化论对每一个人来说都是一个很深刻的哲学思考，“适者生存”，不适应发展、生存就失败。

最高峰时我们园区有十多家外商投资企业，现在都没有了，去年最后一家都搬走了，都彻底转型了，社会变化快得令人唏嘘。社会也好，企业也好，人生也好，要学会随着环境变化而变化，随着社会的转型而升级。人也是这样的，知识是一定不够的，我虽然没能进入本科教育，那时能读高中已很幸运，我在级里语文还是第一名，可惜没有高考，但是我不服气，恢复高考后我也去考，但没考上，因为学习中断了太多年。我去华工自学管理工程，后来很幸运地被政府选到青年培训班，2004年我也自己去读EMBA班，虽然我们在企业一线，工作很忙，但是适者生存、不进则退的生存法则鞭策着我。作为企业负责人，我也要进修，尤其在外经办，与外商交流，一接触别人就知道你的水平高低，这个很关键。起码自己要在招商业务知识和法律法规这些方面能给他们解答，协调他们和地方的关系，这样才能取得投资商对你的信任。可以说，人是要做到老学到老的。

古建筑是对城市的美化

——罗锐和（自由画家）

受访人：罗锐和，自由画家，51岁
采访人：吴海敏、黄维欢
采访地点：莞城市民广场
采访时间：2012年7月13日上午
受访者语言：东莞话

从热情学画到开设计公司

采访人：您什么时候开始对画画有兴趣的？

罗锐和：我读初中的时候就感兴趣。

采访人：您开始学画画时条件应该比较差吧？

罗锐和：是啊，找不到老师，有钱都找不到老师，那时候都不是讲钱的。一开始主要是以自己的兴趣为主，后来才接触到一些相关的老师。我读到初中的时候，还在做烟花爆竹。一边要被家里抓去干活，一边自己又想去画画，因此很矛盾，自己经常逃避。记得好像是莞城街道办的业余美术班请到老师来教画画，当时一见到有老师在那里教画画，自己就很高兴。

采访人：在您学画画的过程中，有什么人对您产生过大的影响吗？

罗锐和：昨天岭南画院刚刚搞了个“唐灵回顾画展”，他是对我影响比较深的一个老师。他教我色彩，是我的第二个老师。当时画画最爽的就是学色彩，他画那些色彩很靓。

采访人：那时候学画画，您家里人支持吗？

罗锐和：不支持的，你不要以为父母一定支持的。爸爸是不管我的，就是既不支持也不反对；老妈是比较反对的，因为当时是做烟花爆竹的年代，一画画她就说你借这些事去偷懒，说我去玩。所以我一直挺不满她不支持我的，为什么画画这么正经的事都不支持我，当时我很不明白。

采访人：会不会不想画了，去做其他事？

罗锐和：都有一段时间很没瘾。

采访人：哪段时间呢？

罗锐和：我第一份工是做苦力。我们那个年代出来做事是跟父母单位做的，我爸爸是在粮所做事的。为了解决家属的就业问题，当时粮所开了个专做面条的部门。我就在那里做了一年多，一边做一边学画画。那时候有个很好的条件是上班都是在早上的，凌晨四点钟就上班，然后做到大概早上九点钟，就可以收工，剩下很多时间画画。那时候年轻，有精神、有热情，不用睡午觉，可以一直画到晚上。

采访人：后来是什么时候去读大学的呢？

罗锐和：我1981年读完高中，之后一边工作，一边接触到广州美院的老师，那时开始知道原来广州有一间这样的艺术院校。然后，我自己就发奋去考试。1983、1984两年我都没考上，1985年才考上。通常美术专业和文化课要两条线一起上，单单专业课好不行，单单文化课好也不行。因为我高中读的是理科，考美院要考文科，所以白天工作，晚上要到莞中补习文科，时间都是满的。1985年我考上了广州美术学院的工艺系，读设计专业。

采访人：您毕业后，回到东莞继续画画吗？

罗锐和：做设计为主，开了一家装修公司，早几年做不下去了，因为我只会画画，不会电脑。在开公司之前，我办过室内设计学习班，有很多人学。1991年的形势是大家都下海做生意，我就开公司。

采访人：当时莞城学习艺术的氛围浓不浓？

罗锐和：学设计的氛围很浓，实用艺术很受欢迎。我当时开的班属于夜校，很多人报名。那个年代，就是你们出生的年代，做什么都很好做的，开一个凉茶档都很好做。因为那时刚刚改革开放，开放就是鼓励，鼓励大家放胆去做。我们正值年轻有冲

罗锐和画作《东莞制造》

劲的时候，做老板才是最“威水”（即威风）的。于是就去做，一做就成了老板，我们开公司的时候很旺的。我主要做设计，很多人一听到你是做设计的、美术学院毕业的，就会找你来做。所以，那时候很快上马。

莞城的艺术氛围还不够

采访人：现在主要画什么类型的呢？

罗锐和：现在纯粹是按自己兴趣创作，没有收入。

采访人：说到收入，政府对于本土的艺术家有什么支持政策？

罗锐和：不见得有，我画了很多关于莞城的画，我也很希望搞一个展览，但找不到一些渠道来支持。如果我们想在画廊里搞展览，画廊要收费，我们哪有钱交？

采访人：那政府部门有没有相关的优惠政策？

罗锐和：不见得有，所以我觉得无助。

采访人：您的画一般通过什么渠道让人知道呢？

罗锐和：通过东莞美术协会。（向我们展示他手机里自己创作的画的照片）这就是莞城的景貌，这里就是中山路、振华路。我完全可以做一个画展，展示莞城变化的风貌。我们想宣泄，但我们没有渠道。骑楼基本保留，和小时候的差不多。这张是我的代表作，我没有画完，它就拆了，就在阮涌，最后的一间钉子户。

采访人：据您观察，近几年莞城的艺术市场和以前相比，是好做了还是难做了呢？

罗锐和：莞城的艺术氛围不浓的，对比中山、顺德来说就很差。我总觉得莞城的商业味浓一点。

小时候很多喜欢的都没了

采访人：您小时候会不会去运河游水？

罗锐和：有啊，去东江、运河都有。高中那时候大概是1980、1981年，水还很清的，还有很多人去游水的。读完书之后就没有人游水了，那些水变黑了。我在运河也游过水的，读小学的时候，“7 · 16”是纪念毛泽东畅游长江的一个节日来的，正好又是我们准备放暑假的时候，通常游完水就放暑假了。由北门桥游到博厦桥，我游过两年。那时很多人游，是学校组织的，老师在岸边看着。

采访人：开挖运河的事，您有什么记忆吗？

罗锐和：我读初中的时候跟学校去挖过北门的那条河，就在新风路那里，后来又盖了它。那时候挖了一阵，很过瘾的。我们个个当劳动力，纯粹是属于劳动课的安排。

采访人：您觉得莞城人有什么特别的地方？

罗锐和：莞城人当然说莞城口音咯，那些口音一听就听得出来，亲切点。

采访人：现在年轻人还保留莞城口音吗？

罗锐和：简直不会讲了。很多都不会说了，我们跟下一代说一些东西，他可能都不知道是什么了。

采访人：您可以举个例子吗？说个很有莞城特色的一个词，看看我们会不会。

罗锐和：例如，普通话叫“多谢”，英文就“Thank you”，广州话就“唔该”，我们就说“唔车（音ju）”，“车（ju）”读第一声也有，读第三声也有。你现在说“唔车”，年轻人不明白你说什么了。

采访人：可能说不出，但是听得明白。有没有什么特别的词语是老莞城人才可能明白的？

罗锐和：有的，一下子想不了这么多。好像“拍拖”，我们以前叫“抡油”（音），我都不知道为什么这么说的。同一个女孩子一起走就说“他抡一皮油”，我都不理解。可能那个时候，就好像现在有的大学生和中学生一样，有自己那个年代的一番语言。

采访人：会不会觉得很多小时候喜欢玩的、喜欢吃的现在很难找啊？

罗锐和：都有些的。我们小时候吃的东西现在好像都找不回了。例如，“扇子”啦，以前有个老太婆早上会拿出卖的，她用面粉夹成一块圆形，加一支竹，有大块，有细块，可以拿着吃，又可以扇凉，所以叫“扇子”。

采访人：您小时候这些卖多少钱？

罗锐和：一分钱五块。如果那些大块的就一分钱一块。

采访人：现在没了？

罗锐和：没了。还有甘草榄、咸榄、茅根粥、炒花生啊，这些都没了。炒花生通常都是一分钱三粒，以前有一个老公公专门卖炒花生的，他叫阿光，我们叫他“花生光”。小时候很多学校门口有那些“咸酸婆”。这些喜欢吃的东西都是童年的回忆啊。

烟花爆竹不仅是我的童年

采访人：您觉得莞城由以前到现在有什么变化吗？

罗锐和：变化很大。我是60年代出生的，踏入70年代开始读书，由读书的年代开始，烟花爆竹最有莞城特征。那个年代几乎家家户户都做烟花爆竹。

采访人：在家里做吗？会不会有危险？

罗锐和：对，在家里。很危险的，经常炸死人，火灾烧穿

向阳路东莞炮竹厂

屋都有，事故经常都有。那时年龄小，夜晚一听到有爆竹声就很怕，以为是烧到自己屋了。但没有办法，当时经济需要，很多烟花爆竹厂开在东莞，开了之后，发给我们家家户户来做，做一个烟花爆竹需要很多工序的。我从1971年开始读书，那时就做烟花爆竹，做到1981年，1981年我刚好高中毕业，到那时莞城几乎没有人做爆竹了，刚好做了十年，就是我读书的那十年。所以，我对烟花爆竹的制作过程比较熟悉，印象比较深刻。

采访人：请您介绍一下我们看到的爆竹是怎么做出来的。

罗锐和：烟花和爆竹是两码事。爆竹呢，先用纸条卷成“卷条”，卷完之后就切，一道道地切。过程很严格的，卷的时候规定用多少纸，然后要称重。卷完之后就切，切完之后就搓，我们叫“搓朴”（音）。搓实之后，就是“撩尾”，因为两边是通的，要将一边订实，入药，之后放药引，再将药引订实，这样一个爆竹才做成。做好之后，为了美观，在外面封皮。再将爆竹放成一排排，东莞话叫“ben”。我们一家人只是做其中的一两道工序，各家各户做的工序不一样，有的做“封皮”，有的做“撩尾”。刚刚开始做烟花爆竹的时候，有香港佬穿着比裤头还宽的喇叭裤回来，不知道我们在做烟花爆竹，含着一支烟就走进屋里，不小心就会烧到屋，这样的火警事故都是有的。烟花就很多种类，有的叫万花筒，一个桶里面装不同颜色的药，然后喷出不同颜色的花。有的叫龙吐珠，一个个打出来。烟花种类很多的，现在是理解不到那么多的。

采访人：您平时是不是放学就回家帮忙做烟花爆竹？有没有其他娱乐呢？

罗锐和：是啊，没有其他的娱乐。没有读书以前，我们就玩棋、弹纸和榄核，榄核就是乌榄的核。读书之后，业余时间都是被烟花爆竹占据了。烟花爆竹不仅是我的童年，还贯穿了我的整个读书过程。

不明白为什么没人去保留旧建筑

采访人：您在振华路那边有没有什么特别的回忆？

罗锐和：有的。我觉得那些骑楼代表了很多，虽然很旧，但真的是精雕细琢，很靓。我觉得应该要保留这些建筑。

采访人：您对哪间铺头有特别的印象？

罗锐和：你刚才讲的那些我都很有印象。还有些巷的巷口有栋楼，我们叫它“巷楼”，都挺有特色的，我还画过几次。

采访人：那里还有没有古旧的商铺是由您小时候保留到现在的？

罗锐和：我住的那条巷口对面有一间铺，听说以前是很有钱

罗锐和画作《中兴路》

的一个业主的，后来将那间屋改成一个门面，红粉石门面，那里叫澳口街，我特别有印象。我觉得现在如果能保留下来，真的很有特色、很靓。后来，有人在那里做云吞面铺，我问他，以前这间屋这么好为什么拆了，他说那个门口小做不了生意，所以就拆了。

采访人：对于您自己土生土长的莞城，您有没有什么特别想跟我们分享的感受?

罗锐和：我希望能够将那些有莞城特色的建筑保留下来。好像振华路，特别是那里有几组铜雕塑很靓，“烧炮仗”“买荔枝”。这些雕塑现在还在路边，这些是有东莞特色的艺术。

采访人：您知不知道这些铜像是什么时候放在那里的?

罗锐和：应该是90年代。

采访人：可以查到它的出处吧？

罗锐和：一定可以。我认为先将这部分艺术找出来，修复好，就能代表莞城的文化特色。这些东西很珍贵的，虽然艺术可以重新创作，但以前有过一批这样的东西，为什么不用回呢？

采访人：总体来说，您对莞城的变化有什么感觉呢？

罗锐和：我觉得是一种自然的产物，自然的，必须要变的，不过我觉得有些建筑留下来能美化城市。振华路、大西路和中兴路，这几段路如果整好它、美化好它，以后做演艺街，多有用啊。现在可以将它整得像丽江那样，做出特色，商业化一点也没关系，但是一定要保留原来建筑的那种商业环境，那就好了。

社区工作者的文学之路

——叶宴珍（社区工作者、文学爱好者）

受访人：叶宴珍，社区工作者，文学爱好者，58岁
采访人：吴海敏、黄维欢
采访地点：东莞县博物馆
采访时间：2012年7月13日
受访者语言：东莞话

莞城就是东莞的中心

采访人：叶老师，您是土生土长的莞城人，中途有没有离开过东莞？

叶宴珍：我无论生活和工作都没有离开过东莞，一直做社区工作，由十多岁就开始做，一直到退休，做了三十几年。一毕业就去社区做，负责计生和妇联工作。我是地道的社区工作者，有的同事跳槽做外贸、经商，我一直都没有离开。

采访人：您在哪个区工作？

叶宴珍：莞城是东莞的政治、经济、文化中心，在解放后分

成三个管理区，一个叫城内区，西正路有个城门，由城门内一直到有农村的地方叫城内区。城内区一直是政治、教育中心。城外有两个区，一个是西隅区，一个是北隅区。这两个区以城门前的东莞运河为界，往西边就是西隅，往北边就是北隅。我一开始工作就是在城内区西正路居委。以前叫做管理区、生产队、街道办公室等，现在叫社区，其实工作内容都是一样的。

采访人：您怎么会做社区这份工的，是分配还是自己选的？

叶宴珍：不是，是分配的。我们一毕业没什么做，有一次我回社区迁团籍，社区书记说："你这么年轻有没有做事啊？"我说："没有啊。"他说："那你来我们社区帮忙做下事吧。"那就开始做了。

采访人：叶老师，您在社区具体是做什么工作的？

叶宴珍：社区工作真的是千头万绪的，除了不管生产以外，居民的生老病死、衣食住行都是我们的服务范围。

小时候在公园挖过防空洞

采访人：叶老师，您小时候去哪里玩的？玩什么呢？

叶宴珍：就是来公园玩，这个人民公园我们很小的时候已经有了。那边有个大球场，现在用来做田径场，以前没有那么规范。大球场是东莞最大的地方，每年五一、国庆的集会一定在这里开，开过无数次。那边还有一个英雄纪念碑。东莞有什么集会都会在这里。现在扩大了，叫人民公园球场，或者人民公园田径场，总之我们叫"大球场"。到现在，每年的迎春长跑都是在这里进行，还有一些犯人宣判大会也在这里。功能还是很多的。

采访人：您在这个公园，有没有难忘的记忆？

叶宴珍：六几年我们在这里挖过防空洞。那时我在莞中读初

人民公园盂山（革命英雄纪念碑所在）

中，有任务去挖，很辛苦。没有规定每天挖多久，总之发了任务给我们班，我们学校就利用课余时间去挖。里面的空气不流通，很闷很热，但没有发生过事故。那时基本整个山都挖通，如果真的有空袭，里面可以住很多人。

采访人：那里挖了多久？

叶宴珍：都有好几年，之前已经有工厂的人挖过。当时挖的目的是避战避荒。我读书的时候是70年代（1970—1974年），两年初中，两年高中。我们挖的时候是“文革”后期，当时经常做演习训练，我们心里还是有点怕的。一开始，是一段段挖，然后连起来。挖出来的防空洞跟成年人差不多高，一米多宽，里面是泥地。完工之后，整个山是通的。现在出口都是封起来的，但是里面是通的，如果有战争，防空洞是可以用的。就在对面的山，叫“钵盂山”，传说这座山里有个钵，盛着金鱼还是什么，所以叫这个名。

采访人： 你们当时的防空演习是怎样的？

叶宴珍： 政府、武装部组织的，全民参加。那时真的有人抬担架，有人做护理，有人做抢救，有人做后勤，有人做收容等。各就各位，很有秩序。但不是经常搞，我就参加过一两次。

“文革”我家损失大

采访人： 叶老师，像经历过“文革”，有什么体会吗？

叶宴珍： 有。1966年“文革”开始，我就亲受其害，我1962年开始读书，一直到四年级，全国教育大纲都是正规的。1966年开始，就不正常了，变成老师没有一个是好人。那时我们也不明白，为什么老师一夜之间都变成坏人，通通要打倒。老师都换了，由工厂的宣传队工人进驻学校，工人给我们上课，他们没什么文化，和我们说政治、大道理和形势，不是上课。在学校不上课，就贴大字报，攻击老师，唱毛主席语录歌。所以，我们就不能学到课本的知识。宣传队队长告诉我们，这个老师是坏人，作风不正，教坏学生。当时学生没有什么辨别能力，就听宣传队的人的话，就觉得那些老师不是好人。还好，我们家比较注重学习，我爸爸就要求我们在家里学习课本。

采访人： 一般讲老师什么缺点？

叶宴珍： 说他曾经说过一段话，攻击社会主义。又说他批评成分好的学生，偏帮地主的孙子，就是“欲加之罪，何患无辞”。我们当时就看着老师被人批斗。

采访人： 家里有什么影响吗？

叶宴珍： 我们家里也经历很多。我爷爷是归国华侨，带回来很多东西，有当时叫“黄色书籍”的书和画、陶瓷等珍贵古玩。回来之后有钱，又买了很多贵东西。到“文革”时，所有都扔了。我很难忘的是，我们家里有一块四面的八仙镜，很漂亮，现在肯定是价值连城的。当时说八仙是封建迷信的，就一定要清除。我们不敢偷偷藏起来，要忠于毛主席。毛主席说现在要革命，这些黄色的、封建的，不可以保留。经过政府宣传，我们就接受了，否则我们还把它当宝。当时我就和弟弟亲手打烂它，用锤打不烂，还借了一个大锤打碎，然后，一毛一分钱一斤卖给收废站，现在想起来觉得很可惜。

我爷爷是澳洲华侨，有一张穿着西装的照片，当时也是不能留的，说是崇洋，我爸爸就很不甘心，就用毛笔写了毛主席的《长征》那首诗，盖在上面，盖住我爷爷的照片。领导来到，看到我们墙上挂着毛主席的诗词就没有非议。所以，“文化大革命”过后，我爷爷的照片还能保留下来。当时，我还有西洋娃娃、音乐盒和西洋镜。西洋镜也叫红毛镜，在阳光下可以看到七彩，是我爷爷带回来的，都扔了。

采访人：您爷爷是什么时候回国的？

叶宴珍：很久了，好像是30年代末，差不多是打日本人的时候。我们家以前在莞城是开银行的。我爸爸是在莞城出生的，我们几代都是，包括我爷爷也是。所以，“文化大革命”我们是损失最大的。

采访人：损失财物，人没事就好。

叶宴珍：我们本来人都要被批斗的，我爷爷回来的时候置了很多物业，我们的家也很漂亮，在城内。以前有钱是不行的，有钱是罪过。不过好在后来有政策说我们是华侨，国家有政策保护华侨，我们的房子才能保留下来，要不然，房子都要征收改造的。早几年，凤凰地块那里征用，拆了。我们的房子有300多平方米，有前院后院，很漂亮的。

我读高中的钱都自己赚

采访人：1977年恢复高考时，您有没有想过重新考大学呢？

叶宴珍：我没想，因为我那时拍拖，就不想了。我弟弟就想，有去考，但是他那时考不上。他工作之后，再温习，又去考过，考到湖南大学。毕业之后他又进修，现在在湖南大学读研究生。我没机会读又不服气，后来就去电大读。1978年就有东莞首届电大班，我去读了英语。因为我家里有点英语的环境，所以我就读了英语专科。不是全日制，我那时要上班的，就请一个小时假，四点钟读到六点钟。首届电大班连辅导老师都没有，就是对着那个电视上课。现在就好了，所以说改革开放之后，东莞的文化环境变化好大。以前就只有一间中心小学，一间莞中，一间建设中学，现在就有很多间中学。除了官方的，还有民办的，几乎是没有人不读书的。

采访人：你们读高中那时候，班上男同学比较多，那不是有很多男孩子追吗？

叶宴珍：没有，我们那时候很传统、很保守的。和男孩子聊两句就要被老师叫去问话的。我们有两个同学，一个男同学、一个女同学，差点因为作风问题被学校记过。其实没事的，就是他去同学那玩，同学去他那玩这样而已，好平常的。

采访人：当时一个班有多少人？

叶宴珍：我们一个班人挺多的，有五十几个人，女生只有12人。小学教育就普及点，一上到初中，女孩子就不一定再读了。

采访人：您高中那时候，是不是很多女孩家里穷得交不起学费呢？

叶宴珍：是啊，我那时都很紧张的，每年我们要做暑期工赚学费。我读高中的钱基本上都是自己赚的。早年东莞加工那些爆竹，我们可以赚点钱。因为这里有一间爆竹厂，我回家就做撩尾、封皮。有危险的环节不让带回家做的，就是没装火药前，一个纸筒、一个纸卷，那些都挺安全的。

写作上，我爸爸是半个老师

采访人：叶老师小时候就喜欢写文章吗?

叶宴珍：是。如果不写，我爸爸就不放过我，他要检查我写得怎样。比如说，刚刚学文字的时候，日月火山水田土那些，他就教我，教到差不多就要造句，造句之后，他就要我试下编写。所以我由小学三四年级就开始写一些很简短的日记。还有，不可以记流水账。我最记得我爸爸说："你写什么东西，一定要说这件事令你想起什么，或者今日做这件事对你有什么帮助，你学到了什么。比如说，你不可以说你去开会、去参加活动，或者去看电影，你不可以说你们排着整齐的队伍高高兴兴地去，接着又说我们排着整齐的队伍高高兴兴回来，不准这么写的。你一定要写你去参加了这次活动或者看了什么电影，你学到了什么，使你想起了什么，对你有什么帮助，同你读书有什么关系，你一定要这么写的。你写不了，写两句都好。"其实从小我爸爸就是我的半个老师。

采访人：您觉得在成长路上，哪个人对您影响比较大?

叶宴珍：爸爸吧，爸爸对我影响特别大。还有两个老师：一个是小学一至三年级的班主任，一个是四年级教我写作的老师。

采访人：叶老师，您之后写作的灵感来源于哪里?

叶宴珍：没什么的，都是些日常生活的积累，如果觉得这件事值得你去记下来的，刚好当时又有些空闲，就会写下来。我写的东西多数都是自己经历过的，还有我自己上心上脑留意的。年三十晚，我们有“卖懒”习俗。这个习俗挺好的，就是表达一种好的愿望。我曾经写过一篇文章叫《除夕“卖懒”》，在《东莞文艺》登过，就是说卖懒的事情，还有那首卖懒歌：

卖懒仔，卖懒儿，卖到广州黄大姨，今日齐齐来卖懒，明日清早做新年，做新年，食大橘，食完大橘赏银钱，男人卖懒勤书写，女人卖懒绣花鲜，大个如龙摆正面，糖环粉果摆台边，正处一盘金橘仔，龙眼荔枝金凤凰，点火拦门烧爆竹，恭喜新年胜旧年。

采访人：现在还有这个习俗吗?

叶宴珍：现在还有，不过我们那时比较郑重其事，要正正经经卖懒的。除夕那天，凡有小孩的家庭，都由大人将鸡蛋带壳煮熟，然后在鸡蛋上面插上一炷点燃了的线香，交给卖懒的小孩，让小孩拿在手上。小孩手中拿着鸡蛋，口中反复唱着卖懒歌，直到那炷线香燃点完毕，才将那只卖懒鸡蛋剥壳吃掉。现在的小孩子都不稀罕吃鸡蛋，不同我们那时候，一个鸡蛋好像是多么珍贵的东西。

采访人：现在年轻人还会唱那首歌吗?

叶宴珍：多数人都不是很会。不过我们家里是要教的，家里小孩子都有唱过。其他风俗也有，只是没这么浓。

莞城的文化还有优势

——许焕雄（《莞城志》编者之一）

受访人：许焕雄，《莞城志》编者之一，69岁
采访人：林诗雯
采访地点：莞城市民广场
采访时间：2012年7月18日
受访者语言：广州话

毛主席怎么说，我们就怎么做

采访人： 您是哪一年出生的呢？

许焕雄： 1944年。

采访人： 那您是什么时候来到莞城的呢？

许焕雄： 1968年才到莞城。是毕业分配过来的，在东莞县氮肥厂当工人。那时候分配呢，一般就到第一线当工人，大学生都是这样。

采访人： 1968年……那时候开始“文革”不久。是这个原因，大学生都分配下来当工人吗？

许焕雄： 全部被分配到基层。要么去农场，要么去工厂。

我当时是毕业了，因为“文化大革命”，在学校滞留了一年才分配。本来我是六七届的，到1968年才分配。

采访人：滞留在学校的那一年做些什么呢?

许焕雄：搞“文化大革命”咯。写大字报，抄大字报，开会啊，游行啊。

采访人：这个县氮肥厂在哪里呢?

许焕雄：现在在那个“运河东一号”住宅区那里。一起来东莞的就两个人：我，还有一个兴宁的，大家都分在同一个单位。我所在的那个岗位劳动强度很大。当时的口粮是42斤米，这个量要很重的体力劳动才有，普通的就30斤左右而已。

采访人：我们之前访问过莞城的游泳队，当时一个运动员也才四十几斤米。所以你们劳动的消耗量跟他们一样大啊。

许焕雄：一年皮鞋就两双，劳动的那种，不是普通皮鞋。每天一上班，无论冬天夏天，那些工作服——相当于我们现在的牛仔衫、牛仔裤——全部湿透。

采访人：很热吧?

许焕雄：一是温度高，一是劳动强度大。那个炉火，用那些煤烧了以后制造半水煤气，用来制造氮肥，无论冬天夏天都是这样。另外还有额外补贴二角一份的营养餐，给12份，加起来也有二元四角，这些也是只有工作辛苦的单位才有的。我们当时在饭堂搭食，五两饭呢，差不多一角七分一餐。

采访人：那您当时在氮肥厂有没有遇到印象特别深刻的任务或者事情呢?

许焕雄：我们这一代的大学生受的都是一些传统的政治教育，加上“四清”“文化大革命”，毛泽东思想学得非常多，相对来讲比现在的大学生是淳朴一些，思想比较单纯。就算“文化大革命”那么大的运动，那些红卫兵，绝大部分都是向着党、向着毛主席的。他们不是说要打倒国家，只是两派之间的斗争。当时的小孩不知道谁是对的，谁是错的，总之党中央怎么讲、毛主席怎么说，我们就怎么做咯。所以学习毛泽东思想也学到了很多东西，不管是“文革”也好，出来工作了也好，碰到了艰巨的任务，我们都没有什么怨言，每天都是这么去做，倒三班，三班倒。

采访人： 倒三班？

许焕雄： 一个星期倒一次班。别看我体格不大，以前我在学校（中山大学），1964年左右，拿过400米自由泳冠军。我在学校时经常运动，游泳啊，羽毛球啊，篮球啊，乒乓球啊整天打。我进大学的时候只有87斤——这是有原因的，1962年国家经济困难。它不能说是自然灾害引起的，人祸大于天灾。我们这些在农村生活的人是知道的。1958年“大跃进”的时候，炼钢铁那些就另外讲了，将门窗的铁枝、家里的锅都拿去炼铁了，能用的铁都炼成了废铁。你用那些柴，用那些木，是达不到温度的。铁只熔了一点点，都没有熔透。结果那个铁哪里有用呢？

农业也遭到了很大的损失。我们以前插秧，有几乘几的嘛，我们一般都是用寸来算的，比如说六寸乘七寸这样，是不用公分来算的。我小时候“莳田”（即插秧），每棵禾之间差不多隔一尺远，一行一行之间也是隔得很远。他们认为，这些就不合理，空间太多。你一株禾有多少谷穗，一个穗有多少颗米呢，多少颗谷合起来就是一两重……这些在“大跃进”的时候都计算得很清楚。后来就是高度密集，叫做“满天星”。一条禾，任你插，只要你能插得下。为什么要这样子插呢？计算的方法是怎样的呢？假如我这里有一亩地，生产1万斤谷，因为当时盛传是一亩地6万斤的。6万斤，那个谷都堆在那一亩田上，要堆几十公分高才有6万斤。假如1万斤谷，是多少粒谷呢？大概2000粒谷就是一两，我们当时都算过的。那你要多少粒谷，这多少粒谷要多少穗？一穗谷，大概是100多粒。回过头来推算，你要有多少穗，我就要插够这么多穗给你。从道理上好像算得挺准确的，但是实际插下去之后太密了，通风、阳光、肥料都跟不上，最后长出来的谷都是白穗，里面是没有颗粒的。禾一割，一拿上来，它的尾（穗）都不能垂下去，这就证明它是没有谷的。另外一个就是“直播”，就是嫌“莳田”太辛苦，像小麦一样播，播了很多谷种，结果又是没收成。没收成是一回事，那些公社、生产大队都不敢报低产，还是报超产。国家就要来收公粮，最后谷子全部上交，剩下的那些根本不够吃，连续几年都是这样子。

采访人：那您在1962年87斤体重已经算很“大只”（意即壮实）了吗？

许焕雄：也不算很“大只”。我们这代人，男孩子的发育期没有现在这么早。十三四岁才开始发育。我14岁多就开始读高中，刚好是1959年。1959年到1961年这几年都是发育期，但是这几年最没有东西吃，所以又矮又瘦。

采访人：您大学时代参加了这么多的体育锻炼之后，毕业的时候有没有壮一点呢？

许焕雄：哈哈，确实壮了很多，最高达到了120斤，而且体力也很好的。我从事重体力劳动的工作成绩得到过工人、车间主任、工厂领导的好评。一个大学生能做到这样子，已经非常不错。所以我很快就从普通工人升到了班长、车间副主任，后来又升为生产技术股做股长，就是领导生产的了。给我印象比较深的有这样一件事：当时我进厂学毛著（毛泽东著作）属于积极分子。当时有有线广播，拉到工厂车间里面的。我进去三四个月，就写了一篇广播稿，主要是学习毛泽东思想的一些心得，就是知识分子怎样接受工人阶级的领导，怎样和工人相结合，改造自己的思想等等。当时我就被冠了一个名，说是东莞氮肥厂的老工人某某某。其实我进工厂才几个月，年龄才24岁。然后我就觉得很奇怪，我刚刚大学毕业怎么就变成了老工人？

采访人：就是说还是报您的名字，但是说您是老工人。

许焕雄：没错，就不说是刚分配下来的大学生。因为当时可能出于一些政治上的原因，认为大学生都是过来接受再教育的，没有什么值得拿出来去广播的，应该是工人阶级领导一切嘛。我曾经拿过几次全县的优秀干部、优秀党员称号，拿过三次县级的奖。单位的那些先进称号就不用说了。后面又被选去参加全省的巡回指导，就是组成一个组之后到各个县去巡视那些氮肥厂，看它们有什么问题就帮他们解决问题。

一年一见，老婆还帮我拉煤

采访人：那您后来在东莞成家立业了？

许焕雄：我老婆是我同学，在中大同届同系，后来她被分配去海南岛海口。我在氮肥厂，她在化肥厂。她在当时真是思想觉悟很高的人。那时候两夫妻分居，我很少去海口，她的老爸老妈在广州，所以在探亲假里，多数是她回广州和我这边的。氮肥厂以前是没有宿舍的，随便找间很多杂物的房，摆一张床，叫你们两个住在一起就算了。她有探亲假，而我要上班，她一个人也没什么事情做，就跟着我去上班。她做不了我那些技术性和强度比较高的工作，就帮我拉煤，用斗车去拉煤。我被那些工厂的人笑说："哈哈，你的老婆，真是厉害，过来这边探亲，都参加这边的劳动啊？"那个境界啊，真是没得说。

采访人：您是哪一年结婚的呢？

许焕雄：我们工作的第二年，1969年就结婚啦。当时我们都25岁，达到了晚婚年龄。那时候已经提倡晚婚了。在东莞这边注册登记，之后就跟她去海南岛，去帮她搬东西过来。

采访人：那时候都是坐船的？

许焕雄：嗯，从海口坐船到广州，然后从广州坐汽车回来。很艰难的。我试过有一年坐船回汕头老家，晕船，在船上吐得很厉害。上了岸回家吃饭，感觉那些桌子都在摇晃。明知道坐船时间长，又晕船，但是还是要坐，因为它便宜。船票是6块还是7块一张，汽车要12块，差不多要多一倍。就是想省下那6块钱。6块钱是一笔大数目来的。读书那时候也是这样子的。不过那时候读书，好就好在不用交学费。如果家庭情况差一点，连伙食费都可以免的。如果再困难一点，补助你伙食费12元之外，还会补助你3元生活费用来买日用品。所以那时候读书的经济负担是很轻的，我当时就有7块钱助学金。我的家庭条件是比较好的，家里两个月寄20块给我。“文化大革命”去北京串联，都只是带那么一两块而已。呵，手头上就那么一点钱，你想多都没有。所以6块钱很想省下来。

采访人：您和您太太到什么时候才结束一个在东莞、一个在海南的状况？

许焕雄：后来因为我在工厂做得比较好。当时氮肥厂是一间重点厂，差不多是全市最多人的工厂，所以那些领导经常去氮肥厂了解情况，指导工作。厂长就经常跟领导提到我，说我在这里工作得很好，但是老婆还在海南岛，两地分居，现在生了两个孩子没人管。

采访人：孩子是跟您还是跟您太太呢？

许焕雄：肯定是跟老婆啊，要喂奶。但是我老婆又不是很够奶，第一个勉强喂够一年。她也要上班，也是三班倒的，所以很辛苦。但是那时候工厂多数有托儿所，就扔在托儿所那里。那时候第一个小孩才一岁，回来的时候才刚刚会走路。我就带他回老家，让我老妈带他。东莞县见到我们这样，就出面，在1976年把我老婆调回来。当时工厂盖宿舍，分了一间宿舍给我。一厅一房，有厕所，没有厨房，呵呵。那个宿舍现在在那个电信局后面，当时是属于可园的。后来又建了一个比较大一点的，在兴隆街街尾，靠近梨川那里。建了些所谓的一厅三房的，厅就11平方米，房间就8平方米多，四十几平方米一套。有厕所，有厨房，有一个阳台，但是都很小。要交租金，当时一平方米一毛半钱。我大概一个月交6块钱。

采访人：是什么时候啊？

许焕雄：1981、1982年左右。交6块钱房租。以前的生活不同于现在。你猜不到你这一生的！当时出来工作才领几十块钱的工资，怎么想得到以后做一份领几千块钱工资的工作呢？因为当时对世界上的事情了解得不多。其实在当时来说，几千块钱工资在发达国家算很低水平的了。人家拿几千美元，你拿几千块人民币，但是呢，在当时来说，都属于不可思议的东西了。

莞城原来是大哥大

采访人：那么您在这个氮肥厂做了多久呢？

许焕雄：氮肥厂的工作1990年左右就结束了。中间还有一段时间在运河糖厂。糖厂和氮肥厂是同一个领导机构。我1981年就到糖厂那边搞设计，1983年冬季离开糖厂。两间厂后来彻底改造成商品房。

采访人：当时莞城还有没有类似的厂？

许焕雄：有，当时支援农业的工厂是最紧要的。因为当时提出“以农为纲”，对农业很重视。所以氮肥厂、化肥厂、农机厂、电机厂、水泥厂特别多，遍地开花。这些大厂都是国营，设党委的。当一个股长，都要经过党委组织部批的，是正式认定的国家干部。这几间厂是属于工业的骨干厂，而且是支农厂。这些厂和氮肥厂一样，很多都是规管的，就是政府补贴咯。因为是支农企业，卖出的那些肥料要便宜一些，然后由政府给回补贴。到后期呢，因为这些厂每天用十万度电，用电太多，而且生产的肥料太过低档，所以后来就停了，将这些电力用在其他那些来料化工、合资企业上。

采访人：这是到了后期发展轻工业的时期？

许焕雄：也不会很后。莞城第一间对外来料加工厂的建立是1978年，到90年代初期就形成了一定规模，量就比较大了，外地人就来得比较多了。

采访人：六几年莞城“以农为纲”时，农业发展得怎么样？

许焕雄：莞城的农业发展得很好的。当时没有高楼大厦，有好多田，特别是水乡片区啊。水稻的种植面积有100万亩，粮食总产量比以前跟我们比较好的阿尔巴尼亚还高。那时候东莞属惠阳地区，东莞的产值、税收差不多占整个惠阳地区的一半，一个县差不多顶得上七八个县。它一直都是鱼米之乡。我们这里有三个生产大队，罗沙、博厦、细村。早期它们都是农田，不过后期因为城市的扩张，1993年全部土地都征用来搞建设了，就没有农田了。大约在1995年之前，莞城在东莞还是大哥大，属于政治、经济、文化中心，无论是从工业产值、税收还是财政收入来看，都比其他的镇高很多。但是后来，我们就跟不上别人了。

采访人：地方比较小。

许焕雄：是的。地方比较小，又没有地方去吸收外资进来。当时莞城工业也是很好的，工业产值是比较高的。就文化来说，莞城还是很有优势。

我们留在东莞的这班人，每个月还是会聚一聚吃一餐饭。

二十几年了，都能保持很好的关系。虽然我现在退休了，那些人还叫我做召集人。我这个人没有去争那些名利、地位、金钱之类的东西。我对那些下级非常好。1975年我培训了一班人，他们当时才18岁左右，现在通通五十几岁了。我跟上级的关系就一般般，因为我不会去拍马屁，不会为了升职而捧领导。我觉得凭自己的能力、工作水平，应该得到的东西你就应该给我。所以，我现在总结，我这一类知识分子在当今社会是不吃香的。我觉得从别人对你很好可以看出来，其实你对他们要更加好。人情味很浓啊。

白话民歌很有本土特色

——吴志滔（《东莞民间歌曲集成》收集人）

受访人：吴志滔，《东莞民间歌曲集成》收集人，56岁
采访人：丁文俊
采访地点：莞城市民广场
采访时间：2012年7月18日
受访者语言：广州话

莞中对文艺很重视

采访人：我想了解一下您在工作、生活方面关于莞城的故事。

吴志滔：一九七几年我就开始从事音乐了，我的经历很多，曾经去过深圳工作，后来又出国了，在外地共21年。我是艺术家，主要做粤剧、戏曲、古琴这些文化艺术方面的事情，我个人觉得自己的主要成就，是对东莞民间歌曲的收集整理出版。莞城民间歌曲也有很多。我参与编撰的这本《东莞民间歌曲集成》收集了东莞全市的民歌。

采访人：您是什么时候开始学艺术的？

吴志滔：在东莞中学时就开始了。那时和现在不同，莞中

对文艺很重视，当时的文艺老师是部队文工团回来的，姓叶。部队文工团的特点就是“万金油”，作词作曲、乐器、表演、舞蹈，他们什么都行。我的老师从部队回来在县宣传队也做导演，后来在莞中做老师。我被挑选来做——是挑的，不是想去就能进去——挑选我们之后，组成宣传队，叶老师教我们创作如写词、作曲，也教理论。那时我刚刚读高中，在莞中也有些名气，因为上台表演的时候我都是做主角，一个晚上10个节目，其中8个都是我的，有乐器，有表演，有粤剧，有舞蹈，而且不是第一主角就是第二主角。我从叶老师身上学到很多东西，至今很怀念他。

采访人：开掘运河时您有参与吗？

吴志滔：我父亲有参加，那时候我还小。那是一项任务，各个单位要出人去干活，接力做，你搞这段，他做那段，将挖出来的泥担上河堤去，填高河坝。那时候是全民参与的，都很辛苦。读书时候我也去农村协助平整土地，搞水利，也是担泥。那时的记忆很深，就是吃得不饱，营养不够，但干活很多，因为那时物质不丰富，没有讲究营养，是吃得少做得多。经常连续几天，从早到晚都这样干。现在我去洗脚按摩，那些人会感叹我的肌肉怎么这么结实，看不出我这个文人会这样。

要以民乐表现东莞历史

采访人：您对莞城的历史发展了解吗？

吴志滔：我还没有做很深入的研究，但是很快就要做这个方面的调研了。我在这里出生和成长，后来去深圳和国外转了一圈回来，很有感触。我正在酝酿写一个大型东莞原生态音乐舞蹈史诗。我这作品的年代跨度五千年，从东莞开初有人居住一直写到现在，要讲述东莞的发展历程。我们现在的这个地方（即莞城政府）五千年前是一个岛，处于莞城的制高点。你看看：从这里向着东南西北的方向都是下坡，可见这里的地势是最高的。离这里约一公里的蚝岗村（编者按：南城区），据专家考证，那是珠江三角洲最早有人居住的地方，故有“珠江三角洲第一村”的称号，是东莞年代最早的史前文化遗址之一。大家上网很容易就可以查出相关历史记载。在那挖掘出来的蚝壳堆有小山坡那样高，还发现了两具古尸。后来，就着遗址的地形地势在那里盖了一个博物馆。从这些方面可以说明东莞不是一个荒蛮、没文化的地方。东莞古人在五千年前就开始生息在这里，已经有了文化。那时没有布料，做衣服是用树皮布；在那里又挖出了有关的工具，证明了当时煮食生蚝的事实。博物馆里有考古挖掘情景的图片，那两具古尸现在不开放参观，主要是想妥善保存。你有空可以去看一看，对莞城这一带的文化会有进一步的认识。我去博物馆参

蚝岗遗址博物馆

观过两次，为了找创作的灵感。

采访人：那您写的舞蹈史诗从那时开始？

吴志滔：是的，我打算用诗歌、歌曲、舞蹈和情景表演的形式来再现东莞重要的历史人物与事件。从东莞五千年前一直到现在，将这些历史进程编排出来。我准备用东莞的民歌、东莞的音乐来表现，把东莞的民俗文学、民歌、音乐和一些属于非物质文化遗产的东西搬上舞台。

采访人：您做这方面的工作多少年了？

吴志滔：我在七八十年代已经从事文化艺术工作了。2001年回国后，做了几年的生意，2007年才回归文化部门。

采访人：写作品的过程一般是怎样的呢？

吴志滔：要有灵感吧，现在已经有了。其次是要有意义，没意义的作品好像水流瓦背，一下子就过了，不能沉淀下来。我搞这个民间歌曲，当时没人去做，文化局让我的老师、文化馆的老馆长黄老师负责，但找不到合适的人去做。虽然有人愿意去做，但水平不行，即使是高校的老师也做不好，因为这不是他们的专业范畴，高校的老师看惯了五线谱，很难拿捏民歌的调性，用简谱记录民歌的时候，往往会搞错调性，拖了半年都做不出来。我从国外回来，知道老师正在主持做这项工作，专门打电话给老师。他让我过去，然后给了我两个录音，让我记谱记词，他知道我做音乐是可以的，但做收集记录民间歌曲是否可以，他就没把握，要考我一下。我就回去译出来交了功课，他马上吸收我进编辑部，成了他的主力帮手，书的三分之一都是我做出来的。所以他和领导汇报说，幸好有我这匹“黑马”跑出来，不然，这本书再做两年也不知道能不能出版。这就是一个机遇，即使没什么报酬，我也愿意去，因为我知道这事很有意义，以前只是零零星星的收集，这次大规模地在全市范围内收集，这本新书可以说是史无前例的工程，就因为做了这项工作，我在文化界开始有名气，其他人也会来找我约稿。

我觉得要搞好本土文化，就要突出自己本土的特色，要用来源于民间本身存在的东西进行扩展。就谈我从事的领域，民间的歌曲有很多，例如咸水歌，在沙田；客家歌，在山区；埔田丘陵片有白话歌。莞城有很多白话民歌，譬如结婚的铺床歌，丧事的老人歌；又譬如木鱼歌，莞城都很多人唱。木鱼歌分俗唱和雅唱，前者是百姓唱，容易上口，没有像拉腔那样的形式。另外一种就是文人唱，比较讲究音调和拉腔。雅唱的歌词有诗意，俗唱则比较通俗，也有些文学的东西，但主要是上口，唱出来容易让人听出你在唱什么。50年前的娱乐少，不像现在，所以民歌在民间传得比较多，在我小时候，外婆就经常给我唱这些歌曲。

采访人：歌词有没有一些比较特别的莞城元素？

吴志滔：当然有。有些作品是描写莞城的人和物。所谓特别，就是木鱼歌或者木鱼书，都是用莞城方言唱的。歌词很讲究平仄，讲究押韵，不然就很难唱。这其实是一种韵文。

采访人：有没有一些民间习俗包含其中？

吴志滔：有的，喜庆婚嫁的东西，例如过年；还有种老人歌，就是丧事时候唱的，不同的习俗有不同的歌词。我这本书目前存放在东莞文化馆和莞城图书馆。

爱心启航，我们感动了很多人

——曹建卫（东莞爱心启航公益服务中心干事）

受访人：曹建卫，东莞爱心启航公益服务中心干事，43岁
采访人：黄维欢
采访地点：莞城市民广场
采访时间：2012年7月19日上午
受访者语言：普通话

独立活动，钱不经手

采访人：您是从爱心启航创办起就参与了吗？

曹建卫：创办的时候就开始参与了。

采访人：可以说一下它的创办过程吗？

曹建卫：我们是在2009年创建的，是跟东莞市红十字会一起成立的助孤、助残、助学的一个专门部门，还有社会帮扶、春运帮扶等活动。我们获得了很多荣誉称号，比如东莞市优秀志愿者团队，助残项目还获得了优秀项目奖。2011年6月份，东莞红十字会实行片区改革，取消了队伍建制，把我们这个部门取消了。取消之后，我们就把这个爱心公益组织独立出来，专门继续跟踪帮

助这些老人、学生。

采访人： 也就是说你们那些创始成员原本都是红十字会的工作人员？

曹建卫： 对，后来红十字会取消了这个部门，不想做这些助残、助孤项目了，但是我们坚决不让它就这么消失掉，于是自己又组织了一个队伍。去年我们去民间管理局正式注册了这个公益组织。

采访人： 你们刚开始跟红十字会是怎样的一种关系？你们在红十字会领工资吗？

曹建卫： （他们）不给钱。

采访人： 那你们现在跟红十字会还有合作吗，还是已经完全独立了？

曹建卫： 已经完全脱离了。

采访人： 跟政府有联系吗？

曹建卫： 我们都是独立活动，跟政府没有什么关系。

采访人： 你们主要是让企业和爱心人士直接把钱给孩子，并不亲自处理善款？

曹建卫： 我们不经手的，但他们汇款，我们会跟踪。比如这个学期9月份开学了，我们会询问一下，有没有给资助的学生汇钱，或者再跟学生核查有没有收到那个叔叔寄的钱。我们只做这些，不直接处理善款。

采访人： 组织从哪里获得基本的运作资金？

曹建卫： 我们不需要，因为我们都是有工作的。

采访人： 你们都是兼职？

曹建卫： 兼职的。我们所有人都是兼职的。

采访人： 组织的管理人员都有正职，把这个当业余工作的？

曹建卫： 对。因为现在要求爱心公益要合法化，所以我们就去正式注册了。

采访人：政府对你们有什么支持吗?

曹建卫：没有。我们都是自己组织的。我们那边有一个聋儿康复中心，个人办的，有十几二十个孩子，我们会经常带那些小孩出去玩，比如去华南摩尔玩游乐项目。华南摩尔的企业老总很支持我们，会让工作人员给我们免费，我们经常组织小孩去那里玩。这都属于企业自发行为。还有企业来做活动的，比如说有的企业花了6000块钱，买了东西亲自把东西交到有需要的人手里，他们觉得这样很好，不像把钱交给红会或者交给哪个公益组织，他们还要收管理费。比如说你捐10000元，送到别人手里只剩下百分之八十或百分之九十，送到哪里你也不清楚。我们的透明度很高，带他们一起去献爱心，让他们觉得很有意义。有一年我们去清远，那边有一个社会福利院，福利院有很多小孩，被人家遗弃的，智障残障的，我们就组织东莞万科物业的业主星期六去那儿看望那些小孩，大家还会自发给那些小孩买玩具。福利院里还有一个敬老院，也挺困难的，业主们头一天还自发去超市，买米买油，亲自送给老人，都是亲身去做善事的。

志愿者和社区共同负担

采访人：你们的网站有500个注册志愿者，你们是怎样召集志愿者进行志愿活动的呢?

曹建卫：我们有时是在网上公布，比如这个星期有什么活动，还有群发短信通知。

采访人：志愿者在哪段时间发展得最快?

曹建卫：有一次开展看望孤寡老人的社区活动，我们的队伍浩浩荡荡，吸引了很多人的注意。还有在火车站春运期间，我们感召了很多人，尤其是很多外来工，在候车期间看到我们的活动，非常感动，主动要名片，要我们的网址，询问怎样加入志愿者队伍。

采访人：你们大概多久看望一次孤寡老人呢？

曹建卫：夏季一般一个月一次，冬季一个月两次吧。我们专门有一个志愿者负责跟各个社区的社工联系。老人有什么困难，社区居委会也会直接报给我们。

采访人：你们跟社区居委会关系很好吗？

曹建卫：很好，我们的爱心活动也给他们减轻了很多负担。

采访人：你们会一起合作开展工作吗？

曹建卫：他们会配合我们。比如说我们这个星期去看60个老人，志愿者可能找不到老人的家，居委会就会派社工带着我们到老人家里去。或者我们去送油送米，他们也帮我们把东西搬到老人家里。

采访人：需要帮助的孤寡老人一般处于什么状况？

曹建卫：一般是无儿无女的，他们也有工资，但就不想去敬老院，都是独居的。也有残障的，视力有问题的。中堂有一个姓林的妇女，她的腿被撞断了，肇事司机跑掉了。我们有一个志愿者就住在她家附近，把情况跟我们说了，我们就去她家，她的丈夫脑血栓瘫痪很多年了，家里小孩都很小。我觉得她家确实很困难，就帮她联系了假肢厂，我们志愿者里有一个企业捐了几千块钱，帮她把假肢装上了。我们还帮她联系就业，现在她在一家企业上班了。每次见到我们，她都会掉眼泪，握着我们的手，一直说要请我们吃饭，但我们是不允许在被探访人的家里吃饭的，她过年过节也会给我们打电话发短信。安上了假肢，有了在市区的工作，有工资，有生活来源，能自食其力，她很高兴。本来老公多年瘫痪，自己的腿又被撞断了，她已经对生活失去信心了，因为我们志愿者的帮助，她对生活重新燃起了希望。另外，她是在送女儿上学的途中被撞的，出事以后女儿心里很自责，出现了一些心理障碍。我们的志愿者就陪着小女孩，给她做心理辅导，慢慢的小孩也重新变得开朗起来。

采访人：可以说一位跟您建立了比较深厚感情的受助人和你们之间的故事吗？

曹建卫：有个叫笑姨的老人家，她已经有90多岁了。我们去她家，她会一直拉着志愿者，不愿意让你走的，想让你再坐一会儿。她就跟我们聊家常，搂着我们，抱着我们。她特别喜欢小孩，小孩来了就拉着小孩坐在身边。我们去，都是坐在院子里或屋子里，也不让老人操劳，就让她坐着聊聊天。有打扫卫生的志愿者就去打扫，聊天的主要陪老人聊天。她要是想走动的话，我们志愿者会搀扶她。

采访人：可以介绍一两位特别热心积极的志愿者和他们的事迹吗？

曹建卫：有个叫马锦涛的志愿者，他是莞城的优秀志愿者。我们组织活动的时候，比如走访老人，都是他带着一两个人先挨家挨户地了解老人的具体情况，多大年纪了、有什么病、家里缺什么、需要我们怎样的帮助，一一列入档案。他还用自己的业余时间去各个社区跟社工了解孤寡老人的情况，然后亲自去探访。他还会做记录，给每个老人建立一个档案，并进行分组。我们开展探访老人的活动，去看哪个老人，都是他筛选出来的。

立足本土的“大众”社工服务

——王志伟（大众社会工作服务中心总干事）

受访人：王志伟，大众社会工作服务中心总干事，29岁
采访人：吴海敏
采访地点：莞城市民广场
采访时间：2012年7月19日上午
受访者语言：广州话

我们主要承接政府的服务转移

采访人：请您简单介绍一下大众社会工作服务中心。

王志伟：我们是在2009年3月成立的。东莞2008年开始推出社会工作服务，我们是第一家响应政府建立的社会服务中心。机构成立者原本是经商人士，他们认为自己的成功得益于改革开放和政府一些好政策，希望做一些力所能及的事来回馈社会，所以就建立了这家机构。理事会有三位长辈，但平常很少干预我们的日常工作，放心地将财政交给我们社工出身的同事。我们一共有150多位同事在职，岗位包括社工和康复师等等。目前，在莞城就有十多位同事，涵盖团委、社区、低保等方面。除此之外，我们还

有社区综合服务中心，三个公益服务项目。

采访人：请问你们机构属于什么性质？

王志伟：民办非企业单位。

采访人：和政府有什么关系吗？

王志伟：社会学通常把社会组织分成三种：第一种是政府机构，第二种是商业组织，第三种就是社会组织。在社会组织里面又分很多种，包括基金会、协会、民办非企业单位。我们属于社会组织里面的民办非企业单位。

采访人：和政府没有直接的从属关系吧？

王志伟：没有。

采访人：你们定位算NGO吗？

王志伟：当然算。

采访人：但你们和政府的关系又非常密切。

王志伟：我们主要承接政府的服务转移，现在要搞小政府、强政府、大社会。以前单位制时期，我们的衣食住行、生老病死都是所在单位负责。单位制解体之后，民营经济开始发展，政府转型后，要向类似我们的社会机构购买服务，再让市民受惠。

采访人：简单来说，你们和政府是什么关系？

王志伟：我们承接政府的服务转移。例如，我们这里有个敬老院，原本是由政府派人下来运营的，但现在政府给我们运营经费，把运营权交给我们。

真正完全独立的NGO很少

采访人：可否介绍一下组织运作资金的来源？

王志伟：我们组织的运作资金绝大部分来自政府财政。例如，政府即将推出一个社会服务，他们就会进行招标。类似我们这样的机构，包括展能、普惠，就标书做服务方案。通过招标流程，某家机构中标后，政府把资金拨给这家机构，由它提供服务。政府的作用就是提供资金、场地以及监督、评估我们的服务效果。

采访人：您觉得你们机构和国外纯粹的NGO有什么区别？

王志伟：是有不同。我之前也在你说的纯粹的NGO工作过，二者在资金来源方面就不同。在某程度上说，我们承担了政府某些职能的延伸。政府要给居民提供服务，过去自己大包大揽，现在就交给我们这些机构承担。所以说，我们不是纯正的NGO。

采访人：在东莞，有没有纯NGO，和政府没有关系，纯粹只是靠民间力量？

王志伟：有。但相对来说，规模和知名度都低一点。

采访人：您知道它们的名字吗？

王志伟：十二邻、爱心启航，不过他们也会受到政府的资助。比如，去年政府搞“公益创投”项目，从福利彩票基金里拨了1000万元出来，所有机构和个人都可以向基金会提交策划。经过大赛选拔，部分机构就可以获得资金。据我所知，这两个机构都参与了这样的项目。

采访人：某种程度上都与政府有着或多或少的联系？

王志伟：真的完全独立的，可能就是行业协会，包括志愿服务组织等。但相对广州来说，肯定比较少。

采访人：除了政府的资金赞助，有没有一些民间资金赞助？

王志伟：有，但不多。超过九成都是政府给的。

采访人：就您个人来看，这种和政府挂钩的NGO会不会更适合中国？

王志伟：不能说更适合，只能说在不同阶段不同的模式会有不同的历史使命。我知道理想中的NGO是怎样，但有阶段性。像免税权、注册门槛这些，想一下子放宽，是不可能的。

采访人：你们受政府的资金支持，会不会因此受政府政策的影响，有很想做但做不到的事？

王志伟：因为我们是承接政府服务，所以我们所有活动都是在政策允许的范围内进行的。专业服务上的想法，我们大部分都可以实现。当然有小部分实现不了，但不是因为政策的缘故，而是因为管理细节。例如，在敬老院里面，我们觉得老人家经常在院内，想带他们出去活动，但敬老院的工作人员出于安全的考虑不同意。但这是属于技术层面的问题，不影响我们的服务质量。

采访人：会不会发生这种情况：见到很需要帮助的群体，你们向政府申请对他们进行帮助，但政府认为条件不符合，不允许。有没有类似这样的自主性冲突？

王志伟：还好，东莞的政策尚算开明。

采访人：除了承接政府服务外，你们有没有申请自主的服务项目？

王志伟：我们有两个公益创投服务，一个在麻风康复村，在岛上我们开展了莞香青年农舍活动。岛上都是老人家，劳动力有限，有很多闲置的土地，我们就建了一个农舍，让青少年体验学校、家庭以外的活动，体验集体生活。

采访人：向政府申请了这个项目，然后呢？

王志伟：政府批了之后，一年就拨了三十几万给我们。另外一个项目就是防灾减灾方面的安全宣传，从2012年开始。我们在2012年的“5 · 12”纪念日中举办了相关的活动，包括风灾、火灾的安全意识宣传、防灾演练工作。

采访人：有没有失败的例子？

王志伟：我们有过一个方案，其实不完全是政府的原因，项目本身设计有需要完善的地方，不够成熟。

采访人：具体是哪一方面不成熟？

王志伟：我们想建立给老人家聚会用的社区茶馆。但直接点说，它性价比不高。放30万进去，可能只有50个受益人，受益价值测评不了。

政府购买社工岗位

采访人：你们机构的员工，是自主招聘，还是政府派下来的？

王志伟：我们自主招聘。

采访人：员工和政府有没有直接关系？

王志伟：没有直接关系，我们承接政府的职能，自主招聘完成项目。所以他们和政府有用人关系，但不算雇员关系。例如，我有个同事派去莞城敬老院，他就和莞城敬老院有用人关系，没有直接劳动关系的雇员关系。他就在敬老院服务，敬老院也会对他进行监督。

采访人：大众中心的社工都是像您这样接受过专业教育的吗？

王志伟：绝大部分是受过教育的，有本科生、专科生，甚至有研究生。

采访人：现在学历普遍比较高，不会请一般的社会人士了？

王志伟：不会。现在前线的同事中最大年纪的是我。我们招收的社工年纪比较小，大部分是学社工、社会学出身。

采访人：我觉得能够真正帮到别人的社工还是需要有一定的社会经验、人生阅历和生活常识，他们会不会缺少一点这方面的具体经验？

王志伟：年龄和经验当然有限，但是用人单位和政府都给时间让大家去积累。除此之外，不少同事是外市外省来的，在文化适应上也需要时间。

采访人：你们有专门的岗前培训吗？

王志伟：有，市里面有，我们机构里也有。

采访人：莞城有几个服务点？

王志伟：有五个，包括团委、新塘社区、北隅社区、民政和莞城敬老院。

采访人：你们有招收志愿者吗？志愿者是长期在机构任职，还是根据具体的项目招募？

王志伟：有两种情况。例如，我们有同事本身就是在志愿者服务中心工作的，显然志愿者中心需要我的同事去招募志愿者。但是行政上，那些志愿者是登记在志愿者服务中心，不属于我们机构。如果有活动，理论上，我们不可以动用这些志愿者资源。所以，我们经常要和志愿者服务中心合作。我们也有同事成立了我们机构自己的志愿者服务队，但规模不大。

我们没有公募权

采访人：前一阵子发生的郭美美事件对中国慈善事业造成了很大的打击。虽然你们的主要资金来源于政府，但你们有没有感觉到市民，或者关心慈善事业的人因此对慈善机构的态度产生变化？

王志伟：我们没有公募权，即没有向社会募捐的权力。我们组织的资金大部分来自政府，很少去募捐的。只有针对社区有特殊病患的家庭，会组织活动募捐，先通过社区，再交给个人，或者直接给到案主，不会经过我们机构的。所以，在这方面我们受到的影响和质疑就不算大。

采访人：你们的财政要向政府汇报，会不会向公众公开？

王志伟：会。我们民间组织会有相应的财务管理办法，我们要根据这个办法来做。通过第三方来审计，在我们的年报、网站公开。每年都会公开。

采访人：其实大众会不会关心？

王志伟：很多人拿到我们的年报，首先就翻那一页。

采访人：一般一个机构一年可以拿到多少资金？

王志伟：每个项目拿到就拿到，不会有一个平均数。我们机构今年拿到接近1000万元。我们是有合约的，完成所有项目，我们的营运基金大约是1000万元。

采访人：够不够用呢？

王志伟：不算宽松，但能维持我们的正常运营。

采访人：一般一个项目要用多少钱？

王志伟：大的几百万元，小的几万元。

采访人：需要花几百万元的一般是怎样的活动呢？

王志伟：就是岗位购买。例如，残联一年向我们买了20多个岗位，一个一年7万元，20多个就差不多200万元了。政府把钱拨给我们，由我们聘请人员，放到各个岗位。绝大部分资金用在活动本身和社工薪酬。政府向我们这类机构买服务，最后受惠的是市民。但平台可能是社区、残联或者其他地方。

真正的NGO会越来越多

采访人：和其他NGO相比，你们机构的定位和特色是什么呢？

王志伟：我们主要做社会工作服务，其他如志愿、环保就不是我们的专项。我们强调本土化，和当地居民、政府紧密结合。

采访人：您个人对机构有什么期望？希望哪方面可以做得更好？或者就政府支持方面，您有什么愿景吗？

王志伟：我希望这个机构可以扎根东莞，有自己的服务品牌，而且可以真正融入市民生活中。香港有“慈善百万行”之类的活动，公众参与度高，实际产生的社会效果好。我们希望有朝一日能更有担当地服务社会。

采访人：东莞也有一些类似的机构，你们存在一些合作与竞争的关系吗？

王志伟：会有。和我们同样性质的机构会越来越多，服务质量上就会有对比。我们之间也会有交流。到目前为止，我们之间的关系比较友好。

采访人：您觉得莞城的NGO发展前景如何？

王志伟：不止是莞城，整个东莞都会越来越好。因为注册门槛降低了，不需要业务主管单位等，手续也精简了。

采访人：您觉得和政府的关系会越来越紧密，还是越来越分离？

王志伟：都会有。在过往，出于监督责任，政府作为业务主管，要关注机构的发展。与政府关系脱离了之后，真正的NGO会越来越多。同时，承接政府职能的NGO也会越来越多。这两种都会有很好的发展。

“东莞妈妈”与新莞人艺术团

——陈丽芬（凤凰之约·新莞人金韵台艺术团创始人、团长）

受访人：陈丽芬，凤凰之约·新莞人金韵台艺术团创始人、团长，79岁

采访人：文淑贤、骆倩怡、丁文俊、廖锐

采访地点：莞城市民广场

采访时间：2012年8月10日

受访者语言：广州话

金韵台办起来全靠爱心

采访人：今天我们主要是想了解您在莞城生活的经历和创办金韵台的一些细节。

陈丽芬：我从1954年参加工作，一直到现在都没有离开过东莞。我原来也是从事商业方面的工作的，几十年来都是做买卖，突然间就退休了。现在的社会生活条件那么好，那么多外来工、新莞人来到建设东莞。我亲眼见证了东莞从以前小街小巷到现在高楼大厦的逐步发展。所以觉得，既然退休了，但力所能及的事情能做就做。文化广场的那些活动都是我发动起来的。晚上有没有去过那个广场？

陈丽芬

采访人：有些时候吧。

陈丽芬：活动最早是以跳舞为主。我们原本在公园活动，文化广场建成后，我们发现它是一个很好的场地，就把活动地点改到这里。没想到一做就是十几年。

采访人：是从什么时候开始的?

陈丽芬：1998年。可以说“有广场就有我”。当时还没有什么人在广场活动。我们刚开始搞的是跳交谊舞，当时觉得挺好玩的。那个时候我才六十几岁，跳交谊舞的人很少，我们算比较新潮的，很多人都来看我们怎么开展这种交谊舞活动。广场建成几年后，我看了中央三台的节目“激情广场”，就觉得唱歌也挺好玩喔，于是也在广场办起了唱歌活动，我们自己唱。但是团体是没有资金来源的，有时大家的思想不统一，相处得不是很愉快，于是我就退出来了。后来，文化站的王柏全站长和文化广场的邓国超主任鼓励我办下去，“快点啦，办得那么好为什么不办，快点坚持办！”在他们的鼓励之下，我就一直办到现在。从2007年开始，到现在已经办了五年了。正式名字叫“金韵台”，从去年开始正式称为“凤凰之约·新莞人金韵台艺术团”。没有一个平台能像我们这样，固定一个地方、一个时间举办这样的活动。每周二周五我们都参加活动——除了下雨。但即便下雨，到七点停了我们也要出来。那些观众对我们非常好，所以就这么一直开展下来。

许多报纸、电视台都曾对我们进行过报道，特别是在2009年我们还上过《新闻联播》。有人民日报社的记者看到我们，觉得这样的平台很不错，应该推广，就把资料送了上去。中央台《新闻联播》的报道播出后，很多曾经在东莞打工但已经离开的人都觉得很安慰，虽然他们没有参加这个团队，但是觉得很自豪。他们都打电话来说，芬姨真是好啊，怎么上了中央台，你还说白话啊。我说我也不知道上了中央台喔！领导也很重视。最初，设备

广场交谊舞

是我向别人借的，有些是自己买的。后来领导看见我们是在真真正正地为社会服务，主动提出由政府置备音响等设备。这个平台呢，办起来也并不容易，因为我们没有资金，能办起来全靠一个爱心。

采访人：开始的资金怎么解决呢？

陈丽芬：资金？没什么资金的。到现在我们都没什么资金的。我们如果搭舞台演出了，城区就提供一点资金。

采访人：够吗？

陈丽芬：当然不够啦。我们四五十人怎么分呢，没可能分吧。一两千块我们就留下来咯，给他们租服装。有时候参加一些演出也会有5000块，扣除成本，就每个人分100块。现在我们平台的知名度比较高，所以演员有时会被邀请参加演出，就能维持生活。搞公益的就是这样的了。所以我最感谢的就是观众。每晚观众的数量能够达到1000多将近2000。如果舞台稍微搭一搭，甚至可以达到3000人。我最佩服的一点是什么呢，那些观众真的很支持我们，从来没有闹过事。你看，政府开一个会议都需要100多个保安警卫呢！我们从来都不需要，观众从来没有闹过事。所以我才说我很感谢那些观众。

观众是金韵台人，我们也是金韵台人，所以我们是一条心。那些观众说："哎呀，我真的很感激你啊，芬姨，你那么大年纪能够维持这么大一个团队，使我们1000多人能安安定定地坐在这里。"给他们提供一个娱乐场所，至少心情安乐一些、舒畅一些。所以他们在街上见到我，隔得远远的也会喊"芬姨"。有时下雨，想着不开啦，但是到了七点钟停了雨就一定要开始节目的演出。他们不走我们就不能走。没办法。所以和他们的这份默契、这份感情就在这里啊。我不懂得唱，不懂得跳，根本和文艺不沾边的。但是我每当看到外地人来到广东，离乡背井，就觉得

演出谢幕

很心酸。他们都是来参加我们东莞社会主义建设的人啊。能帮就帮，我是这样的心态。

采访人：那您的艺术团的演员是怎么招来的?

陈丽芬：来自五湖四海，演员的流动性会比较大。有一批演员上了年纪，来了东莞很多年，就想回家乡创业，也想离家近一点，那就离开东莞了。那批人真的是很好感情的，从离开到现在那么长时间还经常在QQ上对我嘘寒问暖。

采访人：所以演员已经换过一批了。

陈丽芬：不停地换，不停地走。所以今天我也想，我应该跟他们讲清楚我的团是什么情况。我在QQ上跟他们说，对金韵台来说，我只能做一个保安，如果我离开了，这个平台就没有了。没人抓，这个平台就会散。所以我就当一名保安员，而你们是主人。如果你们自己不珍惜这样一个属于新莞人的平台，不去支持它、发展它，那就没有办法了。

采访人：有没有一两位工作人员或者演员对金韵台的发展也作出了特别大的贡献?

陈丽芬：有好几个。那几位反串演员啊，还有一个小矮人演员啊，他们都坚持很久了。有个打工仔，和我一样既不会唱，也不会跳，就帮我们做后勤工作，他也跟了我十多年了。他是做力气活的，很辛苦，但有时连饭都没吃就赶过来帮忙了。所以那么多年来，我们都有了默契。就像一个大家庭，谁也离不开谁。有时有人说想走了，想回家了，我们都觉得很伤心，很不舍得。培养出了这样一份感情。

有一个人叫刘小明，跟了我很多年，在艺术团里做主持，现在回江西了。我们五周年台庆的时候，他特意回到东莞给我们做主持，还跟我们的顾问说，六周年台庆的时候他还来。所以我很感动，人家是自己花几百块特意回来的，多难得啊。是金韵台把他培养出来的，他对这个平台有很深的感情——不然也不会特意回来！

还有两个教授，其中一个是四川人，专门研究音乐的。他在电视上看到我，说，有一个这样的人很难得。为了和我吃顿饭坐了两个小时的车。我当时觉得，自己没什么文化，有一个教授跟我交朋友，我觉得很荣幸。教授说你很难得啊，我们大学毕业生也不一定有你这样的境界。还有一个是在桂林工作的教授，现在是我们的顾问。有这样的知识分子关心我们这样的平民，关心我们的平民夜总会，我觉得对自己更有信心了。我感到辛苦都是值得的。

新老莞人一起努力

采访人：有没有人受到金韵台的感染，也开始愿意为新莞人做一些事情呢？

陈丽芬：有！有的人说东莞这么好，想办法买楼留下来。我对他们就像对自己的家人。有些年轻人恋爱，他的母亲说，通过芬姨介绍的，芬姨说好就是好。他带来给我看，我同意了，他母亲也同意。有些吵架的也来找我，说，我在东莞最亲近的就是您了，不跟您说跟谁说？“东莞妈妈”的名称就是这样来的。想想也是，他们和谁倾诉呢。我和他们沟通得很好，没什么代沟，长时间没见到都说先抱抱。

采访人：芬姨您的个人经历也很丰富，听说您小的时候有一段时间到了香港？

陈丽芬：我其实是在香港出生的，日本侵华时才回来，后来跟随家人又回了香港，在那里流浪了一段时间，那时的感觉很凄凉。正是因为对新莞人背井离乡的酸楚感同身受，所以我无论多辛苦都要把这个平台办起来。想想看，如果没有外来工来建设社会，东莞生活条件有这么好吗？有高楼大厦，有酒店么？所以要体谅。坏人只是少部分，本地人就没有坏人吗？我的思想跟他们有点不一样，但也不能跟他们对着干，听不惯就走开算了，一争辩起来他们就说你站在别人那边。当时把“外来工”的叫法改为“新莞人”，有些人反对，但亲近一些不好吗，可以同心协力建设社会不好吗？正是因为体会到这一点，我才去办这个平台，再辛苦都会坚持。我过去这么辛苦，现在这么幸福，是谁给我的，我一清二楚。我曾经说过，除非我不能动了，否则就算我去世，骨灰也要放在文化广场，看到别人跳舞我也很开心。

要大家支持，这个团队才可以坚持。特别是需要观众支持，一场戏做出来没有人看有什么用？我们的节目也不是很好，只是唱唱跳跳，但大家都很支持我们。所以我很感谢观众，有观众才有我们，没有观众我们就是零。虽然我没文化，但是会用电脑，会用手机，也是这个平台逼着我去学，所以这个平台让我认识了很多东西，我自己也感到安慰，以我这个年龄，不仅没被社会淘汰，还能跟上社会潮流！我的家人也很支持我。出来做公益之后，我的心态、身体都更好了，别人把我跟我的同龄人做对比，都很惊奇，觉得我特别显年轻。政府对我也很好，特别是城区政府，很支持我。我觉得有人支持我我很开心，所以我没有什么理由不为大家服务。我这个人很简单。

采访人： 有没有一些老莞人特别支持您？

陈丽芬： 有，特别是我老公的那一批老同志，部长级的，他们和我说，芬姨，你现在不错哦，为我们东莞人争光了。他们来到东莞参加工作，看到我能出来为社会做出点东西，他们都很欣慰。

采访人： 这么多年来，您觉得对您帮助最大的人是谁呢？

陈丽芬： 新莞人。我办这个平台不是为了某人，是为了所有人，让他们感受到有一个温馨的家，有一个娱乐场所让他们在工作之余得到放松。观众都说，起码我们不用到处游荡，不用把时间浪费在打牌上。受益的主要是打工一族，出来做体力活，做买卖，也有一些白领，做推销的。有些老莞人也会来看，那些老同志和我说，你真棒。我说，你们有钱出钱，我没钱出力，大家都很开心。

采访人： 您接触过这么多新莞人，见证了他们在东莞的发展，您觉得新莞人的现状和过去相比有什么改变吗？

陈丽芬： 现在好多了，素质提高了。新老莞人接触那么久了，认识到人与人之间需要互相帮助，没有以前的矛盾那么大，关系好多了。政府也重视他们，把他们当作自己人。社会始终是有左中右，上中下，但至少比以前好多了。以前不好的都算到他们头上，现在能够正确对待。最简单的，扫地、保姆，去哪里找人？东莞有人愿意干吗？最基层的工种没人做，城市成垃圾堆了。越是从事这类职业的人，我们越要尊重，人家不怕苦不怕累不怕脏，尽己所能，这很不容易。广场上捡破烂的我也会和他们聊天，我和他们的关系都很好。过节我会给他们点东西。他们捡破烂收入少，有时也给他十块八块吃饭。我觉得他很凄凉。我是小时候体会到离家的凄凉，现在看到别人离乡背井，特别是青年……

有时我也和他们说，你们不知道，离开家里去别的城市，心里很难过，特别是下雨的时候，心里很想家，你们经历过才知道凄凉，所以要同情别人，关怀别人，大家互相关心，减轻他们的压力。为什么那么多人精神有压力？我们的平台很提倡互相帮助，有的人时间长了没来，我也会关心他的去向。

最近有一个人去了江苏，他乐器玩得很好，我很不舍得，但人家也要生存，东莞不能容纳他，他就要离开。还有一个去了上海。有时也很感触，知道谁要走都会流泪，QQ聊天也会流泪，大家都熟了，不舍得。

我和他们的关系比和家人的关系还好。有一次我去了香港，手机打不通，那个矮仔就到我家拍门，急得到处找，还在QQ群里

金韵台三周年活动

喊芬姨去了哪里，到处都找不到，几天都见不到人。我想着也就是三天而已，没有和他们说，没想到他们到处找我，我真的很感动。所以我真的没有办法离开，有病也坚持着。

第三辑　民间传统

木鱼书、千角灯、字画、碑石、粤曲、祠堂，这些都是祖宗留给后人的“信物”，我们与祖宗之间的亲密感，就靠这些基因密码暗示。

中国的民间，以什么来精神自足？很大程度上，以“人情”自足，以“民俗”自足。“人情”与“民俗”帮助人们克服生老病死、衣食住行中的实际困难，“人情”与“民俗”称许世俗享乐生活的种种好处。熟人社会，琐事靠不了官府，得靠亲戚靠街坊，人情是中国人交往中的特殊诚信，人情是民间社会的情感根基。

但是，“现代”这一生猛之势，对人情其实是有伤害的。刻板的工作时间，斤斤计较的利益观，频繁的人口迁移……这些，无一不提醒人们，“现代”潮流，是伴随着“无情”而来。这一趋势，加剧了原住民对陌生人的恐惧——就是友善地问一问路，人们都会先跳出一米开外再回答。有意思的是，东莞的现代化程度如此之高，但人情的根基竟然还在。

东莞用什么来保住人情？我相信是暴力无法彻底清洗的仪式、信物、食物。民俗学家张铁文说：“上支香给祖宗，有什么问题呢？”最朴素的话语，道出最人道的常识。吉时吉节拜神，红白大事祈祷，家家户户都上香，人人心中有敬畏，自然而然地，最基本的人情与民俗，朝代再怎么更替也冲不散。

木鱼书、千角灯、字画、碑石、粤曲、祠堂，这些都是祖宗留给后人的“信物”，我们与祖宗之间的亲密感，就靠这些基因密码暗示。“民以食为天”，这是热爱生活的庄严誓词。莞城几乎无人不知志亮牛杂、朝阳大包、中山路烧鹅濑粉。九大簋与名小吃，毫不冲突。无论“富”或“平”，东莞都淡定。对饮食的敬重，即是对生命的尊重。“现代”并不可怕，有人情味在，有民俗仪式在，有老火汤在，迟早可以化解冲突中的戾气。有对传统生活的坚守，家国才有不倒的平安。

（胡传吉）

木鱼书：东莞最重要的文学财富

——张铁文（民俗学家）

受访人：张铁文，民俗学家，68岁
采访人：谢冠琦
采访地点：莞城市民广场
采访时间：2012年7月18日
受访者语言：广州话

东莞木鱼书对世界文学有很重要的影响

采访人：您是东莞的民俗专家，有没有在莞城进行过民俗调查呢？

张铁文：不单莞城，全东莞我都调查过。民俗本身在生活之中，实际上，东莞的民俗，很多东西是特有的，当然就引起了我的重视。所有的民间风俗活动，其实自己无形中都会参加的。东莞的民俗又以莞城为主，而我又没有离开过莞城，所以所有的民俗我都比较熟悉，而且自己有整理。因此东莞的民间风俗我应该比较了解。

采访人：我看到您在木鱼书收集方面花了很多心血，可不可以请您简单介绍一下木鱼书呢？

张铁文：木鱼书呢，是广东省最重要的、最丰富的文学财富。为什么这样说呢？因为广东省最主要的娱乐是粤剧，粤剧基本上来源于木鱼书，它是影响整个岭南的文学财富，也影响了世界。歌德是德国的文学鼻祖，他在德国文学史上占了很重要的地位。由于看了木鱼书的《二荷花史》《花笺记》，他写下了十四行诗等诗作。由于英国的翻译和歌德的推崇，东莞木鱼书在世界文学中有很重要的影响。因此呢，木鱼书应该是东莞最重要的文学财富。由于东莞木鱼书是岭南一带最重要的文学财富，我多次呼吁保护。后来我主持了东莞的“非遗”一年。批注木鱼书《二荷花史》《花笺记》，以寮步横坑钟映雪为最好。钟映雪模仿金圣叹的东西进行第二次点评，将金圣叹点评的那几个木鱼书剔除了，加入了《二荷花史》《花笺记》《金锁鸳鸯记》，重新评论十大才子书，而且得到后人的认可。从钟映雪开始，就将《二荷花史》《花笺记》《金锁鸳鸯记》纳入中国十大才子书。由于钟映雪的推崇，木鱼书在全国有了很大的影响。越南的《花笺传》实际上是根据钟映雪的《花笺记》改写的。

现在收藏最多的可能是俄罗斯，第二可能是日本。东莞木鱼书收藏研究没有中断，原因是还有人会唱，现在会唱的还有上千人，因此我极力要求莞城申报国家级非物质文化遗产。莞城是申报了，但遭到否决，所以后来就不报了。寮步也申报失败，最后东坑的申报为国家“非遗”。其实，莞城申报是最好的，因为所有木鱼书除了钟映雪自己出版的那两本之外，以莞城出版的最多。另外出版的堂号最多，以前“堂”就是书店的意思，翰文堂、会源堂……东莞出版木鱼书的堂号非常多，有十几间。而时间最长、数量最多的，应该是萃英楼。莞城萃英楼延续一两百年，它没有断过，因此出版的木鱼书，收藏的木鱼书，以它为最多，版本最全、最好。我极力要莞城申报，但是莞城不报。这件事，莞城无论如何都要做，因为东坑虽然在做，但它没有基础。萃英楼出版的书，我收藏得最多，大约2000多卷。杨宝霖强调自己学的那种雅唱，这个是对的。但雅唱是有很多种的，莞城唱的，可能就是杨宝霖的那种。

采访人： 莞城唱的就是以杨宝霖为代表？

张铁文： 不是杨宝霖继承的那种。道滘、寮步、长安的唱法必须要快点传承，传承必须要靠博物馆。最早的时候，我老婆子女加起来才32元工资，当时，录一个音要5块钱，我都愿意给钱。

采访人： 32元工资是什么时候呢？

张铁文： 1982年左右。现在政府很多钱，就是不出钱去做这些东西。那个盲炳知道我家才32块工资，唱了四盒就不唱了，怕我没钱。相反，那个台湾客觉得5块那么便宜，做完之后还给点钱。我希望莞城快点搞这个东西，否则广东最厉害、最丰富的文学财产就会丢失了。

采访人： 那莞城除了杨宝霖之外还有哪些人会唱？

张铁文： 杨宝霖都不算会唱，真正会唱的必须要弹唱。

采访人： 那莞城会唱的人都没有了？

张铁文： 没有，弹唱的没有，妇女读唱的还有。

东莞保存的旧节俗多

采访人： 您觉得莞城有没有什么特别的民俗是与其他镇区不同的呢？

张铁文： 不同的就比较少见。应该说拜七姐吧。拜七姐，历来以莞城最好。拜七姐最主要的是贡案。解放后，反封建迷信，大家就不敢拜了。以前，莞城即使是政府控制得很严，但是到了

拜七姐

七月初六那天，公园所有的花还是都被摘光了。莞城不烧香，但用七种花，找个托盘，去拜一下。不是我们现在所讲的拜七姐。无论如何，只要家里有一个女儿没嫁，都要找七种花去拜一下，不一定要上供。真正拜七姐，那个贡很重要，七杯茶，七杯饭，七杯酒，七杯斋，七种果，七种花，七搭台，七搭凳，七套衣服；禾盒，就是一卷禾，用个盒子装住。五件头的贡案很丰富。现在道滘和望牛墩搞得最好，尤其是望牛墩。莞城做得最好的应该是同德街，第二就横巷梓，县正街那里。同德街做得最好是因为钱多，三搭八仙台摆，而且用传统的文物摆，它用金银首饰那些摆，刺绣也比较好。而横巷梓文人多，文化色彩比较浓。因此，拜七姐历来就以同德街、横巷梓为最好。同德街、横巷梓就七户人家，七个女仔一个供案。

采访人： 您了解不少莞城的节日，有没有觉得哪个节日是莞城独有的，它的庆祝仪式是怎样的呢？

张铁文： 庆祝仪式呢，东莞有东莞的特点，保持原始的东西比较多。其他不讲，东莞人每年要拜两次山，山头的坟墓上写什么呢，好像我姓张的，上面写着清河堂。清河堂是清河县，清河县在河南。不管你怎样，每年你都要承认两次自己是河南人。祠堂也是这样的，都是中原的，没有人说自己是东莞人的。就是说东莞人保持中原的特点、风俗、概念非常“紧要”（意即厉害、浓重），祖祖辈辈都要你认。因此呢，寻根问底、认祖归宗在东莞是非常浓郁的。东莞还保留着女娲的风俗，纪念女娲是非常重要的。

采访人：那是什么节日？

张铁文：正月十九，叫作“天机癞败”。就是说那天下雨，天穿了，女娲去补。东莞人要帮女娲补天，煎薄餐、煎煎堆。那天无论如何都要煎煎堆。

采访人：煎煎堆和补天有什么关系？

张铁文：煎成一个，找红线牵着它扔上瓦顶，帮女娲补天。到我小的时候都是这样的，到“文化大革命”的时候没有得吃，就没得补了。现在就没得补天了。以前年年都要这样的，那正月二十日就是女娲生日。

最明显的就是企石（村）。这一点可见东莞人的固执，其实也不是说固执，而是怀念先辈。上支香给祖宗，有什么问题呢？

千角灯的文化与传承困境

——张树祺（千角灯传承人）

受访人：张树祺，千角灯传承人，66岁
采访人：吴海敏、谢冠琦、刘玲
采访地点：张树祺家里
采访时间：2012年8月10日下午
受访者语言：莞城话

“二十四孝”千角灯

采访人： 可不可以介绍一下千角灯是怎么做的？

张树祺： 应该先了解千角灯的历史，然后再讲千角灯是怎么制作的。如果你单纯了解千角灯是怎么制作，是一件很简单的事，通过那个三角形、四方形、长三角组成一盏灯。我想问问你们有没有见过？

采访人： 有，在人民公园那个博物馆里。

张树祺： 博物馆二楼那个呢，是传统型的千角灯。文化广场那盏呢，应该说不是很传统的了，因为是铁架结构的。公园那盏全部是竹篾结构。

采访人： 那您会不会做呢？

张树祺： 我已经正在做了。你如果最近到公园那里去看，除了那个千角灯，还有一个放在旁边的，那个千角灯的芯是我做的。

采访人： 做一个大概要多久呢？

张树祺： 千角灯是要各个方面配合的，不是一个人能完成的。因为你要做起来千角灯的竹架，又要做通花，又要画家画画，又要找人做灯带。一个人做那个竹廊（大体框架），都要几个月。因为它那些三角全部是铁线做的。

采访人： 那千角灯需要什么材料呢，除了竹？

张树祺： 竹篾，铁线。

采访人： 那些竹有没有什么特别的？

张树祺： 一般我们就用黄竹。

采访人： 有没有说要产地哪里的？

张树祺： 那些没所谓的，不过我们一般用比较老的，如果太嫩的黄竹就用不了。

采访人： 除了竹还有什么呢？

张树祺： 竹篾。

采访人： 什么叫竹篾？

张树祺： 竹破开就叫篾。铁线、通花我们自己做，画就不是我们自己画的，因为我们做这些不会画画，就算画也没别人画得漂亮，是另外找人画的。

采访人： 用的纸有没有变化过呢？

张树祺： 以前用的呢，就是春节写对联的纸做的，那些纸是偏软的，现在这种纸是荧光纸，保留的时间比较长，时间久了，那个光泽还在。灯带是另外找人做的。

采访人： 那灯带上的图案呢？

张树祺： 图案呢，你现有看的图案总是山水花草这些，如果

制造千角灯（一）

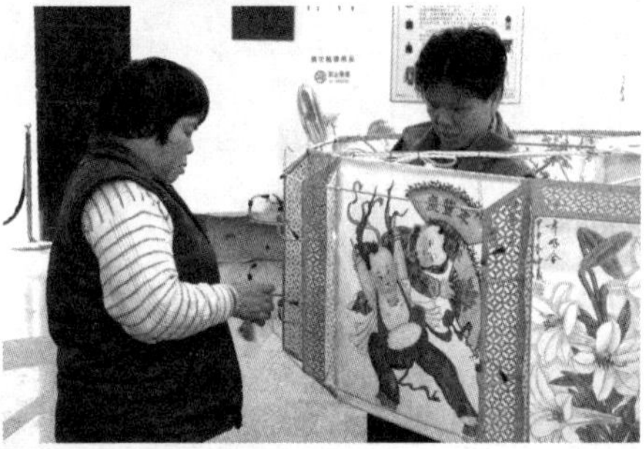

制造千角灯（二）

制造千角灯（三）

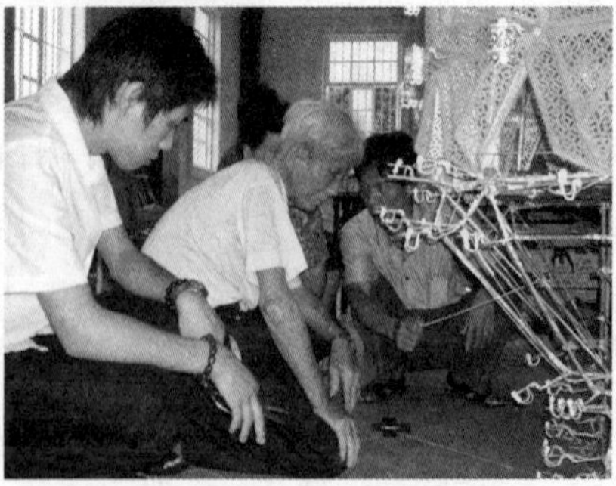

制造千角灯（四）

按照以前呢，这些图案就不能够用。以前是二十四孝，所以是24条灯带。那次在省里参加广东省精品工艺展览会，当时的政协副主席叶选平去看，就问灯带是什么意思，其实他是知道的。我老豆（指张佛，又名张金培，老豆即爸爸）就说二十四孝，叶选平又问王柏全（莞城文化站负责人），王柏全也说二十四孝，但是一问到什么叫二十四孝，他就答不出了。唯有我爸爸和叶选平一人说一句，讲了出来。二十四孝在通书上有讲的，我就记不了那么详细，每一孝都有故事的。其中有一孝呢，就是那个儿子每天早上要帮母亲洗痰盂，因为他的母亲最讨厌痰盂不干净，所以他就每天早上起来洗，那就为一孝。还有一孝呢，是吴猛因为家里穷，没有蚊帐，但是蚊子又多，他每晚自己先睡觉，让蚊子吃饱后，再给母亲睡。

采访人：除了竹、篾、纸，还需要什么材料呢？

张树祺：原料你可以看得到，就是那个竹架的结构，其他是配套上去的，那些就很多种了。公园那盏就是煤油桶的，那些是配套上去的，你做哪一样，就需要配套哪一样。

廿四条灯带皇姑亲手做

采访人：那千角灯有什么作用呢？

张树祺：现在呢，将千角灯分开来讲，叫“千角千灯”。但是我们历史上讲呢，就叫千角灯，而那个宣传，特别是参加沈阳灯节的宣传就写千角千灯。这个千角灯呢，主要是赵家用的，宋朝的时候，赵匡胤做皇帝，他的妹妹流落到东莞，后来呢，她就跟姓邓的人结婚，东莞还有一个皇姑坟，就是赵匡胤妹妹的坟墓。战乱期间她流落东莞，在这里结了婚，并引出了很多故事，包括红谷米、金银鱼的传说。她在东莞期间回忆起自己在皇宫的灯，就想做一盏，当时找了一些艺人，她指导那些艺人去做，做的这盏灯就叫千角灯。我的祖上都曾经有参加去做。

千角灯做的时候，手工不是很漂亮，但是呢，那24条灯带是这个皇姑亲手制作的。由于它的工程比较复杂，赵家就规定：十年只做一次，一次做一盏。做好一盏呢，就在赵屋祠堂挂起这盏灯，春节之后开灯，配上皇姑做的24条灯带。那时是点油灯的，点着那些灯，要找人加油，不加是不亮的。等到十五呢，就拿下那24条灯带保存好，烧了那盏灯。

采访人：为什么要烧呢？

张树祺：要结灯嘛。生了男丁就开灯结灯，点好挂上就叫开灯，结灯就要将它烧了。十年做一次，姓赵的人生了男丁，就要开灯。有一个记载：这24条灯带，解放后我们做千角灯的曾经借用过。第一次在广州，1955年到1956年，由政府出面，就借这24条灯带，在广州文化公园展出。第二次借呢，1964年至1965年间，在可园展出。可园展出是东莞解放后的第一次，很多人，因为好看啊。展出那么一次之后，就搬到东莞展览馆。后来“文化大革命”，那盏灯就没了，那些灯带也被烧了。第三次做呢，在时隔40年后的2004年。没有图纸留下，就只有言传身教。参加过做灯的人，40年过去了，现在要记起来也很伤脑筋的。我有一张照片是在广州文化公园展出时候的，1956年左右，我们把它放大了。我老豆和他的搭档拿着放大镜在那里猛看，边看边在想它怎样组成、怎样做。但是想得到不等于做得到，因为他们两个都年事已高，80多岁的人了。做的过程主要是靠我们，所以我是直接参与做这盏千角灯的。那盏灯呢，前后花了八个月，就是现在人民公园那盏。

实实在在是没有人愿意学

采访人：就是说，现存的千角灯只有两盏，对不对？

张树祺：对，现在只有两盏了。公园那盏先做的，文化广场那盏后做的。

采访人：有没有想着做第三盏啊？

张树祺：早几个月呢，就想着做。想为四川做一盏，四川映秀就是东莞的扶贫对象嘛。说来说去是资金问题。我当时报个价给原来的文化站主任，回答说上头想少一点，但我想想，就说上头想少是不行的。一盏最少报价要100万。它原来的灯带呢，每一条一万多，24条灯带就几十万了，还有本身的一千盏灯的这些线路，还有我们的原料、人工、运费等等。后来不知道他怎么打价的，就说报几十万，想要几十万做一盏灯。那他给电话我，就先停一下。所以说东莞千角灯的那个传承和发展确实是一个问题。你想传承下去，造价高，很难传承下去。还有，做的地方需要很大，做一盏灯的时间很久，能收到多少人工啊？现在的人没有钱

张佛（右）指导儿子张树祺（左）制作千角灯

怎么肯做。

采访人：那现在有没有人愿意学？

张树祺：都是形式的，就过来看，实实在在是没有人愿意学。

采访人：您小时候对千角灯有没有印象？

张树祺：有，小时候，我老豆要带我出广州的。

采访人：您爸爸有没有亲手教过你做千角灯？

张树祺：直白说，我老豆教别人就努力的，教自己的子女就随便。我老妈在旁边，她也知道。从没有具体教，只能看，自己摸索。自己做，如果达到他要求，他就不出声，达不到要求就说你，但具体怎样教，就很难解释给你听。因为他有他的看法，祖上几代都做这些，都挣不到钱，可能不想继续传下来。但是，对于祖上的手艺，我完全可以做出来，甚至做得更好，因为我答应别人做一件东西，钱是其次，但一定做到最好。凭自己水平、自己实力去做，我性格一向都是这样。

采访人：2004年重做千角灯的时候，最大的困难是什么？

张树祺：回忆。回忆40年前是怎样做的，然后根据自己的回忆，画下来再做，做的时候就没什么困难。

采访人：当时出了很多人力去做吗？

张树祺：我们家里几个人呢，我老豆坐着指挥的，我老婆帮忙粘一下，还有尹全、阿凤、阿雄。第二次做文化广场的那盏千角灯，就由省里推荐参加沈阳的国际新春灯节。当时时间紧迫，尹全已经走了，我们不敢答应。勤上灯饰就一口答应做，我老豆随他们。结果佛山民间工艺社说，上面那八条龙可以帮我们做，但其他的通花要给回我们做。我们也是不敢答应，但是勤上还是不放弃，说你做不了筒花，我用塑胶注。文史专家杨宝霖当时就说，塑胶注就不是传统的做法了，不合规格。后来，铁架是常平做的，我老豆到常平教他们，做好运来我们再做通花及其他。结果去沈阳安装，日夜宣传千角灯怎样怎样，后来要求我们开箱给他们看，我们就说不行，因为棚没有搭好。公园里到处都是雪，所有展品都没有遮的，他们单单搭了一个棚给我们东莞千角灯来遮风雪，但地下也是雪，站在地上做，脚很冷，爬上去做的时候，又不能穿鞋，只穿袜子上去，冷死了。结果开幕之后，有人就介绍给评委说，要看真正的千角灯必须到东莞的人民公园看，意思是那盏比这盏靓。有专家说他看过很多灯，没有见过一盏灯是由一千盏组成的，所以这个有特色。那次评选有五个金牌，东莞千角灯就是金牌里面的第一，所以叫金牌第一。那年还评了“中华第一灯”。

采访人： 您个人对于千角灯的传承有什么看法吗？

张树祺： 我的看法和父辈的看法是不一样的。对于千角灯来说，谁来学，我都可以教。所以那天在《东莞时报》举办的论坛上，我也有说，谁来学都可以，我毫不保留。千角灯作为一门手艺用来吃饭是不容易的，但我对于千角灯的传教是毫无保留的。

点灯：文化或陋习的拷问

——张森、严鋈觐、刘定邦（西隅社区老居民）

受访人：张森（84岁）、严鋈觐（70岁）、刘定邦（68岁），
西隅社区退休人士
采访人：谢冠琦、刘玲
采访地点：莞城西隅社区
采访时间：2012年8月7日
受访者语言：广州话

生儿子一定要开灯

采访人：我们想了解一下莞城的风土人情。点灯的具体仪式和过程是怎样的呢？

张森：哦，点花灯，先讲下我以前吧。我以前不是住在莞城，但在莞城工作，住在博厦金鳌洲塔对面的那条街附近。我们一条街分几个地段，一个地段就有一个土地爷，这个土地爷管这段，那个管那段，我们那个就在街尾，叫做“第三街”。如果街上有人生了个男丁，那么这家人除了在祠堂点灯之外，还要在街里的土地爷那里开灯。我们第三街有人家生了男丁，家里就出钱买菜、买肉、买鱼丸、买慈姑，不能少，找一个锅，开大灶，

家人在土地公庙祭拜
（摄影者：江伟祥）

父亲在家为儿子点灯
（摄影者：江伟祥）

煮好五个锅，隔一间屋放一个，小孩子有得吃，大人喝酒也有得吃。女人没得吃，只有男丁可以吃。找一圈禾草盛着那个锅，大家就围着那个锅吃。吃不完，就人人舀一碗回去。如果在祠堂开灯呢，博厦最出名的是九碗祠，在粮所油米站那里。

刘定邦：谈到东莞生了男丁要开灯的问题呢，一处村乡有一处做法，我小时候在虎门，那边生了男丁之后，家里就去南哥那里买一盏灯。这些情况，水乡片最多，莞城越来越少。所以王屋街的几间花灯铺都很旺，因为正月挂花灯嘛。

张森：我说最出名是九碗祠，因为凡是九碗祠里面的人生了男丁，就一定要在这里面摆酒的。摆酒呢，我刚刚讲我们是整

灯宴

锅吃的，他们就不是，要做九碗菜，鱼丸、鸡、烧鹅、烧肉、芙蓉肉等，一个钵一碗。如果这家穷，最少要给一围的钱。比如有了个男丁，要摆十围酒，你最少要给一围，剩下的九围由九碗祠出。因为老祖宗遗留下来的这间祠堂是有田收租的，以前有房长，房长负责管这盘数，他不拿钱的，年轻人拿钱。他作为房长是最大的，他话事的。

严鋆觐：有没有贪污的？

刘定邦：贪污？抓你去游营！你知不知道解放前什么叫游营啊？就抓着你，五花大绑去游街。乱搞男女关系、偷鸡摸狗、贪污什么的，祠堂就抓你去游街示众。

张森：最古老的开灯好像是我们博厦姓张的，有九个儿子，叫九房人。九房人当中，就有一间祠堂叫九房，它这间是总祠堂。这个总祠堂，就有一幅田地在粮所那间面粉厂、饲料厂那里收租的。

刘定邦：东莞的点灯做法呢，明显有重男轻女的成分，这些民俗不值得提倡。东莞人生女儿最多就是满月酬神，生儿子就一定要开灯。不过这都是过去说的，现在城市淡了很多，但最近几年好像又旺起来了。

张森：刚刚说到九房，长房永远是长房，如果那家人是长房宗子就永远是长房宗子，他生出的儿子就是宗子。清明扫墓，祠堂分烧猪，我们有一个张家山在涡岭那里，那些60岁以上的就坐轿去祭祖，其余的男丁走路去。那个宗子如果没钱的话，祠堂要买鞋、买袜、买长衫、买毡帽，给他打扮好再坐轿去拜山。如果宗子还没拜，你没有一个敢去拜的，等他拜了，其他人才敢拜。如果是以前呢，这个宗子吃鸦片烟，要给钱他吃饱鸦片烟才去的。

刘定邦：你们姓张的就是出了很多这些“二世祖”，哈哈。

张森：博厦最出名的就是张达，军长！

娶媳妇大食三日

采访人：有没有什么节日是莞城特有的？

刘定邦：没有，基本上是融入整个东莞的。

采访人：有没有觉得哪一年的春节是最难忘、最开心的？

刘定邦：现在衣食足了以后，好像年年都是这样的，眨一下眼就做年了。小时候盼做年盼得啊……因为小孩子只有做年的时候，老爸才会给你买一双皮鞋、一套新衫，平时没有的。

采访人：你们那时候玩什么呢？

刘定邦：玩？我们那时候哪里有的玩呢，傻孩子！我们六七岁就要上山砍柴，“灶忽大过柴间，什么柴都烧光你的”。我们放下书包就要去干活了，哪像你们。

采访人：过年都不可以玩啊？

刘定邦：过年就几天的，三天，没有像现在放十几天的假。以前我们在单位做，春节也只放三天假。

张森：以前我们小孩子过年，主要玩什么呢？放鞭炮。莞城历来最多人放鞭炮，因为万江、博厦这两个地方是做鞭炮的。刚刚我说的那个陈氏家庙，陈添记就是做鞭炮起家的。各家各户都烧鞭炮。我们拣别人家烧剩的鞭炮回来，磨出点药来，找只火柴点着它，找那些烧剩的引子去烧。以前过年呢，穷人有穷人的过年（方式），富人有富人的过年（方式）。

刘定邦：我们以前家里过年前要晒腊肉，养几只公鸡。

张森：莞城人过年最要紧的就是去黄旗峰的旗峰古庙，年初一家家户户都要去的。

刘定邦：对，去黄旗庙那里转运。

采访人：现在还有吗？

严鋈觐：现在庙扩大了很多。

刘定邦：它那里有卖风车，拜了观音之后，买一个观音庙的风车，一路转回来，转好运。年轻人一定要去的。

张森：虽然莞城禁止烧鞭炮，但是在黄旗那里是烧得很旺的。

刘定邦：东莞最厉害的就是鞭炮，20万人做鞭炮的。东莞每

旗峰古庙过年场景

一个镇都有一间鞭炮厂。

采访人：说完了过节，想了解一下你们几位以前结婚的时候有没有什么特别的、跟现在不同的礼节礼数？

刘定邦：他（指张森）那个时候可能是坐轿、戴毡帽的，整个少爷那样。

张森：是啊，坐轿、戴毡帽。现在结婚叫文明结婚。

刘定邦：您解放前结婚的？

张森：解放后，1950年结婚的。

严鍙觐：1950年结婚是不是一张床板就搞定的，森叔？

张森：不是，我1950年结婚，打工打了几十年，有一些钱的。最记得我打工的时候，一有点钱就去打银基那里买金粒，我们叫银鸡屎。

刘定邦：就是人家做首饰的边角料。

张森：不是，做首饰有人工损耗，那些粘口是用铜焊起来的。买金粒直接按金价来的，就好像现在买金砖那样。我那时结婚，老妈也积到一点钱，就有花红鼓手、坐轿。我娶媳妇的时候，那些人来喝酒是看不到媳妇的，媳妇要十二点才到。你早一点，娘家那边不给你回来的，娘子在那里“搞搞震”（意即做小动作）的。

采访人：那您去接新娘的时候有没有被为难？

张森：我们那时候不用去接新娘的，有大妗、媒人婆这两个。媒人婆以前就是做介绍那个，大妗就是讲礼节的，你们不会，她就教你怎样做。就是这些人去接新娘回来的。你就呆在家里，等新娘回来，都不用去接。新娘回来以后，大妗就会背她进来。

严鍙觐：不是老公背的吗？

张森：不是啊！现在就讲婚纱，以前最怕白色的东西，一定要穿红的。那座轿也有条红绳圈着的。

刘定邦：现在穿的是西式婚纱嘛。

张森：中西结合，现在临敬酒的时候也要穿回大红袍。

采访人：以前新娘应该是穿裙褂的吧？

张森：以前新娘就里面一条长裤，外面有一条裙绑着包住的，上面就穿红衫。

刘定邦：红色代表喜庆，对广东人来讲，白色代表不喜庆。

张森：最古老的就有舂烧，什么叫“舂”呢？就是土炮（即农家自酿的米酒）。临去的时候烧三口炮，回来呢，就烧五口炮。以前有一个人专门负责，找一块铁舂，舂实它，放一些沙，这边点着，就叫烧炮。以前来讲，有一个通天去请酒，新郎都不用去的。

刘定邦：这些是解放前的礼节，解放后都逐步减少了。

采访人：进了屋要不要敬茶？

张森：要。要奉茶，要捧水。新娘回来后，要给阿婶、伯娘、阿叔捧水，让他们洗脸的。那晚回来就奉酒，第二天早上就奉茶，（长辈）就给她一包利市。

刘定邦：那时候呢，做人媳妇很艰难的，过了这几关礼节，就很累了。

张森：那时候娶媳妇很多礼节，有下厨，回来……

刘定邦：大食三天。

采访人：什么叫“大食三天”？

刘定邦：比如说明天媳妇回来了，今天就要起炉灶，今晚那餐叫开厨，明晚就叫正餐，后天那餐就叫作下厨。基本要摆三天酒的。

张森：以前比如明天准备结婚，家里的亲人，阿叔、阿伯、兄弟，今天就要来贺礼，来吃饭。有钱就有钱方式送，没钱就没钱方式送。总之，人不能少的。

刘定邦：你阿婆、阿姨、阿公要担一担来的，就是来贺礼的那些至亲用两个篮，放一些米，放一些鸭蛋。现在一包红包就搞定了。

“南记花灯”二十年

——陈炳南（“南记花灯”开创者）

受访人：陈炳南，“南记花灯”开创者，71岁
采访人：丁文俊、丘梓娴
采访地点：莞城西隅社区
采访时间：2012年8月7日上午
受访者语言：东莞话

生女还神，生仔开灯

采访人：以前有没有市民家里没钱，做不起花灯？

陈炳南：穷人家里是不开灯的，等到孩子长大一点，家里有钱了再开灯。

采访人：如果没钱开灯的话，会有替代措施吗？

陈炳南：其实现在开灯大多数是没问题的，父亲有工作的，现在一般都会开灯。生活好了，家里马上订灯。订灯之前先去茶楼订酒席，花灯等到十一二月再订也不迟。有些人很急，孩子一生出来就下订单，其实最好等小孩子长大一点再订灯。有个万江的居民，他有了个男孙，但孙子整天都生病，所以没订灯；到了

第二年他又有个孙子，就订花灯了。之前我到村里问有没有人订花灯，那家人隔壁的老婆婆说他们家小孙子有病，所以不敢订花灯，我就知道了这个情况。

采访人：现在有没有人生了女儿也会去点灯？

陈炳南：没有，生了女儿会搞酬神，拜一下，请大家吃饭，做一些粉果派给大家吃。农村人现在还是有重男轻女的观念。

采访人：除了年头开灯和八月十五会用到花灯，还有什么时候需要用花灯？

陈炳南：也可以在年尾用花灯，加上中秋一次，一年一共两次。

采访人：开灯的时候，有没有人用布做花灯？

陈炳南：没有，但是上红袍的时候要用到布，就是婆婆买件红袍帮孙子开灯，一件红袍搭在花灯上面。有钱人开灯，给帮忙上灯的人每人派十元钱红包。

采访人：去看开灯的人也能收到红包吗？

陈炳南：去看的老婆婆有十元的红包拿。

采访人：您帮他们上灯拿多少钱的红包？

陈炳南：十元咯。

采访人：听说“文革”时期不能做花灯，那需要开灯的时候，大家怎么办？

陈炳南：那就不开灯，等到改革开放了之后，可以开灯了，就补灯。就算那个人已经三十几四十岁了，也都要补灯。先是父母开灯，完成后再帮儿子补灯。那时候对花灯的需求很大，要做几百盏灯，35元五盏。

采访人：开灯是去寺庙和祠堂开吗？

陈炳南：在家，如果有祠堂就去祠堂，风俗是这样的。有庙的话，也可以去庙里，在菩萨那里开。但是在庙和在祠堂是不同的，祠堂开灯是灯头出钱。以前开灯是私人出钱，年过18岁的要去饮灯酒。

采访人：那是去吃饭的人合伙给钱吗？

陈炳南：够年纪就可以去吃饭，但是不用给钱。旧社会还有穷人卖了家里的东西去开灯。在祠堂开灯的意思就是这间祠堂添了男丁，主人就要出钱摆酒席请客，然后在祠堂分烧猪，长辈分两份。灯酒的客人不是随便请的，要自己亲戚才可以，说白了就是自己人才受到邀请。农村开灯要摆七八十桌，城市开灯就没设那么多席，太贵了。农村人有钱就去饭店开灯，没钱就在生产队的大饭堂开灯。我数过最多的有70桌，摆满农村饭堂的大厅。城市人就请亲戚吃顿饭，十来桌是有的。

做花灯，拜中秋

采访人：您是什么时候开始学的？

陈炳南：我那时是打工的，小孩还小，我就做些球让孩子们玩。从自己学，到自己做有二十几年。我那时在烟丝厂做，后来从厂子里出来就去学做花灯。在工厂做了二十几年，然后做花灯，再做中秋景。

我先说一下中秋景，这是在生孩子的时候做的。有很多品种，有小球、秋球等，还有八仙，这些都是祖传下来的。做了外婆的人，有了外孙，就会买鲤鱼、球仔、灯笼去拜中秋，一共要带八大件东西。一个新的灯笼，一个大球，一个小球，寓意求子。如果家里生的是女儿，就不需要买这些，只需要酬神，还要买八仙、瓦宝塔。现在有人买胶桶代表瓦宝塔，在里面放进番薯和芋头去拜中秋，再买些水果。更详细的，老人家懂得多，我不是很懂这些。

至于花灯，我不是最先做的，我住的街以前有六七档花灯，老师傅住在街头。学做花灯很容易的，记得尺寸就可以了。我叔叔以前也是做花灯的，他没教过我，但我知道那些版。那些“公仔版”，木头做的，有五厘米厚，挑好后用糨糊印几次。另外一条街有七档，老师傅就是最前面那档，我是师傅中年纪排第二的，我的弟弟也做。

采访人：一般做一盏花灯要多长的时间？

陈炳南：破篾然后将它们捆起来，大概要一两个小时，捆成一个灯笼要四个小时。如果你不会做，只是将纸粘在一起，都要花八个小时。我试过请一个年轻人做，他排布，我专门印，八个小时他还做不完，后来他说很辛苦，就不做了。

采访人：您做好的花灯，一般能卖多少盏呢？

陈炳南：100来盏。

采访人：多久能卖出100多盏？

陈炳南：不是每个月卖的，一般把花灯留一月份，过年卖。十二月就订货，二十五六号就提货，等到年初一到初四，好日子那天就买回去开灯。其他长寿、中头这些，要卖四五百元一盏，加上莲花，等于三件。一对莲花灯是挂在门口的，如果有祠堂就买盏加大的灯，我批发卖给他们，价格大概是300元。我做了以后拿给商店去卖，商店要卖到六七百元的。我只负责做和交货，自己卖就能挣多点，批发的话长寿灯卖180元。现在贵了，当时很便宜，大概是30多元，大盏的36元到50元，一共是五件头。

采访人：那是什么年代？

陈炳南：九几年吧，“文化大革命”时是不准做的。

采访人：有没有帮一些比较出名的人物做过花灯？

陈炳南：没，都是普通人家。如果有钱人，就给1000元。

采访人：1000元一盏？

陈炳南：本来我收800块的，车子运到那里，他们会给你点红包，给够1000元，让你在街口粘好它。一般送灯的时候无论你给我多少钱我都不会帮你上灯，因为要赶时间送灯。帮你挽了灯，起码要半个小时。我最多做一两个，送了灯，有时间就帮你做，如果是忙的时段，无论给我100元还是500元，我都不做。一般上灯是自己做的。他们让我上灯，说自己不懂，我告诉他们一般都是爸爸点灯的，就用糨糊粘灯带，挽在风扇上。

采访人：现在来找您做花灯的人会不会比以前少很多？

陈炳南：少很多，现在计划生育，所以没那么多人。

亲力亲为，点亮“南记花灯”

采访人：“南记花灯”的“南记”是不是您自己命名的？

陈炳南：我自己的名字，还有一个迎记，是我弟弟的档口，在我的旁边。

采访人：现在的店铺还是在王屋街吗？

陈炳南：我的屋子在那里，我就在那里做。有人跟我说想看我的工地，想知道做花灯需要多大地方，但事实上我做花灯的地方不是工厂，是间屋子来的。

采访人：那一天做花灯要做多久？

陈炳南：八个小时到九个小时。

采访人：做花灯的材料在哪里找？

陈炳南：让人帮忙印，我自己有个屋子，让人印好了拿回来自己粘上去。

采访人：那些竹子呢？

陈炳南：以前东莞有，石井、乌石岗、大岭山啊，有好多竹子，同沙那边最多。

采访人：要自己砍竹子吗？

陈炳南：自己砍，砍几百斤。

采访人：就是您自己砍了以后主人来收钱？

陈炳南：是的。

采访人：那时候几点钟去砍？

陈炳南：一大早去，砍到下午。

采访人：砍一整天？

陈炳南：一整天的，砍到两三点，能砍几百斤。

采访人：南叔，您除了十一二月要做灯笼，平时要做什么？

陈炳南：平时破竹子。

采访人：还有什么准备工作吗？

陈炳南：破了竹子，做了轮廓，就粘纸。过了中秋节就破篾，做花灯。我自己一个人破篾，不像其他人请人破。

采访人：有钱人对灯有特别的要求吗？

陈炳南：一般没有，一个灯80厘米，整批都是这个规格。我前面的档口家门口窄，只能做70厘米。现在我做的灯1.3米，没办法弄出家门，我只能先做好一半拿出去，在货仓处弄好再送过去。以前儿子没娶媳妇的时候，家里能放一百多盏，现在成家了，家里的地方少了，只能放五六十盏。刚好我的儿子有仓库，就吊在那里。我一般做百来盏大灯，中灯也做百来盏，一年做两百盏左右。

送货给人家，是对方先预约好，我再送货。到了年初六、初八，如果是好日子就送货，提前一天送过去。我卖260元三件，一个村子送几盏。我多数去农村订灯，一个礼拜左右，然后回来干活。我一般问阿婆，让她告诉我谁生了孩子，我问到后就找上门，说：“阿叔今年生了个男孙啊？”一般一条村子里的人，有人买了我的灯，大部分人都来找我买。我在竹和基卖了二十多年，我的弟弟有时也去，他们会说："这个人不是南记。"等我来了就说："这个才是真正的南记。"我以前一个人送灯，从东莞拉去白马，一天来回三趟，每次拉两盏，用单车而不是三轮车。将灯放在单车上，用竹捆好。如果拉四趟，就要到很晚才能收工了，因为大路上有车，不能太快。

采访人：现在莞城市区里面做花灯的店铺，除了分布在您所在的那条街道和旧市府旁边的那条街，还有其他地方吗?

陈炳南：莞城现在只有三档，都在我那一条街，在我前面那档是最有历史的，做了几代了。

采访人：王屋街以前最多有过多少家花灯店?

陈炳南：最多有过六档。

采访人：年轻一辈在做这件事情的多不多?

陈炳南：没什么人做了。因为会伤手伤脚，做久了手会变形。你经常要破竹子，会有碎屑插进手指甲里面。以前很多人做，现在没什么人做了，年轻的基本都不做。

打麒麟：舞动万家祝福

——李满基（兴塘社区委员、兴塘社区李屋村前村长）李灿南、李灿林（当地老居民）

受访人：李满基（兴塘社区委员，兴塘社区李屋村前村长，47岁）；
　　　　李灿南（83岁）、李灿林（71岁），当地老居民
采访人：丁文俊、丘梓娴、黄怡辛
采访地点：莞城兴塘社区
采访时间：2012年8月6日下午
受访者语言：莞城话

戙船澳，有故事

采访人：你们都是本地人吧？

李灿林：是啊。

采访人：请你们讲一下兴塘社区这里独特的故事。

李灿南：我们这里叫做“戙船澳”，是一条村，看不到海，那为什么会有这么个海洋的名字呢？

李灿林：先说一下戙船澳的故事。听杨宝霖先生说，“戙”字在汉唐时候出现过，意思是“将船竖起来”（注：读作dong，意为木船上系缆绳的木桩），“澳”就意味着船停的地方。这个山区不近海，为什么会有这样的名字呢？因为很久之前这里是一

戙船澳东岳庙旁边只剩下一棵大榕树

个船码头，在出海口的岸边，所以地名具有海洋性，意为船停泊的码头，“将船绑好，不要飘走”。我也听说这里挖出过很多农业时代的水槽木，水槽木在海边才会生长，后来还挖出了船的桅杆。

李灿南：我再说些其他方面的。这里原本是海的传说是从长辈那一直流传下来的，伯公就是这样对我说，当年这里是码头，有桅杆挖出来的时候，他参与了挖掘过程，亲眼看过。有人说这不是桅杆，而是制糖用的工具，但有人说是沉船的桅杆，我自己也不知道究竟是怎样。

李灿林：这说明戙船澳的来源肯定有依据。

李灿南：解放后“大跃进”时期种田挖土，很多人看到海泥挖出来，我亲眼见到是黑泥，证明现在的山地以前是河涌。

李满基：南叔说的桅杆说明很可能以前的大船来过这里，经过几年的发展水全退了，退到万江、道滘那边了。

挂灯笼，重男轻女

李灿南：我再谈一下出麒麟。我11岁就参加出麒麟了，同村的都参加，都是兄弟，有姓李、吴、张的，大姓、小姓都一起打麒麟，去到哪里都是兄弟。一间祠堂就都姓李，就聚集每年同姓的，做开灯这类宗族的事情。祠堂土改之后拆了，现在想重建，但是不行。我出过麒麟，我们八个人是最出名的，当时李扬敬（曾任国民党陆军中将、第四路军副总司令兼第三军军长）的孙子开灯，请我们表演，然后请我们吃灯酒。李军长很威风的，但对我们这些虾兵蟹将也很尊重。我们八个去到他的县后邸打麒麟，他赞我们打得好。我们表演的时候，八个人一起打八套动作，例如长龙棍这些。观众都在大力拍掌。李军长看得开心，就招呼我们一起吃饭。我那时是年轻人，打双头棍，不是李小龙的双节棍。我以前打得很厉害的，现在打不动了。

李灿林：以前农村收割后就打麒麟。

李灿南：一年当中总有几次的，喜庆日子就要表演，技术好的也会来指点一下。

采访人：林叔您自己有没有出麒麟呢?

李灿林：没有，我年纪不是很大，解放之后就没出麒麟了。保留舞麒麟最正宗的在樟木头。以前山区舞麒麟，水乡舞狮子，每年秋收之后农民开始活动了，同姓李的村组成麒麟队去表演，要请他们吃饭，维持秩序，麒麟队互相来往的。秋收后开始打，一直到过年后。

李满基：我小时候只剩下舞狮子了，麒麟就没有了，但一样会请舞狮队吃饭。

采访人：过年有没有一些特色风俗?

李灿林：都是舞麒麟这些，派利市，吃汤圆。有时候专门多煮一些，留到年初一吃，过了年还是吃汤圆，叫“隔年圆”，要多煮，特别好吃。

李满基：还有一种叫“卖响丸”，很好吃的，小拇指这么大的，有红色，有其他颜色，意为大家结缘，十五时候吃的。图个好意头的话，麒麟也要来庆贺，每一个灯头都要给东西吃，或者煲糖水，一有锣鼓响，灯头就要拿出来。灯头就是那年第一个生男孙的人。

李灿南：我觉得需要恢复祠堂。

李灿林：我很赞同。

采访人：南叔您刚才说到的开灯，能不能回忆一两次场景？

李灿南：那时重男轻女，生女就不开灯，男的才点灯，初八开始，十六结灯，最早是东岳宫开灯，不管你姓什么，都在那里开灯，很喜庆。拜东岳宫，然后挂灯笼开灯，保佑小孩子的意思。很隆重的，上了16岁的才能吃，上了60岁就什么也不用出，去吃就行了。女人不能吃，全部男丁吃。所以说重男轻女。

采访人：既然男丁去吃，那谁煮饭呢？

李灿南：也是男人煮的，女的全程不参加。

采访人：那一般吃什么？

李满基：鸡、鹅、鸭、肉丸、鱼丸，等于吃盘大杂烩。“灯”同登记，等于入族谱，又寓意像灯一样绽放，有一个美好的愿望。

李灿南：上16岁才能参加，灯菜就是大家凑钱，老大就不用给钱，“功名老大”就坐在祠堂左边，年轻人要盛饭，工作全部都由年轻人完成。

过时过节，气氛好

采访人：南方人会不会认为冬至更重要？

李灿林：冬至大过年，原则上还是过年最高兴，但是做冬也很重要。二十四个节气，冬至比较重要。还有就是五月节、八月十五、清明、重九，各有各不同，不同地方习惯就会有些差异，每个地方风俗不同，气氛不同。比如广西那边要过了十五才出门工作，元宵就最大。水乡扒龙船（赛龙舟）气氛更好，万江五月初一就有龙舟景。

采访人：南叔对观音诞有没有记忆呢？

李灿南：女人记得，我们男人就不记得了。

李灿林：说说七姐诞吧，我小时候看到妹妹拿着莲花灯到河里放。七月初六那晚，女孩子就是十一点开始穿衣服拜的，未结婚的女孩子沐浴更衣后才拜，摆贡品、鲜果，都是七样，很好看的。以前就是一家人在这里拜，别的人过来看一下，互相比，那节日女孩子很开心的，道滘这些水乡很流行。

采访人：那结婚的风俗呢？

李灿林：结婚风俗有很多，要上茶，又要过大礼，现在过大礼还是要做的。接新娘那晚见完公婆再拜神，现在简单很多。

李满基：我最记得那时候结婚的人要挑“媳妇水”，儿媳妇不知道结婚第二天要去河里挑水，小朋友去捣乱，水倒了就要再挑。有些媳妇会发脾气。媳妇被捉弄一下之后，有人会让小孩别再去弄，但一定要捉弄一下，这样就好。

采访人：再说一下拜神的特色吧。

李灿南：有个东岳庙，也叫东岳宫，茶山也有，按历史来说，戙船澳的东岳庙比茶山的还早。我听别人说过，但我没考证过。拜神每年在东岳宫里面，生了孩子的就在里面喜庆一下，年

茶山东岳庙

初几的时候就去庆祝，再在祠堂摆酒。生了男丁就挂个大灯笼，一直到十五结灯。很高兴的。解放后说是迷信，说东岳庙是拜神拜鬼。究竟这算不算文化我不知道，我就觉得这是风土人情。

再说说东莞八景，首先是“黄旗两顶挂灯笼，市桥春涨水流东”。石桥那里有一块大石头，有几个典故。

李满基：有个传说，袁崇焕在辽东驻扎，卫士报告说你的一个老乡来了，袁崇焕出来后，老乡说因为东莞下大雨，他睡在桥上，雨一冲他就到了辽东，他手上的荔枝还是新鲜的。这说明东莞人乐于为国家镇守边疆。

小门洞开启的粤剧世界

——翟铭芬（社区粤剧私伙局成员）

受访人：翟铭芬，罗沙社区粤剧私伙局成员，73岁
采访人：林诗雯、黄维欢
采访地点：莞城罗沙翟氏祠堂
采访时间：2012年8月6日
受访者语言：东莞话

凡是爱好一件事，就一定能做好

采访人：您小时候经常看粤剧吗？

翟铭芬：没有。我主要是唱（粤）曲。其他小孩有的读小学，有的打球，有的打牌赌钱，我都没有去。

采访人：您小时候就在这个祠堂（即翟氏祠堂）上学吗？

翟铭芬：是的。我读到三年级就没有读了。

采访人：为什么呢？

翟铭芬：经济问题。我母亲37岁生我，我8岁她就去世了。我有11个兄弟姐妹，就靠我父母两个人。别说有田有地，难以管理，就是光顾着自己的孩子都很难招架。那时医学不发达，就算

有钱，也很难养活孩子，结果11个只剩下3个。母亲不知道什么原因就去世了。哥哥和弟弟也还小，没有人能帮忙。哪里有条件去读书呢？三年级我才读了两个星期就没读了。

没书读之后，我就出来干活，给别人打工看牛，什么都干，到处去，到过江西坪石和广东梅县那些地方，建铁路，担泥沙。父亲去干活了，我也自己谋生。由于没人管，自己喜欢干什么就去干，我最喜欢的就是唱粤曲。我虽然才8岁，但是也会思考很多东西。想到父母不在身边，全靠自己，还要照顾那么多人，赌钱赢了还好，万一输了没有钱给的，所以凡是赌钱我就一定不会参加。

采访人：那您能够养活自己吗？

翟铭芬：做多少吃多少，8岁帮忙摘菜、种菜、除草和拾柴，就干这些。那时没有什么收入的。我那时就喜欢看打麒麟，很多人打的，我父亲那辈三四十岁的个个都打麒麟。我就看，有时唱一下粤曲。

采访人：您几岁开始唱粤曲呢？

翟铭芬：十四五岁吧。

采访人：您跟谁学的呢？

翟铭芬：凡是你爱好一件事情，你就一定能够做得好的。但是你靠自己去学很不容易。1953、1954年的时候，我很喜欢看粤剧，在西隅阮涌那里有家大戏院，还有大西路那里也有。那时和平戏院在大西路，戏院后门是木门，用瓦盖着，没有钱看，就用小刀挖个小洞偷看，成了瘾。到了年纪大了，我们爱唱戏的，就自己开个档口，请黄村的张福做师傅，一个月60元。

采访人：60元？

翟铭芬：一天两块钱。那时算很好的了，吃碗米粥两分钱而已。师傅就白天晚上都教。他懂很多的，二胡、扬琴等等。我们能学到很多东西。祠堂有很多乐器，你哪些不明白的，他都会教你，真的一天24小时随叫随教的。

60块钱一个月，两个人每人一天给一块钱。那时我们就去现在的东莞果园那边的农场，给别人干活，开荒种菠萝蜜、番薯，每天一块钱，就够交学费，这样才学了唱戏。到了转成公社的时候，就没有跟老师学了。到现在，我唱粤曲也没有停过，主要是大家娱乐一下，一个月就出30元，靠自学，听着带子学，没有师傅教了。

采访人：那您请了黄村的师傅多少年？是在1957年就停了吗？

翟铭芬：主要是那个时候停的。

采访人：那停了之后，你们还有没有继续唱啊？

翟铭芬：那时候就几个人围在一起唱，也没有机器。那时没有带子，有曲谱，我就开始自学，有时也去莞城比较高级一些的剧团那里学唱。

粤剧表演

采访人：您刚学粤剧的时候，多不多您这个年龄的人学？

翟铭芬：多。十几岁那时也没什么好做的，天天不是坐在家里，就是睡觉，没什么嗜好。所以个个都是差不多年纪要唱粤剧。

娱乐多了，教新人唱曲很难

采访人：“文革”的时候呢？

翟铭芬：其实没有停的，只是没有那么大规模，几个人有空就唱一下。粤曲是没有停的，就分类型。“文革”的时候有一些战斗剧，像《沙家浜》那些，宣传“大跃进”有什么好处、公社化有什么好处，凡是有这些都可以，上头有什么指示就唱那些。

采访人：你们那时的规模有多大呢？

翟铭芬：50年代刚开始的时候有六七十人。那时自己掏钱，十多岁的也有，五六十岁的也有，就报个名，交一块两块。有些不想出钱的，在门口听一下也能学到，都靠自己的。那时没有那么多东西看，只有打球、唱戏，没有打麒麟，也没有舞狮子，除非钱多。

采访人：有多少人呢？

翟铭芬：就自己唱，六七个，有时十一二个都有的。

采访人：现在也是十多人吗？

翟铭芬：也是十一二个。现在百花齐放，娱乐的东西多，很多人家里都有卡拉OK。

采访人：您会觉得现在粤剧很难发展吗？

翟铭芬：确实。过去娱乐没有那么多，现在人们的娱乐方式多了，干什么的都有。比如有些人就经常去喝茶，以前都要看家，现在没有人看家的。所以各自挑自己喜欢的做，做什么的都有，想学唱粤剧的人很少了。

采访人：那现在多数唱什么曲啊？

翟铭芬：现在一般做《花田错会》《七月七日长生殿》这些。最流行的是《沈园题壁》之类，靠记忆就记不住了。

采访人：你们自己不唱现代剧吗？

翟铭芬：不喜欢唱。

采访人：您每晚都唱曲吗？

翟铭芬：不是每晚。开始时，很长时间是一、三、五，现在是一、二、五。

信耶稣，让自己感觉自由

采访人：我们想了解一些风土人情，你们有没有一些以前过的节，现在不过了？今日好像是观音诞。

翟铭芬：这不关我们男人的事，尤其现在我信了耶稣，佛爷像打烂，祖先也不要了，人都死了，还要它干什么。

采访人：您信耶稣多少年了？

翟铭芬：信了三年。信耶稣不是贪什么，每个人都难逃一死，信耶稣就不同了，吃饭我们也要祷告，拜神说不要吃的东西，我一样敢吃，因为已经向神祷告了。

采访人：这里有多少人信基督？

翟铭芬：聚会很多人的，东莞有九万多人信基督，到处都有，我们信徒开会开通宵。

采访人：您入教的经历是怎样的？

翟铭芬：因为总是觉得很受委屈很不自由，到了教堂就觉得自由多了。所以信耶稣，是因为我自己身体多病。我之前一向对迷信的东西很反感，后来是我的儿媳妇的姐姐传教给我。有天下雨的时候，我去买了把伞，但撑不开。她对我说让她开开，说她因为信了耶稣的缘故能打开。我再拿过来开，还是开不了，她一开又开了，于是我就信了。我一信耶稣反而将家里的所有争吵搁置了，又将家里的神像，木的也好，石的也好，全部打烂烧了。

采访人： 您现在过年怎么样？亲戚朋友还拜年吗？

翟铭芬： 不拜年了，亲戚朋友来了就吃饭，不讲其他东西了。

老时光里的小欢喜

——李莲心、钟委欢（翟氏宗祠随访阿婆）

受访人：李莲心（87岁）、钟委欢（79岁），退休人士
采访人：文淑贤、吴海敏、廖锐
采访地点：莞城罗沙翟氏宗祠
采访时间：2012年8月6日
受访者语言：东莞话

“游胡”：莞城老人的独特娱乐

采访人：现在打“游胡”（一种纸牌麻将）的人多吗？

钟委欢：以前就多，六七个一起“游”，现在分成两批了。九十多岁的在那边围游，因为他们年纪更大，天气又热，而且又远，不方便走过来。

采访人：现在会打“游胡”的人都有多少岁？都很大年纪了吧？

钟委欢：她八十五，我七十九。那边那几个“游”的，有九十多，也有八十多、七十多的。以前我们全部都在一个祠堂里面“游”的。现在她们年纪大的去了那边。

采访人：有没有年轻人向你们学打“游胡”？

钟委欢：没有，现在的年轻人不会的，都不知道有哪些牌。我年轻的时候就学会啦。

采访人：您也是年轻的时候学会的？

钟委欢：是啊，我们十多岁就会“游”了。

采访人：那时是不是很多人会“游”？

钟委欢：我们以前在山头看牛，“胡牌”放在口袋里，输了就帮人家看牛。这是年轻时候的事情了。后来我都不记得怎么“游”了，因为结婚之后没有玩了。已经忘了有几十年，后来有一次坐船，有人拿一副给我学，我才又学会了而已。

采访人：“游胡”现在很少人玩，要去哪里买？

钟委欢：有啊，现在很多铺头都有。这种“胡牌”以前用纸皮做的，在寮步珠江围做，现在都是胶的。

老人家在玩『游胡』

过节：有钱就买多点，没钱就买少点

采访人：可不可以给我们讲一下您小时候怎么过年的？

钟委欢：小时候我们家穷，没怎么过年，有鸡腿吃，有卖懒鸡蛋吃就是了。

采访人：有卖懒的啊？以前怎么卖懒的？

钟委欢：卖懒就是年晚（即除夕、年夜）摘鸡蛋，倒在盘子里拜神，拜完神就说，一个一个卖懒啊，卖了不要“懒大食”（意即懒惰）了。

采访人：是不是有一首卖懒歌？

钟委欢：卖懒歌是这样的，“卖懒仔，卖懒儿……”不记得了，不知道怎么说了，我都不会了。

采访人：有没有炸糖环？

钟委欢：有，炸糖环、煮碌堆、拜台头、做新年，油纸碌堆就摆正面，煎枣糖环就摆两边……做年就有这些摆啦。

采访人：以前有多少利市？

钟委欢：哪有人给你利市啊，小时候很穷，给你一分钱欢喜到懵了，哈哈！

采访人：那时元宵是不是要做响丸的？

钟委欢：就是年晚、正月十五自己爆的，一些红，一些白。响丸用来结缘，跟菩萨结缘，跟银纸（即金钱）结缘，各个有缘有份，有讲有话。请神在当天请，“大神有缘，银纸有缘，钱财有缘，子女有缘，各个有缘有份”，结缘就这么说。

采访人：一般拜神要弄一些什么给他们吃呢？

钟委欢：无所谓给什么，样样都可以，有钱就买多点，没钱就买少点。有钱就抓一只鸡杀，现在普遍有鸡、猪肉、鱼丸、蒜，图个好意头，有孙有侄。有些给葱，用葱拜的孙侄聪明啊。

采访人：您过不过佛爷诞的？

钟委欢：家家都做的啦，为佛爷做诞嘛。个个煮一碗麻糊，处处叫。我们这里叫“麻糊”，用粉、花生、糖，煮一碗舀在那里，当天拜佛爷。拜完就五月初五，五月初五完就七月十四，七月十四就是盂兰节，盂兰节要用菩葵（凉瓜）等东西拜。

采访人：是不是要路祭，就是在路边拜？

钟委欢：那些随你的，我们今年都没人做了，以前年年都有，在七月初五的时候，就在那个海鲜铺的地方祭。

采访人：为什么要选那里祭呢？

钟委欢：十字路口嘛，就是在我们一出围那条公路那里。据说公路有些阴魂，等到初十那天，个个就去那边公路十字路口祭那些鬼魂。大家出钱买锡纸，年年都这样，有差不多二十年了，今年都没人提议呢。本来都折着锡纸要祭幽的。

采访人：您做大姐的时候有没有拜七姐呢？怎么过的呢？

钟委欢：有！我们在一间房睡觉。我们是农村人嘛，我是横坑人。鸡鸭轮着养，今天我喂食，明天你喂食，后天她喂食，养大了就等七月初六那晚拜七姐。初六那天，我们养了鸡的就杀鸡，养了鸭的就杀鸭，杀了再买濑粉，就拜七姐咯。个个等拜完了就一个人穿一口针。

采访人：穿一口针？干什么呢？

钟委欢：穿得快就灵，穿得中就灵。最后每人分一点回自己家，年年都有，我们结了婚就再没有这样了。结婚过来这边就没这风俗，要辞七姐了。比如去年十一月结婚的，等到今年七月七就回到那里辞七姐。拜的时候，跟七姐讲，我今年来辞七姐了，我已经结婚了，明年没时间，要带儿子带女儿，所以我不能来的啦。

采访人：中秋呢？

钟委欢：现在的人呢，有阳台的话就高兴一些，个个上阳台摆灯笼，以前可没有阳台。月饼、芋仔、花生、香蕉，现在什么都有啦。以前都没什么生果买，当天用茶来拜月姑。

我们小时候点灯笼，个个小孩子拿一个灯笼在铺头面前，“添油添蜡烛”，他就给你一支蜡烛；又去那家，“添油添蜡烛”，他又给你一支蜡烛。如果说不给，就说“添油添蜡烛，你不添手指曲”。

采访人：“不添手指曲”是什么意思？

钟委欢：“添油添蜡烛”，你添一下我就走啦，“你不添就手指曲”，是骂人的话，代表坏人手指曲。

采访人：重阳也要拜祖先吧？

钟委欢：是啊。重阳当然要拜祖先啦。

采访人：是不是跟清明一样，都是很隆重的？

钟委欢：是啊。清明、九月九都要那么拜的。茶园山多少人啊，说不出到底有多少人。

采访人：以前要怎么拜？是不是很多人要一起去拜的？

钟委欢：有是有，就是没现在那么集中。现在全部集中在茶园山，以前有好多山头，你在这个山头拜，他在那个山头拜。

采访人：以前挂纸是不是要同姓一起去？

钟委欢：自己一家人去嘛。

采访人：做冬（即冬至）怎么过呢？

钟委欢：做冬就拜神，弄红团。以前做红团拜神，就说“好冬田”。耕田的，那些泥要翻过来晒干它，那样田才好嘛。要用红团来拜“冬田”，“好冬田”就是谷子好。我们是这样啦，每个地方不同的。

采访人：东莞有没有具体初几一定要拜神的？

钟委欢：诚心的就拜，拜初一，拜十五。

“喊童年”：一喊就好，不用等到明朝早

采访人：以前是不是有“喊童年”？

钟委欢：现在还有啦，以前“喊童年”是少不了的，如果小朋友没有“喊童年”，一喊就好，不用等到明朝早（即明天早上）。“喊童年”很灵验，不要说不信哦！我就讲个“喊童年”的事情。有个人的儿子正在读高中，可能在河里洗身，好久未好，他妈妈就叫卖元宝蜡烛的“喊童年”，我问去土地爷那里喊了没有，她说喊了几次，但是都喊不好，再喊一次不行，就去医院了。“这样，你有无带他去洗身呢？”“不知道啊，怎么知道他有没有去洗身。”“他一般洗身去哪里洗呢？”后来，去河里“喊童年”，马上就好，当晚就无事。

我再讲下我自己的“廿四孝”孙。孙子五六岁，他大姐踩单车搭他，跌了一跤，我个“廿四孝”媳妇就不叫我“喊童年”，她自己喊，喊不到，让别人看，黄村有个伯爷婆（即老阿婆）说他被吓着了，但是她也喊不到。有二十几日了，后来反骨仔（儿子）就来喊我，说孙子成日不吃饭、发烧、手脚软，怎么办？我走过去，为他“喊童年”。在十字路口，找支竹竿，再点灯笼，挂件衫，一喊马上就好。本来已经拖了一个月都没有好啦，但我帮他“喊童年”之后，第二天早上问他，说昨晚马上就无事了。

采访人：有没有说一定要谁喊？

钟委欢：也没有，谁会谁喊。但他妈妈喊就喊不好。有人不信，又不得不信。

拜神：不用学，拜足一年

采访人：现在还有整天拜神吗？

李莲心：现在不能去拜神了，不能走。

采访人：以前在家里都有拜神吧？

李莲心：拜，在家里拜。

采访人：现在做节有拜吗？

李莲心：拜，我最喜欢拜神的，我和她都喜欢。以前坐车去，去庙堂那里拜。去旅游也拜的。

采访人：您是怎么学会拜神的呢？

李莲心：哪里用学，看到人家那样拜。不用学的，拜神就上香、点元宝蜡烛，给一些生果。做年就拜三支香，之后拜清明，清明完了，就五月节、五月粽，五月初五又拜，杀鸡杀鸭。拜完以后，就到今天的观音诞（即农历六月十九）。

采访人：那今天拜了没？

李莲心：拜了，一早就拜了。第日（意即之后）七月初七就拜七姐，拜完七姐又七月十四了。八月十五，九月九，做冬……拜足一年。拜神不用学。拜那些伯公，就找些金银纸烧给他们；拜菩萨，找那些寿金烧。今天拜观音，就给观音衣、花、艾角（即粉果）之类。在田里找一些艾，舂烂它，观音最爱吃艾了。二月十九、六月十九、九月十九，一共有三个观音诞。

采访人：三个观音诞都是要用艾角拜吗？

李莲心：是啊。舂一团粉，做艾寿桃、印寿桃。给一些果，买龙眼荔枝，或者买蕉也无所谓。我以前去黄旗拜，买很多花，还有好多其他东西。

采访人：观音诞都很多人去黄旗山拜吗？

李莲心：黄旗有很多人，昨晚就开始有很多人了，晚上十一点就拜的。

采访人：您以前去过吗？

李莲心：去过，现在不敢去了。黄旗年年都去，一年去三次，坐摩托车去。就是在三个观音诞的时候去的。

采访人：您以前有没有拜过七姐呢？

李莲心：拜，我做大姐的时候，七七斋四十九天。

采访人：什么叫做“七七斋四十九天”？

李莲心：七天请魂，斋不吃饭，这样的话七姐会很高兴的。找那些谷放在碗里，找个盅盖着，出一些秧，那样就拜七姐，出三碗。还有找些绿豆出芽菜，出几碗。七月初六那晚拜，吃一些蕉、沙角（即菱角）当饭。等到那晚拜七姐，就煲鸡粥，这样就喝粥咯。清斋一天没吃的，肚子也不饿，饿就找蕉、沙角来吃。

采访人：是不是一群大姐在拜？

李莲心：是啊，七月七那天，很多大姐在拜。拜七姐时很多东西看的，比如摆七张桌子，文头很高。那时我们去看人家拜七姐，摆七七四十九张台，排成七行啊。

采访人：在哪里拜的？

李莲心：万顷沙那里。十几岁的时候，我就已经在那里拜了，摆四十九张台。以前拜七姐的场景很漂亮的，现在做不到了。

采访人：怎么漂亮法？

李莲心：金牛、金马、金公仔，摆出来很漂亮。那四十九张台上面摆满了类似这样的各种东西，什么都有。

采访人：会摆多久时间？

李莲心：摆完初七。初八就散了，初六开始摆出来，很好看。大姐分烧猪，有份做七姐会的，就能分到一份烧猪。当然做七姐会，每个月都要给钱的。

坤叔：盲人算命佬“讲古”

——陈汝坤（西隅社区老居民）

受访人：陈汝坤，西隅社区老居民，86岁
采访人：文淑贤、廖锐
采访地点：陈汝坤家中
采访时间：2012年8月7日下午
受访者语言：东莞话

大西路、振华路是不夜天

采访人：坤叔您现在多大年纪？

陈汝坤：今年八十六，和中国人民解放军成立的时间差不多，我七月的，八一建军节嘛。新历就是八月，我旧历是七月的。

采访人：您年轻的时候做什么的呢？

陈汝坤：年轻的时候我就算命咯。瞎了眼睛，能做什么呢？学人做咯，学会了，就这样。现在因为禁了摩托车，就没人来了，没生意了，以前很多人开摩托车来的。

采访人：您是不是从一出生就住在这里？

陈汝坤：世居几十代，因为我家那祠堂在这里，我是长子嫡

骑楼风景

孙，所以不离香火堂，后面就是我们陈姓的祠堂。我们就是小祠堂的，代代是长子的嘛。

采访人：长子嫡孙看祠堂的?

陈汝坤：是，看祠堂公。

采访人：您小时候这边那些建筑是怎样的?

陈汝坤：小时候的建筑好啊，王屋街整条街都是大间屋的，我们这里都是很多大间屋的。

采访人：都是什么人住的呢?

陈汝坤：有些是买在那里的，王屋街总是姓王的住。我这里旧社会叫大芳园，医院那里有个闸门的。

采访人：振华路、大西路是不是很繁荣的?

陈汝坤：是哦！大西路、振华路是不夜天的！

采访人：卖些什么呢?

陈汝坤：振华路做商业，大西路既做商业，又做夜市，卖糖水，开饮食店，吹蛋糊等等。

采访人：您有没有经常去吃呢?

陈汝坤：有钱就去吃，有钱有得讲，没钱讲什么呢，想吃没得吃嘛。我们几代人做泥水、做建筑啊，好天晒，落雨淋，有得做那天有饭吃，没得做那天没饭吃。我们这些穷人，无产阶级穷鬼出身，哪有用呢?

采访人：那么繁华的路，以前有没有经常去那里玩呢?

陈汝坤：有时口渴就走去买一杯麻茶吃咯，好少走出去玩的，总是跟这条巷的邻居讲世界。我坐在那里“打天打鸭”（意即胡说）。旧社会，哪里有去玩去吃的呢，是吧？时势不同。

采访人：这里有没有什么老字号，就是开了很久的铺头，卖东西很出名的?

陈汝坤：这里卖东西很出名的……大西路和合顺那些啊。

采访人：做什么的呢?

陈汝坤：大西路和合顺做文具，还有服装诸如此类的。那些

大西路

茶楼老字号啊……振华路那边也有安乐园酒店。

采访人：现在那些酒店都没有了？

陈汝坤：没有了。群力有多久呢，是解放后期的。解放前有很多洋货店。和合顺、和合求那些老字号啊，和合顺做“笠衫”（即圆领套头衫）很出名的。

采访人：振华路有一间东方红照相馆很出名的，你去过没？

陈汝坤：东方红？照相的嘛，照相当然去过啦，近嘛，几十岁去得多远呢。

采访人：那您小时候有没有在那里照过相？

陈汝坤：小时候不习惯照相，是解放后办证需要才照相，以前哪有什么人照相呢。结婚都不用照相啦，自由婚姻的嘛，跟现在社会不同，时时都不同的。我们桑田变沧海、沧海变桑田，以前王屋街多旺人，现在鬼影都找不到一个。

采访人：王屋街以前是不是做花灯的？

陈汝坤：是，有三四家做花灯的，现在就剩一家在做。

采访人：您小时候就有三四家在那里了？

陈汝坤：三四家，那些老的都死去了。剩下的，有两三家会做，有些不做，有钱就不用做。要很大本钱，很多地方的，竹子什么的，没地方摆，地方多就可以放，不然你怎么做花灯？一盏花灯，一个厅最多放四盏，上了原料，正月初几要马上弄成一盏花灯。

采访人：以前做花灯是不是专门为了开灯而做的？

陈汝坤：是啊，专门为了开灯弄的。弄灯笼弄鲤鱼那些，八月中秋节挂灯笼。

采访人：做花灯那行年末会比较忙一些？

陈汝坤：弄花灯是两种的，正月卖花灯，卖了花灯，跟着就弄八月灯笼，那些鲤鱼灯。过了八月又开始弄花灯了，弄到正月。那些一整年都要做的。

采访人：以前一盏花灯要多少钱？

陈汝坤：时间不同很难讲，现在一盏花灯过白元的。以前有贵有不贵的。那时钱不同，人还没赚钱呢，很便宜的。以前的灯笼一毛钱一盏也有，五分钱也有，现在几块钱一盏，花灯大盏的上百块一盏呢，很多东西不同的。

采访人：以前阮涌路是不是有一家卖酱油很出名的？

陈汝坤：生记是吧。

采访人：以前是不是家家户户去那买酱油的？

陈汝坤：是啊，那条街几档卖酱油的。

采访人：有没有哪个档最出名的？

陈汝坤：最出名的就是现在皮鞋厂那档，就是生记酱油园，姓阮的，阮屋的。

采访人：您一般去哪家买呢？

陈汝坤：间间有好有坏，好难讲的，有些好就去，不好就不帮衬他咯，以前做生意做人缘的嘛。生记最好。以前晒酱油那里有一条涌的，就是现在分会那里，过去沿路中心是一条涌来的，一条大阴渠，好多拿酱油出来晒，放在涌那里盖住它。做酱油的那些人，不是单纯做酱油的，八月前还做腊肠腊鸭，近时节的嘛。所以那里总是几间酱油铺、腊味铺，还有那些以出芽菜为生的人家，也有学校。以前好多间学校的，阮涌街四五间，现在只剩下四小而已。

采访人：以前的酱油和现在的相比，是不是以前的好吃点？

陈汝坤：以前就货真价实点，卖招牌要真材实料。现在呢，样样会假，样样会有毒。

采访人：以前怎么做酱油的呢？

陈汝坤：就洗大豆来煮，几十个缸排排齐放在那里，加盐水发酵，够日子了就做成酱油卖。凡是做酱油得有个酱油园，要有地方放那么多缸，放在河两边晒。那条街阳光从早出到晚，好大太阳的。以前总是用太阳晒的，现在用机器，用火用电烘干的，假一些。以前讲诚信，所以那些腊味就好吃，现在的腊味不好吃的，总是“打天打鸭”（意即乱来的东西）。

水浸街，挖运河

采访人：50年代莞城是不是发过大水？

陈汝坤：总是单年，1951年，1953年，1955年，1957年，1959年，1961年，最大那场是1959年的大洪水，浸到现在的街心公园。

采访人：记不记得当时浸成什么样呢？

陈汝坤：浸成怎样？四围浸，东莞振华路、大西路大多是救失户的平房，但我这里有两层，水浸不了，一滴水没有。因为那条阴渠一直由王屋街去到六巷尾，一路通到莞城医院那口塘那里，所以许多水由那里流走，从博厦一路流出省渡头大河，所以浸不到我这里。王屋街只有我这里没水，除此之外，到处浸得塌房，塌得没有了。我这里地台稍微高一点，浸不到，那些农民筑围堤，围着我这里，就起到保护作用了。

采访人：浸了多深呢？

陈汝坤：哦，人民医院那里要浸湿裤啊，大西路、振华路都浸湿裤，你说有多深呢？我这里水分流去了，就没问题。

采访人：一直浸了几个月？

陈汝坤：就是一年有几场大水，水还没干完，一下雨又发。最多那年一年九场大水，王屋街的阴渠都能抓鱼，一条条阴渠麻石，盖住的，就个个走去兜鱼咯。

采访人：您有没有去兜呢？

陈汝坤：有！个个去兜，鱼是从那些围、塘跑出来的。

采访人：是不是都是夏天浸？

陈汝坤：总是夏天浸的。由五月一直发大水到七八月，最多那年发到九月，我们记得那些事情就这样。

采访人：发大水之后就挖了运河是吧？

陈汝坤：1959年开运河，那场洪水走了就挖运河了。开那条运河后，就没再那么多水，水靠那条运河出大海了嘛。

采访人：您有没有挖过？

陈汝坤：我没挖过，我残废怎么挖呢？我母亲就要，一家都要出一个人去担。

采访人：一家人一定要出一个？规定的？

陈汝坤：嗯，如果你不去呢，要给钱请一个人。

采访人：要多少钱请呢？

陈汝坤：看多少钱一天咯，担一日泥啊。

采访人：几点出门几点回来？

陈汝坤：早上七点多出去，五点多收工。

采访人：那时候是不是很辛苦啊？

陈汝坤：不是很辛苦，个个不是死做烂做的，挑着那些泥，慢慢走也行。是啊，就是学大寨那样，一出勤画一个圈。其他农村也一样，只要出了勤就行。

采访人：挖运河的时候吃饭怎么解决呢？

陈汝坤：放工回来自己吃咯。

采访人：不是集体负责的？

陈汝坤：谁给你吃啊。

采访人：那您要不要拿饭给您母亲吃？

陈汝坤：中午放工了回来吃饭，一点钟然后又去咯。你以为学大寨有饭吃？

采访人：修了运河之后，是不是没什么大水发了？

陈汝坤：没了。修了大河就万无一失，从东江，由清溪一路到东莞，再由篁村、厚街一路通去太平（即虎门）出大海。

满满的年节记忆

采访人：阿叔啊，讲一下您以前怎么过节的吧。过年怎么过的？

陈汝坤：旧社会的过年，有钱就杀鸡鸭咯。我没钱就吃白饭，清茶淡饭咯。不是经常有得吃的。

采访人：年三十吃什么呢？

陈汝坤：再穷年三十多数也有鸡鸭吃的，再穷也弄来吃的。做年就年初一年初二年初三那些找个新年饭吃咯，我们年初几去各家各户唱新年歌，找东西吃咯。

采访人：有没有说怎么拜神呢？

陈汝坤：我要拜就拜春秋，就是清明、九月九要拜祭，过年不用的。过年有人生了子女开灯，就在祠堂摆酒给你们喝咯。伯公拨钱给他们做灯酒。

采访人：做年有没有人做饴笼（即年糕）吃的？

陈汝坤：有钱就有，没钱就没有。我家很少整饴笼，总是人家给的。

采访人：炒米饼呢？糖环？麻葛？

陈汝坤：炒米饼有，也是人家给的，穷人家很少自己印。糖环、麻葛我没有，有人给我就有的吃。

采访人：是不是团年饭之后要唱卖懒歌呢？

陈汝坤：哦，“今日来卖懒，卖了平安大吉做新年；卖懒仔，卖懒儿，卖到广西王大姨，今日齐齐来卖懒，睡醒天亮明天做新年。”唱歌哦，找个鸡蛋找支香插在那里。“懒”就是懒大食那个懒，卖了那些懒大食，今年要勤力，封建就是这样。

采访人：三年困难的时候怎么过年的呢？

陈汝坤：有钱就有得吃，有时借亲戚朋友的，用了再还给人家，没其他东西，没政府救济。好像发大水，个个浸了田地没得吃了，善长仁翁捐的钱就派饥粥，给米煮些粥派给人家吃，排好队在马路那里，饥粥派到哪里，就去哪里拿。

采访人：那时能有多少钱利市呢？

陈汝坤：利市是逗自己人的呢。一个仙（即一分钱）、两个仙也有，我最多那个攒着攒着想给外孙的，男丁给两个，四毛钱，两毛钱一个；女丁给一个，两毛钱。最大那些都是这样的了。

采访人：那时候两毛钱能买多少东西？

陈汝坤：那时候两毛钱能买到好多东西吃，一毛钱十个仙，一个仙有一串咸品果、萝卜酸那些。我小时候多数买那些吃。小孩子哪里有什么东西吃，那些好吃的利口的就吃咯。有钱就吃，没钱就看人家吃哦。旧社会是这样的嘛。

采访人：清明去哪里挂纸？是不是在祠堂？

陈汝坤：不是，那些祠堂要每房出多少人去拜，拜了回来分烧猪，我们那时候走了就分给其他人。祠堂伯公好多钱的。我们伯公有成千亩田，旧时伯公是大官员嘛。大官员才有钱建祠堂，收租来祭祠。

采访人：清明跟重阳都一样隆重吗？

陈汝坤：比较隆重一些，伯公攒下那些钱应该花的嘛。轮到谁办理，花剩的就入谁袋子。轮着来，一年轮一房。

采访人：你们家有多少房呢？

陈汝坤：我们祠堂有五房，就五次轮回来。

采访人：端午节怎么过呢？

陈汝坤：端午节扒龙船嘛，不关我们祠堂的事，那些是群众性的，每条围出龙船去扒，斗龙船嘛。我们这里城市没有龙船的，农村有，水乡有，万江、曲海、龙湾、道滘、新村、大汾那些都有。

采访人：中秋怎么过呢？

陈汝坤：中秋就提灯笼仔咯。比如我家有女儿嫁出去，到中秋时就拿一个灯笼仔去女儿那里探中秋咯，拿月饼去给孙子。

采访人：是不是担着灯笼去人家家里，叫人给蜡烛？

陈汝坤：那是另外一回事，是去铺头那里的。八月初一初二初三，点好灯笼喊他“提油烛，提油烛”，有一支歌是这样唱的，不给就说你火烧铺什么的，哈哈哈。不记得怎么唱了，老了。

采访人：以前开心吗？

陈汝坤：当然开心啦。还有八十多人降八仙。找一张纸铺在地上，有个人睡在那里，一般人走来走去，追来追去，请神请一请，唱完就又唱，唱到那个人会打功夫，坐着会站起来打功夫。

采访人：真的会打功夫吗？

陈汝坤：真的！不知道他假打还是真打，但真是那样打的。

采访人：谁睡在中间呢？是什么人来的？

陈汝坤：降八仙那个睡咯。后生仔十多岁，来围里找小仙姑啊那些。

采访人：多不多人降八仙？

陈汝坤：多！七月盂兰节，条条街祭幽，烧街衣，唱龙舟歌，讲古仔，那些铺头唱那些，好多人去听的。请那些讲古佬来讲，铺头出钱嘛。旧社会好多东西的，讲之不尽。

采访人：盂兰节要怎么过的？

陈汝坤：盂兰节做七月啊，盂兰盛会嘛，烧衣草给那些鬼祭幽，还有烧给那些无主鬼魂的。

采访人：做冬呢？有没有吃冬团呢？

陈汝坤：做冬就做节，拜神就杀鸡杀鸭，吃好菜。吃冬团主要是农村有，农村耕田的有谷有米，就自己整，莞城很少整的。城市哪有那么多钱去买米呢，总是附近的万江、篁村、厚街这些地方弄。

采访人：有没有弄咸丸呢？

陈汝坤：有。要糯米，亲戚有就拿一些过来，整一些糯粉做咸丸。年尾年头要做咸丸，一家团聚，叫吃咸丸。

采访人：以前有没有过佛爷诞呢？

陈汝坤：有！四月初八佛爷诞嘛。那些有神心的人就去尼姑庵拜佛爷，吃佛汤，有佛汤糖水煲给你吃，吃了就给一些香油人家，给那些尼姑。

采访人：坤叔啊，跟我们讲讲你们结婚的时候是怎样的吧？

陈汝坤：我结婚？好平常啊，两家合适就去婚姻登记，登记了就算数了。我那时是解放后，没那么多封建（规矩），以前那些结婚又打锣敲鼓，有鼓手佬，用一台轿抬着的。

采访人：解放后就没有轿了？

陈汝坤：解放后没有的，很少，农村有些，城市都是没那么多东西的。

采访人：以前有“喊童年”吗？有没有些故事可以讲讲，比如谁特别灵的？

陈汝坤：有！大把“喊童年”的，一说有些伤风感冒不妥啊，就“喊童年”。那些故事，信则有，不信则无，很难讲的。

采访人：您信吗？

陈汝坤：我干吗不信呢，我做这行的啊！我那时是给人家算命的，现在没生意而已。

采访人：那多不多人“喊童年”呢？

陈汝坤：有些人不知道的嘛，不是个个都喊的。

采访人：要怎样“喊童年”呢？是不是立刻见效的？

陈汝坤：“喊童年”好多东西的，撒米，早点回归啊，就喊那些。有些见效的，是很巧的东西，有时是一种思想病，你喊他一下会好，你不喊他好不了那么快，好奇怪的。

采访人：有没有一两个可以讲讲的？

陈汝坤：有好多东西讲不到给你听了。当然有啊，我大把契女（即干女儿）呢，那些人八字不好，八字不好就做你的契仔契女，想契好条命。不过不是个个都相信你，做我们这一行，很多人做的呢，有些问甲，有些问乙，有些问丙，有些问丁，各有所长而已，你做得好就多一点人来，你做得不好就没人信你嘛。

“文革”时期“改邪归正”

采访人：“文革”时期有什么做呢？

陈汝坤：“文革”时期就“改邪归正”，收起来不做了。

采访人：不做那做什么呢？

陈汝坤：就坐吃山崩哦，“文革”拿你去斗的。你怕不怕斗呢？与其被斗，不如不做。家家的神主牌要烧了，破“四旧”，立四新，哪里可以等呢。政府要你那样没的说，谁敢跟政府斗呢？

采访人：“文革”时期就没做其他的？

陈汝坤：没做，个个肃静回避，不做那些了。唯一的办法就是避风。

采访人：“文革”十年过年的时候怎样呢？

陈汝坤：“文革”的时候经常武斗，好多官派、旗派，各种派。你打我，我打你，个个说自己是革命派，去搜家，看看家里有没有搞迷信，借政府的头衔打砸抢，谁敢顶他呢？所谓“左派”都是那些极“左”坏蛋做的嘛，你以为很多人做吗？

采访人：“文革”时有过年的感觉吗？

陈汝坤：1969年开始才有过年的感觉，那时候大联合开始，有革命派、革委会，安定一些。

采访人：1969年之后过年还有没有做煎堆？

陈汝坤：有，过年有，那些不管你的，你又不是大宣传，只是自己整，自己吃而已。

采访人：“文革”时候是不是不给拜神的？“文革”之后什么时候开始恢复拜神？

陈汝坤：“文革”之后？邓小平说，无论你是黑猫白猫，抓到老鼠就是好猫。那时没“右派”，没反动派，没“四类分子”，一律平等，自由多了，任你个个大开放，任你做什么。

志亮牛杂：20年的口耳相传

——钟醒开（志亮牛杂店老板）
陈秋玉（志亮牛杂店员工）

受访人：钟醒开（志亮牛杂店老板，40岁）、陈秋玉（志亮牛杂店员工，49岁）
采访人：黄维欢、丁文俊、文淑贤
采访地点：志亮牛杂小吃店（莞城新芬路）
采访时间：2012年8月10月
受访者语言：广州话

口耳相传，志亮网络威武

采访人：您在这里做了几年？

陈秋玉：四年了。

采访人：早上几点开始工作？

陈秋玉：早上七点半就开始做了。

采访人：七点半就开始卖吗？

陈秋玉：不是，在里面先煲糖水，煲好糖水，九点半开档。六点半就起床了，因为要做、要煲嘛。做到晚上八点半才收档。

采访人：那你们平时很累吧？

陈秋玉：很累也没办法，还是要做，一天没什么时间休息。

采访人：会不会有一些固定的食客？

陈秋玉：多数是熟客。很多人都是开车过来吃东西的。好像昨天有个人说是从广州来这里，买些糖水、牛杂、牛筋吃。

采访人：他们怎么找到这里的？

陈秋玉：网上吧，很多网址都讲到这里的牛杂。

采访人：多不多外地人来吃？

陈秋玉：周末会多些外地人，平时都是本地食客多。

采访人：有没有外国人来吃过？

陈秋玉：黑皮肤、白皮肤的都有，有人带他们过来，点了很多，最后全都吃完了。

采访人：你们有没有自己做网站？

陈秋玉：这个就没有了。

采访人：主要是媒体报道？

陈秋玉：是的。电视台来拍过，不用我们给钱的。这就等于做广告，以前我们不让他做，本身生意太好做不过来。

采访人：人最多时是几点？

陈秋玉：正式高峰期在下午四点到六点多的时候。

采访人：会不会人太多，要排队才能吃到？

陈秋玉：如果到天冷的时候，就真的要排队了。到了周末，不管什么季节，都肯定要排队。人太多，所有位置都坐满了。

采访人：有没有送货去到其他地方？

陈秋玉：有，打电话来叫外卖，我们就送过去。检察院、法院、公安局，还有一些商店、银行，我们全部都送过。

采访人：你们这里这么多人还送外卖，忙得过来吗？

陈秋玉：一般周末两天就不送的。最远的外卖是送到南城区的电视台。

采访人：你们的味道很好。

志亮牛杂摊铺

陈秋玉：这些材料全部是老板自己做的，具体配方我们都不清楚。这些是她自己的秘方来的。

采访人：就是汤料都是老板做的？

陈秋玉：全部是老板做的。

采访人：您刚刚来做的时候，已经有这么多东西卖了？

陈秋玉：有些菜的款式那时还没有，反正牛杂糖水向来就有的了。

采访人：就是没有青菜那些？

陈秋玉：是的。

采访人：你们最好卖的是什么？

陈秋玉：招牌牛杂。牛杂、牛腩都是很好卖的，还有糖水，例如红豆栗子就是招牌糖水。

一出街，个个都认得我们

采访人：这店开了多久了？

钟醒开：20年了。

采访人：最开始的铺面有多大？

钟醒开：原来就这间。

采访人：您刚刚开档时生意怎样？

钟醒开：那时人们不知道，生意一般，不是很旺。我们开始不是做这些，而是做油粑，那时候也是排长队买的，从这里一直排到巷口。因为生意太好了，人太多，所以还被街坊投诉过。然后转做牛杂。我们的卫生很好，可以看见我们的材料，看看我们怎么做的，附近居民都来这里买。下午三四点时人最多，这条巷全都挤满了。

采访人：晚上开到几点？

钟醒开：我们开到晚上八点半，不能再做了，虽然夜市生意很好，但这里的居民很多，不能影响人家休息。

采访人：生意怎样？会不会冬天的时候特别好？

志亮牛杂的糖水

钟醒开： 肯定会，生意冬天比天热好一倍的。还有周末，学生放假，生意也会好很多。我们所有配料都是秘制的，很少去外边拿货。最好卖的是牛杂和糖水。

采访人： 哪种糖水呢？

钟醒开： 红豆、芒果、杨枝甘露，全部都是新鲜出炉的。绝对是原装，不会欺骗顾客。

采访人： 来这里的哪个群体多？

钟醒开： 后生（即年轻人）多，小孩也多，像我们这样的中年人也不少。很多人都是开车过来吃，车占着门口，然后那些收费的师奶还抱怨我们阻碍她们的生意。

采访人： 这么多年了，有没有食客成了您的老朋友？

钟醒开： 肯定有啦，我们一出街，个个都认得我们。

采访人： 我看到微博上面有很多食客帮你们宣传。

钟醒开： 看这些熟客，都是自己装糖水的，装完给钱就可以了，我们都是熟客街坊。

朝阳大包：用传统手艺打造美味

——张树贤（朝阳大包店老板）

受访人：张树贤，朝阳大包店老板，62岁
采访人：文淑贤、丁文俊、黄维欢、廖锐
采访地点：朝阳大包店（莞城富贵巷）
采访时间：2012年8月10日
受访者语言：广州话

现在的点心师，技术不够我们传统

采访人：您在这里开铺多久了？

张树贤：单位下岗之后，我们就在这里卖。之前我是在朝阳酒家做，从1990年开始，在这个铺位已经开了20多年了。以前是在上面卖，门面在正面。后来酒店改制之后租给人家，现在就剩下这个档口，我们在这里卖。

采访人：朝阳大包是不是你们这里才有的？

张树贤：是啊，大包我们最先搞的。

采访人：为什么要做那么大的大包呢？

张树贤：当初也不是想着只做大的，有小包的。现在也做小

新鲜出笼的朝阳大包

包，但越来越多人喜欢大包，就越做得多。多人买，就变成了大包出名，我们并非刻意专做大包，只是因为有些人特别喜欢，就越做越出名了。

采访人：这么多年一直没变？

张树贤：是啊。现在那些口味都以传统口味为主，都说在外面吃不回这些口味。卖得最好的都是朝阳大包。

采访人：包是自己做的？

张树贤：全部自己弄的，什么东西都自己做。

采访人：现在是人工的，还是机器的呢？

张树贤：拌粉就用机器，做就用人手。这些蒸笼也是有很久历史了，都是竹的。

采访人：我之前采访一个饼铺的老板，他就用一些新的蒸笼，他说蒸出来的味道跟旧的蒸笼是不一样的。

张树贤：是啊，很多人吃后都说味道不同了。我也有这种感觉。我们全部是竹的，其他店是用铝或不锈钢的蒸笼。

采访人：您刚才说，现在的粉是用机器“拆”（意即揉）的。机器“拆”的跟以前用手“拆”的，会不会有不同？

张树贤：机器“拆”和人手做也不会有太大区别。另外呢，我们没有用漂白剂这类材料。

采访人：以前最早的时候，一个朝阳大包是多少钱呢？

张树贤：一块五，最便宜，那是九几年的时候了。

采访人：这么多年物价升得那么快，你们也不会贵很多？

张树贤：两块半。

采访人：除了朝阳大包，这里还有什么比较出名的？

张树贤：炸油利酥、油煎饼。沙琪玛也有的。还有广州人、佛山人跑过来买的，说要吃回以前的口味。

采访人：这些是东莞这边才有的？

张树贤：其实广州也有这些品种，我以前交易会都在广州做的，在广州酒家打下手，学一下东西。以前很多同学都很出名啊，他们都是拿金牌的。我在广州中专进修过半年，他们都是我的同学。

采访人：他们现在是不是也是做饮食行业呢？

张树贤：是啊。

采访人：这里有多少员工？

张树贤：加上我自己，就是十个左右。

采访人：您的手艺这么好，是从哪里学的？

张树贤：到处都有，靠各种积累啦。广州也有，在很多地方都有学过。所以现在那些做点心的年轻师傅，技术比不上我们这些年纪大的。

香港人专程跑过来买

采访人：那些很远的人来买包，都喜欢这个味道，是不是因为他们小时候吃习惯了？

张树贤：不是啊，有些是农村的，也有大岭山、黄冈的人，总之是各个镇区都有。他们吃过一次之后，都说我的大包好吃，甚至还有香港人专程跑过来买呢。有个武汉人，每次过来广东，都专门来东莞买这些大包。好像这个老婆婆，她是定期过来的。她住得很远，一次就买十多天的包，吃完了再过来。她说试过很多不同地方的包子，但是其他地方买的都不好吃。前天还有个美国人也跑过来吃，他过来旅游嘛。

采访人：他们怎么找到这里的？

张树贤：有人带他来的。

采访人：有没有一些吃了20多年的老顾客？

张树贤：都有，以前有个老人家，长期一笼一笼地买，现在可能他太老了，就没有过来了。

采访人：一笼有10个？

张树贤：大包10个，小包20个。

采访人：最多可以卖多少个？

张树贤：一般我们做2000个左右。我们卖完当天的量就休息。

年轻的没人愿意做

采访人：转制之后，您自己经营有没有遇到什么困难？

张树贤：过得还好吧。这些小型的买卖不会有很大困难，自己又没想着去哪里扩大发展，因为那需要很多资金，我们都没想这些。我现在都退休两年了。

采访人：这里的铺租会贵吗？

张树贤：现在这些铺位都属于国有资产，我们交的租金每个月1000元左右。

采访人：有没有想着以后让您儿子继续做？

张树贤： 现在都没人愿意做这些东西，年轻的没人愿意做。

采访人： 但这些很有特色，以后他们吃不到，不会很不开心？

张树贤： 没办法啊。我的女儿在公司做财务，儿子做保险。他们一样喜欢吃，不过他们不方便过来拿而已，他们住在东城区那里，也是从小吃到大的。

采访人： 您以前没有说过要教一下他们，传给他们做？

张树贤： 没有。喜欢做就做，不喜欢做就不做。如果他们肯做，当然挣的钱会比现在打工多些。

采访人： 你们现在这么成功，您觉得有什么秘诀吗？

张树贤： 就是口味都以传统为主，不要加那么多调味料，现在市面上有很多香精、瘦肉精，我们绝对不加那些东西，最主要就是真材实料。现在这些包子，不单本地人喜欢，很多外地人也喜欢。很多外地人来吃第一次，说好好吃，就想买多几个。

李枝记：只用一种鱼做鱼丸

——李贵枝（李枝记老板）

曾肖然（李枝记老板娘）

受访人：李贵枝（李枝记老板，51岁）、曾肖然（李枝记老板娘，48岁）

采访人：刘玲、骆倩怡

采访地点：李枝记店（莞城振华路）

采访时间：2012年8月10日

受访者语言：广州话

鱼丸意头好，节日不能少

采访人：这间店开了多少年了？

曾肖然：1983年开始的。不过以前是在旁边开，后来分家了，当年是两间铺子一起。

采访人：有没有分旺季和淡季？

曾肖然：有啊。年尾的时候，就是天气凉的时候，就是旺季，现在这段时间天气热，就是最淡的了。

采访人：旺季生意好成什么样子呢？

曾肖然：一天可以卖到一两百斤。我们的一饼，通常是四斤。

采访人：那其他节日呢？

曾肖然：我们做的鱼丸有分节日的，例如清明吧，每个人都要买鱼丸去拜山祭祖。还有就是五月初五，纪念屈原。再然后就是七月十四，拜祖先，很多人买的啊，我们也能卖一百多斤。

采访人：他们是拜祭完后再吃的，对吧？

曾肖然：对，还有八月十五，用来送礼，所以我们的卡片上都写上办喜事、送礼。有些人不想送月饼，觉得月饼没那么健康，有些人血压高或者有糖尿病，不可以吃月饼。而我们的鱼丸绝对健康，没有糖分，所以那些人就买鱼丸咯。鱼丸送人都蛮好看的，只需几十块钱。

采访人：送鱼丸有没有什么寓意呢？

曾肖然：寓意？鱼丸，就是如愿以偿，得偿所愿的意思。就是这个好意头，所以结婚、摆酒都少不了这道菜。这些做成糊状的，可以拿来煎，或者下汤。

采访人：做了那么多年，有没有印象哪次生意做得最大？

曾肖然：最大的那次，因为年尾要吃团圆饭，少不了这道菜，有一家人总共订了几百斤。但我们只是一间小铺头，只有我

李枝记鱼丸档口

们两公婆做，做不了太多，年尾的时候就请人帮忙，我们分两天做完。还有结婚摆酒，好像男方见女方那种过大礼啊，也要送礼的。要得多的时候，我们两公婆就要从早上四点多起来做，做到中午。我们的鱼丸是最传统的，你问那些老人家就知道了，个个都爱吃鱼丸。

手工挤出的鱼丸，味道纯正

采访人：你们的鲮鱼都是怎么来的?

曾肖然：都是在批发市场买回来的。

采访人：可不可以简单介绍一下你从拿鱼回来，到做成鱼丸的全部工序?

曾肖然：一般我们买鱼，比较理想的都是五、六、七两重的，一定要找一些有油水的、活的鲮鱼，不能找死的。死的鱼没有鲜甜味，而且做出来的鱼丸没有那么脆，没有那么弹牙，没有那么好吃。

采访人：拿回来之后怎么做？为什么剐鱼一定要用手工?

曾肖然：那些鱼有大有小，机器剐不了的。我们是先用机器将鱼肉搅烂，接下来搅拌也是用机器，之后都不能用机器了。我们用手挤出一粒粒的鱼丸，因为这里全都用板装，我们都是用人手的，就比较传统一点。用人手弄出来，口感吃起来比较不同。

采访人：为什么呢?

曾肖然：因为手工挤出来的鱼丸，味道比较纯正，吃出来会有口感，假如用机器的话，感觉会比较实一点。

采访人：对人工有什么要求呢?

李贵枝：手力要均匀，就能挤出粒粒都一样大的，不能一大一小，机器始终没人手那么灵活，虽然机器做的产量是比人手做得多。

采访人： 您觉得李枝记的鱼蛋和其他地方的有什么不同？

曾肖然： 我们的鱼都是自己剐的，所以鱼肉绝对新鲜。而且我们不会下那么多粉，这样比较脆，比较弹牙，而且很有鱼味。而且我们只用一种鱼做，鲮鱼的骨头很细，加上我们用机器去绞，将骨头彻底绞烂，因而比较好吃，比较“没有骨头”。

中山餐馆：两代单传的烧鹅濑粉

——凌建成（中山餐馆老板）

受访人：凌建成，中山餐馆老板，42岁
采访人：吴海敏、黄怡辛
采访地点：烧鹅濑粉中山餐馆（莞城中山路）
采访时间：2012年8月10日
受访者语言：广州话

材料好，价钱不乱来

采访人：你们开铺开了多久？

凌建成：二十几年了。一直都在这里，没有搬过，也没有分店，一直都是这一间。

采访人：这二十几年有没有生意特别好的时候？

凌建成：以前生意比较好，刚刚开始做的时候，就是八几年那时。

采访人：有没有研究过是什么原因？

凌建成：主要是变迁，以前城市还未发展，我们这里人潮汹涌，这条街都是人行路，有很多人，而且没有汽车。现在随着新城在东城、南城那边发展，老城区的人就开始减少了。

采访人：经营有没有遇到什么困难？

凌建成：以前，做我们烧鹅这一行，每年都有一个季节是没有鹅的，很难抓的。大概就是中秋节前后没有。鹅是有季节性的，淡季的时候，我还要去江西那边载鹅回来，很麻烦。我们一贯是做烧鹅，不做烧鸭的。

采访人：现在呢？

凌建成：现在科技发展了，反季节都有，很多人饲养，以前没有什么人养鹅。

采访人：以前的烧鹅会不会很贵？

凌建成：现在贵，以前反而便宜些。

采访人：以前的材料有没有变化？

凌建成：现在变化了，以前比较好。随着科技发展，现在普遍都是饲养的，用饲料弄得鹅很肥，不好吃。所以我要找用传统方法喂养的鹅，走地的瘦身鹅，这是鹅质的问题。

采访人：那怎么克服？

凌建成：自己挑咯，专门找走地的鹅，农民自己养的，很少量，家庭养几十只，我去收这些鹅过来。现在的池塘很多养几百甚至几千只，这种鹅的味道是不行的，因为它们吃得很肥，不适合我们用，我们不喜欢，顾客也不会喜欢的。

采访人：那濑粉呢？

凌建成：就是做回以前手工濑粉加工厂的那种濑粉。我们做的那些，不是正宗的东莞濑粉，而是更实一点，吃起来口感不同。

采访人：我们吃到烧鹅的皮特别脆，这个手艺是不是祖传的？

凌建成：差不多可以这么说。20多年的历史啦，最初，我父亲的一个朋友在香港，是那边的师傅教他怎样做的。

采访人：然后您爸爸就教您，您学会了吗？

凌建成：是呀，我爸教会了我，我是第二代。

采访人：那烧鹅是不是您亲自烧的？

凌建成：不是，我教厨师烧，但是那些味道全部由我一手调配，鹅要我去抓，全部自己挑。

采访人：你们开了这么多年，都那么好生意，原因在哪里？

凌建成：第一，材料是好的；第二，价钱我们不是乱来的；第三是服务态度。还有就是味道秘制，属于我们专有的。

第三代未必做，天天都辛苦

采访人：这间传统小吃店开了20多年，有没有继续传下来的想法？

凌建成：我就没有什么其他想法了，如果说开连锁店，我们没有管理才能，只能够自己守着这间店慢慢做，保证质量是最重要的，怕做大了，自己做不来，质量就不好。

采访人：这条是老街，有没有想过去新兴起的地方？

烧鹅濑粉

中山路烧鹅濑粉餐馆

凌建成：如果有这个条件当然好，但是不太现实。目前在这边老城区做，早餐获利是很微小的，在其他地方可以卖贵一点，在这里不能涨价。

采访人：您怕老街坊不买账？

凌建成：怕的，那些老街坊说，哎呀，怎么变了不同的味道，这些都是我们担心的。而且如果到其他地方，人家未必来吃。人家知道到这里吃，就是因为口碑好，我们店铺其实没有自己的独特品牌。顾客都只是说"中山路烧鹅濑粉好吃"，具体我们餐厅叫什么名字，他们很多时候都不知道。很多东莞人都不知道名字，但就认得这个地方，人们说皮鞋巷批发街，就没有几个人能讲出中山餐馆这个名字。

采访人：为什么叫中山餐馆？

凌建成: 因为二十多年前，比较流行这个叫法，这条街叫什么名字，店铺就叫什么名字，街叫中山路，所以我的店就叫中山餐馆。

采访人：那就会有很多同名?

凌建成：广州、石龙都有中山路，但是因为莞城只有一条很短的中山路，没有广州的中山一、中山二，所以我们一直保持这个名字没有变，这个还是有意义的，孙中山我们都知道。

采访人：那您找到传人了吗，第三代?

凌建成：没有，第三代未必做，要早起这点就成最大的问题，现在的年轻人未必做得到，很辛苦。我们现在有时候跑很远的水路去抓鹅、挑鹅，其实都很辛苦的，但是我们自己习惯了，天天都是这样。

采访人：那您又要抓鹅，又要在这里收钱，时间怎么分配?

凌建成：一大早去抓，抓了回来就到铺头守摊，东西坏了都是自己修的，没有停的时候，没有空闲的时候，很辛苦的。

采访者手记

她的运河是有故事的运河，她的老街是有故事的老街，从不起眼的角落到早已不复存在的建筑，从平凡的百姓到行业的精英，一寸寸土地，一个个人，都在用心写故事，用心做文化。

邂逅四分之一个故乡

丘梓娴

在去东莞之前，一直对这个项目感到十分郁闷，以为不过是某个政府部门的心血来潮，实际上是一项打着文化的幌子歌功颂德的面子工程。当我翻开《文化周末》报，走进东莞莞城区美术馆和图书馆，坐在那个运作了七年的文化周末剧场时，才惊觉自己对这个城市的误解之深。不同于厦门那种过于矫情的文艺腔调，莞城没有面朝大海春暖花开的宜人景色，由于工业制造业的缘故天也不是那么蓝，运河的水也不如过去清澈，老街很多，交通也有些混乱，绝不是一个看了一眼就会爱上的城市。然而，她的运河是有故事的运河，她的老街是有故事的老街，从不起眼的角落到早已不复存在的建筑，从平凡的百姓到行业的精英，一寸寸土地，一个个人，都在用心写故事，用心做文化。随着一天一天的行走、采访，被莞城和东莞人一次一次地惊艳、一点一点地打动，我终是陷了进去，离开时竟心生不舍。

对很多人来说，文化仅仅是待价而沽的商品，是新兴的赚钱手段。但在采访莞城美术馆馆长和工作人员的时候，我体会到了什么叫作“为做文化而做文化”。限定展览数量、引进精品展览、开展学生活动，他们并不强调艺术独有的孤傲和高雅，而是想尽办法令艺术更加贴近平民，令文化生活化。同样的还有开创“文化周末”的东湖文化传播有限公司的傅娟董事长、自己掏钱出书记录东莞建筑民俗的醉红颜和巨野子木等等，从他们的神态和语气，能感受到他们作为一个文化人的执着，作为一个东莞人的自豪。

东莞中学的刘瑞红老师，是我所有采访对象中最感性的一个，她在回忆起与学生的往事时曾几度哽咽，甚至落泪。一开始我以为她是喉咙沙哑，后来看见她用纸巾拭去眼角的泪水时，我被吓到了，生怕是自己的刨根问底触碰到了一些不好的回忆。当她讲起自己帮全班学生在试卷上分析错题以至于用掉了几十支红笔、一个一个叫到办公室面批作业、心疼学生努力了却没有进步的时候，我不知怎的便有些羞愧自己当初对数学的不上心。我由衷地称赞她真的是一个好老师，刘老师只是谦虚地说，她和学生是互相成就的。这个"哭点低笑点也低"的数学老师，对学生真是用情至深。有这样的老师存在，东莞的教育才能真正做到学生的心里去。

还有一次采访东莞莞城体校第一任校长张建旺老先生，他说了一句话让我顿时更相信爱情了。当我们问到他有没有养宠物的时候，张老先生憨憨地笑着说："有啊，养了一只，跟我同岁的，把她当宠物养。"我们愣了半秒才明白这个浪漫的小幽默，于是从采访地点回会议室的路上，我便迫不及待地激动地发微博了。还有一位东莞市桥的75岁的老爷爷，总是笑容满面的，即便在讲述从前颠沛流离的穷苦日子的时候也一直呵呵笑着，还很热情地拿过我的笔记本在上面手绘了一幅莞城简图，一边画一边讲，用我听不懂的莞城话一遍遍地重复。调研过程中，不少采访对象都是这样年过七旬的老人家，他们都很亲切和蔼，逻辑思维还很清晰，在讲述的过程中流露出对生活的知足常乐，这些都让我们得以在轻松的氛围下顺利地进行采访。

回家后某次偶然翻开户口本，看见已过世的奶奶的籍贯，隐隐约约想起她曾和我讲起的故乡，我才蓦然醒悟，自己对东莞那份莫名的心安和留恋源自何方。原来我体内也淌着莞城的血液，原来那浅浅的熟悉感和归属感早已是命中注定。原来，我便是在这样毫不自知的情况下，冥冥之中邂逅了我的四分之一个故乡。

一座城市的关键词

黄怡辛

一个月前，我也如大多数外地人一样，怀着道听途说而来的想象到了东莞。东莞在我脑海中的印象，不外乎几个关键词：外来工多、治安差、秩序乱。但是，我对莞城——东莞的核心老城区，也是我们此次调研的重点区域——的印象很快就发生了翻天覆地的变化。

为了通过故事的形式呈现出东莞的历史传统和东莞人的精神品格，我们走访了一百多位东莞各行各业的代表人物，试图从不同的侧面去了解东莞的精神面貌。我从他们口中和自己的观察中，总结出了一套新的东莞人关键词：低调、务实、真诚、包容。

说到东莞文化不能不提杨宝霖先生，这位被称为“东莞一宝”的老先生已经76岁，却仍然坚持在开动着的汽车内站着给我们讲解莞城城内城外的历史典故，对学生的真诚溢于言表。一个上午的导游结束，大家在东莞中学作别，他执意目送我们离开，于是我们快步走开，不想让他久等。慌忙中我回头望了一眼，暖风乍起，低调的老先生穿着宽裤子、黑布鞋，举起一只手缓缓挥动，和身旁的高伟古树一起构成一幅静谧而意蕴深长的画面。

同样致力于东莞本土文化传播的新代表是一对“最佳拍档”——编写《东莞·城迹》的作者巨野子木和醉红颜。他们五年来对东莞本土文化的探寻挖掘给我们此次调研提供了珍贵的导航资料。那天下午闷热难当，在没有风扇的情况下，他们耐心接受了我们的采访，畅谈五年来走街串巷挖掘老城文化所遇到的人和事，以及在这个过程中的一些深刻思考，例如他们冒险翻墙拍照而闹出的趣事，例如发现王氏家庙的那只“狻”原来就是中国的麒麟。令我特别佩服的是：第一，他们抱着对东莞本土文化的热爱，在繁忙的本职工作之外抽出宝贵的时间，用细腻而深情的文笔将老莞城的建筑、风俗、人物记录下来整理成书；第二，醉红颜是地道的东莞人，而巨野子木是山东人，但地域文化上的差异并没有让他们分道扬镳，而是求同存异，优势互补，共同致力于东莞本土文化的研究，碰撞出美妙的思想火花。他们用包容交流文化，用务实寻访遗迹，用真诚谱写文章。

东莞中学是百年老校，是东莞人才培育的基地。我们采访了两位退休的老教师——温应昌、邓显宗，得知他们和杨宝霖先生正在紧锣密鼓地编写校史。为了给后人留下真实的历史资料，他们十多年来一直踏实地到各地图书馆查阅资料，甚至为了验证一条历史传闻而跨洋过海联系美国留学生到斯坦福大学查找资料。

莞城的“80后”同样有所作为。西隅社区的联系人黄颖锴是一位年轻的村官，一开始我们还以为无法从这位年轻小伙子口中获得我们想要了解的西隅老文化，事实正好相反。他的成长与莞城紧密相连，他回忆了小时候的生活场景，例如到省渡头坐船的经历。在帮忙联系社区特色人物的过程中，他更是将工作安排得整整有条，不苟言笑却真诚待人。集高端精品展览和开放公共教育为一体的莞城美术馆也是主要由“80后”组成的团队进行管理，他们的收入并不高，人手并不充足，但是却全心全意投入引进名家画作、打造青少年学习平台等工作中，并以这个小小的特色美术馆为荣。他们还为我们精心准备了美术馆的年鉴等资料，用袋子一份份装好，体现了年轻人细腻的心思。

这些可亲可敬的人们，一扫我先前对东莞的负面想象。

有责任去挖掘东莞的文化

吴海敏

第一次听到这个调研项目是在李炜老师的课堂上，我当时很兴奋，首先是因为专业对口，是一次难得的专业实践机会，另外更重要的是，作为一个东莞人，我深深的为东莞而感到自豪。然而东莞给人的印象又似乎不太好，我觉得自己有这个责任去挖掘东莞的文化，告诉别人东莞是很有文化底蕴的。

本次调研地是东莞莞城，它是东莞的老城区，也是整个东莞的核心，经济、文化、政治的中心。通过前后两期的调研，我觉得外来文化对莞城的冲击比较少，传统节日和习俗保留得还是相对完整。虽然现代化、城市化、工业化使得本地人口外流、工业外流，莞城部分传统的城市空间被解构了，传统的节日仪式被简化了，但是，节日背后的内涵没有变。从年头的春节开始，元宵、清明、端午、鬼节、中秋到除夕，各种传统节日都要“拜神”。大部分家庭仍然保留神坛，在堂屋设立神龛，祭祀演化为神明的祖先，或神明演化的祖先。通过“拜神”来祈求合家平安，趋吉避凶。传统民俗活动在莞城也相当活跃。例如，开灯、婚俗、葬仪都有保留。

此外，莞城部分的建筑和街道折射出历史的记忆。振华路虽然被拆得支离破碎，但难掩其历史的痕迹。在走访振华路、大西路、中山路一带的老街时，仿佛时间倒流到七八十年代，这里就是隐藏在繁华都市背后的一角。走进西隅的小巷里，时间仿佛停止了，一切都是宁静和惬意的。在调研过程中，从“80后”到“30后”，无一不对这一带怀有深厚的感情。这里长期是莞城乃至整个东莞的商业重地，承载着多代人童年的回忆。在走访这些街道时，会遇到一些已经搬离莞城，但仍然回来购物的市民，他们对这里有一种难以割舍的感情，也只有在这里，才能深深感受到浓厚的生活气息。我们调研小组的同学们，包括土生土长的莞城人，在走访这些老街后，仿佛共同经历过东莞的时代变迁，开始更加热爱东莞这片土地，对莞城的文化也更有认同感。

除了传统风俗和建筑街道，莞城人给我留下了最深刻的印象。在调研期间，我们采访了生活在莞城的各类人物，包括企业家、退休革命家、水利局退休干部、东莞中学老师、中心小学校长、莞城体校老师、NGO组织、残疾艺术家、莞城作协作家、社区工作者和普通市民等。长者在回忆莞城变迁的时候，透过他们的讲述，被拆掉的城门、城墙、建筑和街道，或是萧条或是繁荣的情景都一一浮现在眼前，每个时代的莞城都有血有肉地呈现在我脑海里。在中青年人身上，我看到他们对东莞这片土地的热忱和对梦想的追求。“80后”年轻人则体现出朝气和拼劲，对东莞未来的憧憬和乐观。

这次调研，让我更加热爱东莞这片土地。至于一般人对东莞的印象，用东湖文化传播公司的创办人傅娟的话来说，就是“外界对东莞的理解有点妖魔化了”。在采访过程里，我感受到东莞人的低调和谦虚、开放和包容、务实和诚信。

对这片土地愈加浓烈的热爱

文淑贤

本次调研我总共采访了十多位在莞城生活多年的人士，涵盖了企业家、退休老干部、中小学老师、NGO组织干事等各个职业各个年龄层，从他们身上挖掘到很多从古到今的莞城故事，了解了莞城的一段段鲜活的古老历史与传说。同时，我们还通过走街串巷的方式，走遍了振华路、大西路等莞城古老街道，对这个地方的风土人情有了更直观的感受。

因为我们调研的时间紧、任务重，很多时候都是一天两场采访，并且经常是在采访前半小时才得知具体的受访对象，有好几次具体的采访提纲都是我们在去往采访的路上梳理出来的。因此，整个调研下来，我们都练就了一番高效采访、速战速决的绝技。而在这样高强度的锻炼下，我们的进步也是突飞猛进的。对我们而言，每天都有新的挑战，我们只能边采访边总结，在变中求不变，在不变中求变，不仅要学会举一反三，还要针对具体的采访对象推陈出新。而想要在短时间内获得最多的经验，最有效的办法莫过于组员间经常性的相互交流。每天傍晚组员交流自己当天的采访心得的时候，是我在调研期间最享受的时刻。尽管每天的高强度采访过后，大家都感觉很疲惫，但在这个sharing time，我们都放开心怀，畅所欲言。在倾听其他受访者的故事的同时，也分享着彼此在采访中遇到的或困难或有趣的事。每当这个时候，我就会特别感受到我们作为一个团队的力量与温暖。怎样才算得上一个团结的团队？就是能让大家感受到我们是“一队人”，而不是“一堆人”。

在这次调研中，我收获最大的是学会了如何成功地让一位陌生而又不善言谈的受访者“说出你的故事”。一般人对陌生人都会产生一种自然的隔阂，而这种隔阂心理对残障人士来说感觉更甚。我所要面对的第一位采访对象是一间纸品加工店老板翟月好女士，她是一位土生土长的莞城人，虽然身体残疾，却依靠自己的勤奋，在收自己当学徒的香港老板的加工店倒闭后，克服各种困难，与丈夫一起开了一家纸品加工店。尽管在这次采访前，我们用了最充分的时间去准备，设计采访问题，讨论采访中需要注意的事项，比如尽量不要谈及受访者身体残障部分等。但到了真正要采访的时候，我们还是遇到了很多困难。一方面，因为是第一次进行采访，我们的经验不足，而且还是比较紧张，采访时不是很放得开，所以在采访过程中几度陷入冷场的局面；另一方面，受访者也比较内向而谨慎，采访时总是看着我们的录音笔，说话声音很小，总是用手半掩着嘴巴，总是问一句答一句，不是很愿意开口。整场采访下来，没有我们预期中想挖掘到的故事，我们感到有点失落。后来我们调研组就这次采访各自的情况交流了想法和意见。因为这次的分组采访对象都是一些残疾人，他们生活圈子比较狭窄，不大愿意太多回忆自己的人生，因此大家普遍都不同程度地碰到了一些困难。客观地说，这是一群比较有挑战性的采访对象，而这又作为我们的第一次采访，大家采访经验不足，确实不太顺利。但经过后期的交流和总结，我们分享了在下次如果遇到同样的情况下应该如何做的经验，比如如何避免冷场，以及如何准确有效地抓住并挖掘到我们所需要的东西等。

其次，让我感受比较深的教训是，在采访过程中，一定要明确采访目的，“不要捡了芝麻丢了西瓜”。另一位让我印象比较深刻的采访对象是联丰工业园的负责人潘雄伟。他是一位人生经历丰富而又十分健谈的东莞人，他对童年时期东莞生活的各个层面有很多深刻而有趣的回忆，而在成年以后他也是一位成功的企业经营者，从栲胶厂、工艺厂、诚德电讯再到联丰工业园一路走来，积累了丰富的经营管理经验，也有很多独特的人生感悟。从采访的一开始，我们让他谈谈小时候与一些莞城街道建筑的回忆，他就表示：“如果要说起来一个钟也说不完。”而事实证明确实如此。他对莞城六七十年代的商贸产业、家庭烟花手工业、去农村学农学工生活以及打烟花仗等童年游戏有着很具体的回忆，也很擅长将这种记忆再现在我们眼前。

但在这次采访中，我们犯了一个错误，就是“捡了芝麻丢了西瓜”。因为潘先生的人生经历太丰富，而采访时间很有限，我们总想把他所有的故事听完，所以整个过程我们基本都在赶进度。在他回忆人生每个阶段后，我们总是迫不及待地想听下一段。但其实潘先生每一段故事都有很多可以分享的经历，我们在引导他讲下一段经历时，其实彼此都对上一段经历意犹未尽，很想深入，但时间不允许，又怕落下接下来可能更精彩的部分。结果一场访谈下来，我们才发现我们对潘先生这么多年的人生经历有了一个大致的脉络，基本上他人生中所有的转折点我们都已经掌握，但却缺乏了很重要的一部分，就是细节。就像一棵树的根，潘先生人生中的每一段经历都可以分为几个较大的分支，而其实真正塑造了我们面前的这位成功的潘先生的东西，却是那些大分支下继续深入土地的小分支，而这也是我们采访的重点。从我们的采访目的“莞城故事”来看，那一个个转折点，尽管是潘先生人生中的重大转向，但对我们的调研来说却只是一颗颗小小的芝麻，而转折点背后所经历的故事，才是大大的西瓜，才是真正闪光的地方。在那一个个转折点的背后，他所经历的小故事，他所遇到的每一个困难，他所作出的每一个决定，都是成就他人生的很重要的部分。归结起来，也还是经验不足所致吧。这次采访给了我很深的印象，也是整个调研过程中，我觉得比较遗憾的一次经历。

通过这次调研，我对自己的家乡东莞有了更全面的认识，对本土文化产生了浓厚的兴趣，加深了我对这片土地的热爱，也坚定了我毕业后回到东莞建设家乡的信心。这也是此次调研让我觉得最有意义之处。

一切还得从“随缘哥”说起

谢冠琦

这个夏天，在这座熟悉的城市里邂逅了一个又一个素未谋面的陌生人，走进他们的生活，在他们记忆的房间里翻箱倒柜地找寻莞城故事。其实，采访就像电影一样，各种各样的人生在你的耳畔展开倾诉，其中有心酸，有无奈，有热诚，有坚定，还有……

然而，这一切又得从“随缘哥”——伍志强说起。当被告知第一个采访任务是自力更生的残疾人时，我们心里不禁涌出一种不安的情绪，害怕不小心触碰到他们的痛处。怀着期待与紧张的心情迎来了第一位受访者——伍志强先生以后，我们小心翼翼地开展采访。然而，随着采访的进行，我们内心都打起鼓来，因为伍先生的回答从来都不超过一句话。他似乎不大愿意与我们分享他的生活与故事，总喜欢用一两句非常含糊的话语带过，诸如：“都差不多的啦”“是这样的啦”“没有什么特别的”和“我不记得了”等等。我们用了各种方法，费尽九牛二虎之力来引导他尽量多说，同伴刘玲甚至还跟他开玩笑套近乎，说“叔叔你好酷啊”，但是一切都无济于事，他最多报以一个蒙娜丽莎般的笑容。当被问到物价的变化时，他还说出了一句让我们绝望到底的金句——一切随缘。

我们回来以后也在反复思考“随缘哥”的问题——他为何这

般冷淡地面对我们的采访？他为何这般封锁自己的心灵？在他言简意赅的采访中我们发现他其实是一个非常有故事的人，作为一个残疾人，他白手起家，从一间不到十平方米的小钥匙店到后来的一家大自行车店的老板，这其中肯定包含了许多不为人知的辛酸与血泪。此外，他在采访中也不断强调自己很少依靠别人的帮助，在他说到自己不需要别人帮助的时候，脸上是绽放光彩的。由此也可以看出他是一个内心很骄傲的人，他之所以会这样封闭自己，一方面是出于一种自我保护，但是更多地是觉得我们采访者不会懂他也不能理解他。“随缘哥”习惯生活在孤独的世界中，习惯了孤芳自赏。或许，这就是莞城人的低调与务实作风吧。

“这里有莞城人熟悉的味道。”在“随缘哥”之后，我们来到莞城的老街老巷，只为寻找鲜活的民间记忆。作为土生土长的老莞人，大西路、中兴路、和平路、中山路……在记忆中竟然只有一片模糊。正午时分，老街在烈日的炙烤下，直冒白气。两旁骑楼下的老人们则惬意地横躺在藤椅上，与我们细细讲起这些古老街巷昔日的繁荣——“中兴路、大西路过去都是莞城最兴旺的街道”，与我们慢慢忆起过往的习俗故事——“我们以前过新年，家家户户都要炒米饼”。面对我们的采访，他们既不蜂拥而上，也不冷眼相看，只是拉家常式地絮絮低语。时光在这里沉积，每处都镌刻着岁月的痕迹和共同的回忆。

为了保护这片文化热土，许多勇者付出了不少的心血，而杨宝霖先生则更是为之努力了数十载。初见杨老先生，是在高中的课外活动上。当时被他那篇东莞方言版的《滕王阁序》深深折服。再见杨老先生，是在游莞城的车上，头发花白了不少，可是精神依然非常矍铄。跟随着他矫健的步伐，我们走遍了莞城所有的老街。所到之处，他都可毫无障碍地向我们道出其历史变化与坊间故事。这位70多岁高龄的老先生，在讲起名人逸事时，声音总会提高一个八度。“杨老师现在是退而不休，每天清晨撰写史料至夜深，笔耕不辍。”旁人说道。只有热诚深厚的爱，才能支撑他数十年的不懈奋斗。

如杨老先生者，不少。他们都同样地深爱着这片土地，并以自己的方式，为这片文化热土的源远流长，而默默耕耘。

于我这个老莞人而言，这无疑是一次文化的寻根之旅。在旅途上，经历了无数次心灵世界的交汇与碰撞，或是感动，或是钦佩，或是感慨。无论是哪种，总会让人无法忘怀。

以“随缘”而起，与莞城、与东莞的缘分却是一辈子的，这场旅途注定不会有终点。